[제5판]

사회복지조사론

홍봉수

김현수 · 박영애 · 이순금 · 장은석 · 한지원

KNOWLEDGE COMMUNITY 공동체

Preface

사회복지학에서 사회복지조사론은 사회복지를 실현함에 있어서 조사라는 과학적 검증절차 방식을 시도하는 학문 분야이다. 사회복지조사는 사회복지와 관련하여 현장에서 조사를 통해 실증적 증거를 찾고 확인하는 구체적인 방법이다.

즉, 인간 사이에 또는 인간과 환경 사이에서 발생하는 다양하고 복잡한 사회복지와 관련된 현상 또는 명제를 객관적으로 정확하게 파악하여 현상 속에 내재한 사실들을 규명하는 과학적 방법이 사회복지조사이다.

사회복지조사는 고대에 호구조사와 토지조사에 사용하기 시작하였고 자본주의 형성과 발달의 영향을 받았으며, 산업혁명 이후 객관적이고 일반화가 가능한 결과를 도출하기 위하여 지속적으로 연구하였다. 이러한 과정에서 사회복지학에서의 지원과목으로 인정받는 사회복지조사론의 학문적 역할은 매우 중요하다고 생각된다.

오늘날 우리가 살고 있는 사회는 복잡하고 다양하여 공공부문과 민간부문의 사회복지활동이 크게 늘어나고 있는 추세이다. 그러나 다양한 사회복지 현장에서 일어나는 현상들을 설명하고 미래에 대한 변화를 정확하게 예측하기는 어려운 부분이 많다.

그러므로 사회복지 실천현장 및 사회복지와 관련된 분야에서 심도 있고 다양한 조사의 필요성은 항상 존재한다. 이러한 사회현상에 대한 경험적이고 객관적인 지식을 체계적으로 산출하기 위해서는 사회복지조사방법의 양적 조사 및 질적 조사 모두 그 어느 때보다 중요한 학문으로 여겨진다.

사회과학의 학습은 과학적 방법을 연구한다는 학문의 성격상 새로운 용어와 방법론에 대한 이해가 있어야 한다. 또한 사회복지사도 전문화되어 가는 사회복지 현장의 업무에 더욱 효과적으로 대처하기 위한 방법을 습득하기 위해서 조사방법에 있어 충분한 지식과 기술에 대한 이해를 가져야 한다.

따라서 본 교재에서는 사회복지 분야에 관련된 모든 대상자들에게 학문적 이해를 도우며, 조사에 대한 기본 지식과 기술을 습득하는 데 필수적인 부분을 저서에 담고자 하였다.

그리고 특별히 각 장(Chapter)마다 마무리로 핵심적인 키포인트(Key point : 요점정리)를 선정하여 비교 · 설명함으로써 학습에 필요한 요점들을 보다 쉽게 이해할 수 있도록 노력하였다.

이 교재의 구성을 살펴보면,

제1장은 사회복지조사의 기초로서 사회복지조사의 개념, 과학적 연구, 과

학적 조사의 정의, 과학적 조사의 논리체계를 설명하였고,

제2장은 조사방법의 개념과 조사의 과정, 분석단위와 해석의 오류를 설명하고 있다.

제3장은 변수의 특징 및 종류들을 살펴볼 수 있고, 가설의 의의와 조건, 종류 및 특징, 기능을 설명하였으며,

제4장은 측정과 척도의 개념과 측정의 오류, 척도의 구성을 설명하였다.

제5장은 신뢰도와 타당도의 개념과 신뢰도를 높이는 방법 및 신뢰도와 타당도의 관계에 대하여 설명하였으며,

제6장은 표본조사를 함에 있어 표본의 개념과 표본오차, 표본추출의 방법, 크기를 설명하였다.

제7장은 양적 연구와 질적 연구의 개념과 특성 및 비교 · 분석을 하였으며,

제8장은 질문지법과 관찰법으로 질문지법의 경우 종류, 절차, 구성요소, 용도 등을 설명하였고, 관찰법은 과정과 유형을 설명하면서 사례연구를 소개하고 있다.

제9장은 면접 및 내용분석으로 면접의 특성, 종류, 과정, 장 · 단점, 적용대상, 절차, 용도를 소개하였고,

제10장은 단일사례조사의 특성, 집단조사 설계와의 비교, 과정, 유형, 결과의 분석방법을 설명하고 있다.

제11장은 실험설계 부분으로 실험의 목적 및 실험조사설계의 요건과 타당도에 대해 분석하였고,

제12장은 욕구조사와 평가조사로서 욕구조사의 필요성과 방법, 프로그램 평가의 목적과 고려사항, 기준, 유형의 비교 및 분석, 보고서 작성에 대해서 설명하였다.

이 교재가 사회복지를 공부하는 학생, 1급 사회복지사자격시험 및 공무원 시험을 준비하는 수험생, 사회복지현장실천가, 사회복지전담공무원 그리고 사회복지와 관련된 모든 분들께 도움이 되길 바라는 마음이다.

더불어 집필상 부족한 부분과 한계점 등에 대해서는 아낌없는 충고를 바라면서 앞으로 부족한 부분에 대한 추후 검토를 통해 꾸준히 개선 · 보완하고자 한다.

끝으로 이 교재의 발간을 위해 적극 지원해 주신 도서출판 공동체의 김동훈 사장님과 편집 및 교정에 수고하신 임직원 여러분께 감사드린다.

학문을 연마하기에 바쁜 일정에도 교정에 참여한 제자들을 비롯하여 다양한 분들의 도움에 고마움을 전하고자 한다. 아무쪼록 많은 분들이 정성을 다한 이 교재가 사회복지조사 분야의 이론과 실무에 작은 도움이 되길 바라는 마음이다.

2025년 2월

대표저자 홍 봉 수

Contents

■ 머리말 _ 3

Chapter 1 사회복지조사의 기초 _ 11

제1절 사회복지조사의 개념 13
제2절 과학적 연구 16
제3절 과학적 조사의 정의 27
제4절 과학적 조사의 논리체계 31
KEY POINT _ 38

Chapter 2 조사방법의 유형과 과정 _ 41

제1절 조사방법의 유형 43
제2절 조사의 과정 54
제3절 분석단위와 해석의 오류 61
KEY POINT _ 68

Chapter 3 변수와 가설 _ 71

제1절 변 수 73
제2절 가 설 79
KEY POINT _ 88

Chapter 4 측정과 척도 _ 91

제1절 측정의 개념 93
제2절 측정의 오류 104
제3절 척도의 개념 108
제4절 척도의 구성 110
KEY POINT _ 117

Chapter 5 신뢰도와 타당도 _ 119

제1절 신뢰도 121
제2절 타당도 127
제3절 신뢰도와 타당도의 관계 134
KEY POINT _ 137

Chapter 6 표본조사 _ 139

제1절 표 본 141
제2절 표본오차와 비표본오차 151
제3절 표본추출의 방법 153
제4절 표본의 크기 162
KEY POINT _ 165

Chapter 7 양적 연구와 질적 연구 _ 167

제1절 양적 연구 169
제2절 질적 연구 173
KEY POINT _ 190

Chapter 8 질문지법과 관찰법 _ 193

제1절 질문지법 195
제2절 관찰법 207
제3절 사례연구 214
KEY POINT _ 219

Chapter 9 면접 및 내용분석 _ 221

제1절 면 접 223
제2절 내용분석 233
KEY POINT _ 243

Chapter 10 단일사례조사 _ 245

제1절 단일사례조사의 개념 247
제2절 단일사례조사의 과정 250
제3절 단일사례조사의 유형 254
제4절 단일사례조사 결과의 분석방법 263
KEY POINT _ 266

Chapter 11 실험설계 _ 269

제1절 실험과 실험조사설계 271
제2절 실험조사설계의 요건 274
제3절 실험조사설계의 타당도 276
제4절 실험조사설계의 유형 284
KEY POINT _ 291

Chapter 12 욕구조사와 평가조사 _ 293

제1절 욕구조사 295
제2절 평가조사 309
제3절 보고서 작성 314
KEY POINT _ 321

- 참고문헌 _ 323
- 찾아보기 _ 326

Chapter 1
사회복지조사의 기초

제1절 사회복지조사의 개념

제2절 과학적 연구

제3절 과학적 조사의 정의

제4절 과학적 조사의 논리체계

Chapter 1
사회복지조사의 기초

제1절 사회복지조사의 개념

1. 사회복지조사의 의의

조사(research)란 현상을 파악하거나 해결하기 위한 방안을 강구하기 위해 합리적이고 과학적인 절차와 타당한 논리적 원칙에 입각하여 기존의 지식을 기각 또는 강화하거나 새로운 지식을 만들어 내려는 실천적인 지식탐구활동이다.

조사는 조사목적을 달성하였다고 하더라도 외부로 공개되고 보고되어야 하는 공공성을 가진다. 따라서 조사과정에 사용된 언어는 명확하고 경험적으로 입증되어야 하며 객관성을 가져야 한다. 또한 오류를 최소화할 수 있는 방안이 검토되어야 한다.

사회복지조사란 사회복지의 목적을 수행하기 위한 하나의 도구로서 개인의 복지욕구를 충족시키고 사회적 문제를 해결하기 위한 방안을 강구하기 위해 자료를 기반으로 하는 지식탐구절차이다. 사회복지조사는 과학적 방법으로 수행해야 하며, 과학적 조사가 되기 위해서는 논리성, 검증가능성, 재생가능성, 일반성, 객관성 등 일반적인 과학의 특징을 가져야 한다.

사회복지조사의 과학적 활용이란 다음과 같은 내용을 의미한다.

① 추상적인 개념을 실증적으로 관찰하고 측정가능한 경험적 용어를 사용하여 조작적 정의로 지표화할 수 있는 용어를 활용한다.

② 개입과정에서 기존의 경험이나 조사에 입각하여 논리적인 가설을 설정하고 검증과정을 거침으로써 효과성 및 인과성을 증명하게 된다.

③ 기술과 이론을 토대로 프로그램 개발과 서비스를 제공한다. 사회복지조사과정에서 확인된 기술과 이론을 바탕으로 사회복지서비스 개발에 사용한다.

2. 사회복지조사의 기능

사회복지사가 해결해야 할 클라이언트의 문제나 욕구에 본질적으로 접근하기 위해서는 검증되고 지지된 과학적인 근거를 기반으로 직무를 수행해야 한다. 그래야만 전문성을 인정받고 성장하며 발전할 수 있다.

과학적인 근거를 기반으로 하기 위해 기본적이면서도 필수적인 실천방법이자 기술이 사회복지조사이다. 일반적으로 '사회복지조사의 기능'이라고 할 수 있는 '조화와 일치의 기능, 객관화 및 표준화 기능, 계량화 기능, 반복과 의사소통 기능 등'으로 나눌 수 있다. 일반적으로 사회복지조사의 기능은 크게 두 가지로 나눌 수 있다.

① 사회복지조사는 정책 자료가 된다. 사람들의 욕구를 충족시키고 사회문제를 해결하기 위한 사회복지정책이나 프로그램 계획 및 수행에 직접 적용될 수 있는 자료를 창출한다.

② 사회복지조사는 평가 자료가 된다. 클라이언트에게 개입한 서비스의 효과를 입증하기 위한 조사가 필요하고 사회복지사 개별 역할의 효과성 조사로 인하여 전문성이 제고된다.

3. 사회복지조사의 유용성

사회복지조사는 인간의 욕구 충족과 사회문제 해결을 위한 방법을 찾는 과학적 조사과정이라 할 수 있다. 만일 사회복지조사를 통해 수집된 정보가 편견이나 선입견이 없고 타당성과 신뢰성이 확보된다면, 사회적 복지를 향상시키고 사회문제를 해결하며 프로그램을 평가하는 데 의미 있는 기여를 할 수 있다.

① 사회복지조사는 사회복지의 과학적 기초를 구성하는 데 도움을 준다. 사회복지는 하나의 독립된 전문학문으로 출발하여 실천의 과학적 기초를 발전시키기 위한 노력을 계속해 오고 있다. 사회복지의 기본 이론과 지식의 과학화는 효과적 실천을 반영한다. 따라서 사회복지조사는 사회복지실천의 활용에도 도움을 주고 있다.

② 사회복지조사방법은 과학적 실천을 가능하게 해준다. 과학은 기본적 수준에서 실천활동을 위한 틀을 제공한다. 과학적 실천은 조사방법의 활용을 전제로 한다. 사회복지전문가는 조사에 기초한 지식과 기술을 활용하고 과학적 합리성에 근거하여 자료수집이나 가설검증과 같은 조사활동에 참여한다. 요컨대 사회복지조사는 실천활동에 대한 체계적인 지식을 수집하기 위한 수단으로 활용되고 있다.

③ 사회복지조사는 사회복지 이론과 기술체계를 구축하는 데 유용하다. 사회복지조사는 경험적 증거를 제공함으로써 지식체계를 형성하고 일반화시키며, 이를 통해 간접적으로 사회복지실천기술을 구축하는 데 기여한다. 즉, 조사가 지식을 산출하고 산출된 지식은 실천방법을 발전시키는 지침으로 활용된다.

④ 클라이언트에 대한 책임성 제고에 유용하다. 서비스나 프로그램의 효과성 및 효율성 평가, 지역주민들의 사회복지 관련 욕구를 조사하고 분석하여 개입의 효과성을 증진시킬 수 있다.

제2절 과학적 연구

1. 과학적 연구의 개념

사회현상을 인식하거나 또는 특정한 문제에 대한 진위를 검증하고자 할 때 항상 과학적인 객관성에 근거하는 것만은 아니다. 일반적으로 권위적 방법, 신비적 방법, 논리적 · 합리적 방법, 과학적 방법, 경험적 방법 등에 의거해서 지식에 도달하게 된다. 과학적 방법을 제외한 나머지 방법들은 개인적 가치와 의지력에 의해 좌우된다는 이유 때문에 잘못하면 맹목적인 확신에 빠질 위험이 있을 뿐만 아니라 결과적으로 얻은 지식의 정확성이 부족할 수 있다. 따라서 사회현상과 문제에 대해 좀 더 정확한 지식을 찾고자 한다면, 개인적 편견이나 가치관, 태도, 감정 등의 수준을 넘어서 주어진 현상을 객관적으로 검토하여 이에 대한 결론을 얻는 과학적 방법에 근거해야 한다.

사물과 현상을 제대로 아는 방법이 과학적 방법이다. 직접 경험을 통해서 또는 전통이나 권위를 통해서 지식을 알게 되더라도 과학적 방법을 통해 검증이 될 때만이 그 지식이 보다 명백해지고 엄밀해져서 우리의 행위를 정당화시키고 올바른 방향으로 이끌어 줄 것이다.

이와 같이, 과학적 방법은 오늘날 세상을 이해하는 가장 주된 방법으로 흔히 실증주의라고도 불린다. 실증주의란 경험적 사실을 중시하는 사유 태도를 의미하는 것으로 콩트(Comte)는 실증주의를 인간정신의 진보라고 보았다.

과학적 방법을 진행하는 절차에 대해서는 많은 의견이 있지만, 대체적으로 ① 문헌연구나 관련된 사전지식 검토 ② 개념 정의를 통한 명제의 구성 ③ 연구가설 설정 ④ 연구가설을 검증하기 위한 연구설계 실시 ⑤ 경험적 자료 수집 ⑥ 자료를 분석하고 평가 ⑦ 연구결과 설명 및 연구를 통하여 나타난 새로운 문제점을 제시하는 절차를 따른다.

토마스 쿤(Thomas Kuhn)의 과학 발전과정

전과학 ➡ 정상과학 ➡ 위기/ 혁명 ➡ 새로운 정상과학 ➡ 새로운 패러다임

- **전과학** : 패러다임이 형성되기 전 조직화되지 못한 다양한 연구 활동
- **정상과학** : 과거의 연구 성과에 확고한 기반과 대부분의 학자가 인정하는 지식
- **패러다임에 대한 신뢰 상실 시기** : 문제해결을 위한 노력은 격렬해지나 패러다임의 혼란
- **경쟁적 패러다임의 등장** : 기존의 패러다임과 다른 종류의 문제해결 접근
- **패러다임** : 어느 특정 시기에 어떤 문제에 대해 공통적인 가치, 기술 등의 총의

2. 과학적 연구의 목적

과학적 연구방법은 인간을 둘러싼 현상에 대해 '보다 잘 알기 위한', 즉 지식을 탐구하기 위한 좋은 방법이다. 따라서 과학이나 과학적 방법이 갖는 가장 기본적인 목적은 현상에 대한 지식을 체계적으로 형성하는데 있다. 연구자는 사물의 현상을 정확하게 기술하고 여러 가지 현상 속에서 내재하는 규칙을 발견하여 이를 이론과 법칙으로 일반화한다. 과학은 이러한 이론을 제시함으로써 다음과 같은 구체적인 목적을 갖는다.

1) 지식의 제공

과학은 존재와 당위성에 대해서만 관심을 가지며 가치관의 문제는 다루지 않는다. 다만 어떤 상태로 존재하며, 왜 그렇게 존재하며, 어떻게 될 것인가에 대한 사회 현상을 설명하기 위한 지식만을 제공한다. 즉, 과학은 이론을 연구의 대상으로 하는 것이지 가치관이나 철학적 주장을 연구의 대상으로 하는 것이 아니다.

2) 규칙성의 일반화

자연현상이나 사회현상 속에 존재하는 논리적이면서 지속적인 패턴과 논리를 일반화한다. 이 과정에서 과학은 객관성을 가져야 한다. 여기서 객관성이란 동일한 과정을 거치는 경우 동일한 결과를 도출한다는 간주간성의 의미로 해석한다.

3) 변수들 간의 관계기술

과학은 어떤 현상이 발생한 이유, 혹은 원인을 정확하게 밝혀내기 위한 목적이 있다. 연구대상에는 다수의 변수가 존재하며 과학은 변수들 간의 관계를 설명하기 위해 논리적으로 타당한 인과관계를 밝혀야 한다.

4) 이론을 바탕으로 현상을 예측

과학이란 관심의 대상이 되는 경험적 사건이나 형태를 모두 포괄하여 설명할 수 있는 일반 법칙을 개발하고, 개별적으로 알려진 사건들에 관한 지식을 결합하여 사건에 대해 예측하는 것이다. 예측은 이론의 한 측면으로 이론의 기초적인 명제로부터 보다 복잡한 명제를 추론하는 것을 뜻한다.

3. 과학적 연구의 특성

과학적 연구방법은 과학적 지식을 획득하는데 사용되는 표준화된 기술이다. 표준화된 기술은 타당한 관찰방법, 결과를 해석하는 방법, 결과를 일반화하는 방법에 관한 기술을 포함한다. 과학적 연구방법은 다음과 같은 실천적 특징을 지니고 있다.

1) 논리성

과학은 논리적인 사고 활동으로 과학적 설명은 이치에 맞아야 한다. 즉, 과학은 근본적으로 합리적인 사고 활동으로 경험적 관찰을 통해 논리적 추론을 거쳐 타당성이 입증되어야 한다.

2) 결정론성

모든 현상은 자연발생적이 아니라 반드시 어떤 원인에 의해 발생하며 논리적으로 원인과 결과 관계를 이해될 수 있어야 함을 가정한다. 그러나 과학의 결정론적이라는 것은 어떤 현상의 원인이 단정적 결정론이 아니라 개연성을 가지고 원인일 확률이 높다고 보는 확률적 결정론을 의미한다.

3) 일반성(보편성)

과학은 비교적 일반적이며 보편적으로 적용할 수 있는 지식을 추구한다. 일반적이라는 말은 과학이 개별적인 현상들을 모두 설명하기보다는 그것들에 대한 일반적인 이해를 추구한다고 볼 수 있다.

4) 경험적 검증가능성

과학적 연구의 결과는 경험적으로 검증가능해야 한다. 이를 위해 연구자는 이론이 반증되는 조건을 지적할 수 있어야 한다. 즉, 과학은 이론적 논리나 가정의 현실적 타당성을 경험적으로 입증할 수 있을 때 성립된다.

5) 간주관성(상호주관성)

과학적 연구는 연구자가 각기 다른 주관적인 동기가 있더라도 동일한 연구과정과 방법을 적용하였다면 동일한 연구결과에 도달해야 한다는 것을 의미한다.

6) 수정가능성

과학에서의 이론은 절대불변의 진리는 없으며 반증되고 새로운 이론으로수정이 가능하다. 과학에서의 지식은 잠정적이며 새롭게 교체될 수 있고, 끊임없는 검증과 재평가를 통해 오류를 수정하면서 발전하는 과정을 거친다.

7) 반복/ 재현(재생가능성)

동일한 근거를 바탕으로 동일한 결과가 산출되는지를 확인하기 위해 연구를 반복하는 것을 의미한다. 수정가능성과 맥락을 같이한다.

8) 설명 가능성

과학은 어떤 현상이 발생하게 된 원인을 탐구하여 현상 및 결과를 설명할 수 있어야 한다.

9) 객관성

이해관계, 선입견, 편견의 영향을 최소화할 수 있도록 객관성을 추구하는 것을 의미한다. 즉, 연구자의 가치가 달라지면 결과가 달라질 수 있으므로 가치중립성을 추구한다.

4. 지식탐구의 방법

과학적인 지식이란 과학적 방법에 의해 얻어진 지식을 말한다. 즉, 논리적 · 체계적 · 경험적 · 객관적 절차와 과정을 통해 얻어진 지식을 말한다. 지식을 탐구하는 방법은 크게 비과학적인 지식탐구방법과 과학적인 지식탐구방법으로 나눌 수 있다.

1) 비과학적인 지식탐구

비과학적인 지식탐구는 다음과 같다.

첫째, 관습(전통)에 의한 방법으로 사회적인 관습에 따라 비판 없이 그대로 수용하여 지식을 형성한다. 관습은 시대에 따라 변하고 사회적 관심이 동일하지 않다는 점에서 한계가 있다.

둘째, 권위에 의한 방법으로 지식의 원천이 타인 또는 타 조직의 권위에 있는 것으로, 주장의 타당성과 설득력을 높이기 위해 전문기술을 가졌거나 사회적으로 지위가 높은 사람의 의견을 인용하는 경우이다.

셋째, 직관에 의한 방법으로 추론 등을 개입하지 않고 대상을 직접 인식하여 스스로 분명한 명제에 호소하는 방법이다. 개인이 가지고 있는 다수의 경험과 정서적으로 느끼는 것으로 판단하는 것이다.

2) 과학적인 지식탐구

자연현상이나 사회현상에 대한 지식을 탐구할 때는 보다 과학적인 방법에 의거하는 것이 좋다. 과학적 방법이란 현상에 대해 제기한 문제를 연역법이나 귀납법 등의 논리에 기초하여 논리적이면서도 경험적으로 해결해 나가는 것을 말한다. 논리적으로 유추된 현상에 대한 지식이 경험적으로 관찰된 사실과 일치할 때 이것을 과학적 지식으로 간주한다.

5. 일상적인 지식탐구 과정에서의 오류

과학적 탐구는 원인과 결과를 찾아가는 과정이라 할 수 있다. 그 과정이 올바르지 못하면 정확한 원인, 즉 과학적 지식을 찾아낼 수 없다. 과학적 방법에 의하지 않는 일상적인 지식탐구 과정에서 흔히 범할 수 있는 오류들은 다음과 같다.

1) 부정확한 관찰

지식탐구 과정의 핵심은 관찰이다. 그러나 대체로 일상생활에서의 관찰은 무의식적으로 이루어지기 때문에 수많은 사건들을 부정확하게 관찰하기 쉽다. 과학적인 관찰은 의식적인 활동이다. 계획적으로 관찰하기 때문에 지식탐구 과정에서 범하는 오류를 줄일 수 있다.

2) 과도한 일반화

일반화란 특수한 환경에서 발견된 결과를 전체 상황으로 확대 적용하여 일반적인 것으로 간주하려는 경향을 말한다. 즉, 어떤 결과를 하나의 현상에 적용하는 것을 넘어 대부분의 현상까지도 적용되는 것을 의미한다. 과학적 연구에서는 충분한 검증을 통하여 과도한 일반화를 예방한다.

3) 선별적 관찰

과도한 일반화는 종종 선별적 관찰로 이어질 위험이 있다. 일단 관찰을 통해 어떤 결론을 내리고 나면 그러한 결론과 일치하는 사건이나 사례가 더 두드러지게 관찰되고, 일치하지 않은 것에는 주의를 기울이지 않는 경향을 말한다. 과학적 연구에서는 관찰이 이루어지기 전 조사설계를 통해 관찰의 수와 종류를 미리 명확히 하여 선별적인 관찰이 이루어지지 않도록 조치한다.

4) 거짓으로 꾸며낸 정보

어떤 사실들이 자신이 알고 있는 사실이나 일반화된 결론과 배치될 경우 기존의 지식을 유지하기 위해 정보를 스스로 조작하거나 왜곡하는 경우를 말한다. 거짓으로 꾸며낸 정보 활용을 하지 않기 위해서는 자기중심적인 생각보다 객관적인 데이터가 중요하다.

5) 비논리적인 추론

개인의 주관적인 생각은 그럴듯하게 보이지만 실제로는 비논리적인 오류를 범할 수 있다. 비논리적인 추론의 예로는 도박사의 오류 또는 징크스나 머피의 법칙 등과 같이 개별적으로 독립되어 있는 사건을 마치 서로 간에 종속되어 있는 사건인 것처럼 인식하는 오류이다. 과학적 방법에서는 연역법이나 귀납법과 같은 논리체계를 사용하여 비논리적 추론의 함정을 피해간다.

6) 사후발생적 가설(사후소급가설)

어떤 현상들 간의 관계를 설명하기 위해 과학적인 방법은 사전에 가설을 설정한다. 연구문제에 대해 가설을 만들고 실제로 가설을 통해 가설에 따른 연구문제를 증명한다. 간혹 가설설정 후 관찰 순의 방식이 아니라 관찰을 먼저 한 후에 관찰 결과에 들어맞게 가설을 설정하거나 원래의 가설을 수정하는 경우가 있다. 이를 사후발생적 가설이라고 한다. 이러한 방법이 반드시 비과학적인 것은 아니지만 억지로 끼워 맞추는 방식으로 만들어진 가설로 인해 왜곡된 지식이 만들어지는 오류를 범할 수 있다.

7) 자아개입

어떤 현상에 대해 객관적으로 파악하는 것이 아니라 자기중심적으로 이해하려고 할 때 자신의 감정이나 가치가 개입되기 쉽다. 직장에서 해고된 사람은 상사가 자신의 능력을 시기하여 잘못된 인사고과 평점을 부여받았기 때문에 해고되었다고 생각할 수 있으나 실제 사실은 그것과 다를 수 있다. 과학적 방법에서는 가치중립적인 객관적 연구를 지향한다.

8) 탐구의 조기종결

어떤 사실이 완벽하게 이해되기 전에 연구를 신중히 검토하지 않고 성급하게 탐구를 종료하는 것을 말한다. 어떠한 연구든 결론은 변경될 수 있기 때문에 함부로 탐구를 종결해서는 안 된다. 과학적 연구의 결론은 지속적으로 수정가능한 성격을 가진다.

9) 신비화

이해할 수 없거나 이해하기 어려운 사실이나 현상에 대해서 초자연적이거나 신비한 원인 탓으로 설명하려고 하는 것이다. 그러한 사실이나 현상을 이해하는 것은 궁극적으로 불가능한 것이라고 하면서 탐구를 중단하게 만든다. 과학적인 방법은 신비화하여 이해하는 것을 배제한다.

6. 사회과학

1) 사회과학의 의의

사회과학(social science)이란 인간의 모든 행위, 즉 개인의 독자적인 행동과 타인과 상호 관련되어 나타나는 사회적 행동을 연구대상으로 하여 사회현상이나 인간의 행위를 분석하고 종합하여 일반적 법칙을 찾아내고 탐구하려는 인간의 지적 활동에 기반한 지식체계이다.

사회과학은 자연과학의 발전에 영향을 받아 과학적 방법을 사용하여 사회현상을 연구한다. 따라서 자연과학과 같이 사회과학 역시 경험적 지식체계를 구축하는 경험과학이라 할 수 있다.

사회과학은 |그림 1-1|과 같이 경험과학이다. 기술적 사회과학과 분석적 사회과학으로 분류할 수 있다. 기술적 사회과학은 사회구조의 상호작용 및 발전을 탐구하는 학문이며, 분석적 사회과학은 사회행태를 결정하는 기본적인 관계를 탐구하는 학문이라고 할 수 있다.

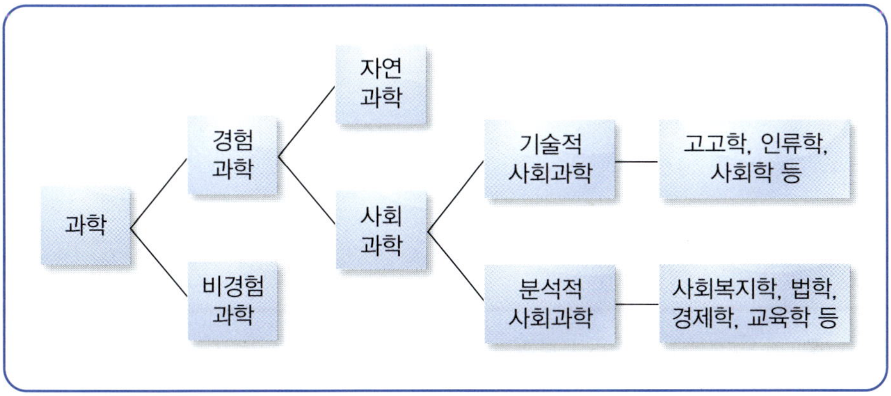

|그림 1-1| 사회과학의 분류

사회과학의 의미를 이해하려면 먼저 과학의 의미를 규명해야 한다. 과학은 체계화된 지식이며, 그 특성은 다음과 같다. ① 과학은 논리적이다. ② 과학은 결정론적이다. ③ 과학은 일반적이다. ④ 과학은 간결하다. ⑤ 과학은 특정적이다. ⑥ 과학은 경험적으로 검증이 가능하여야 한다. ⑦ 과학은 상호주관적이다. ⑧ 과학은 수정가능한 것이다. ⑨ 과학은 설명적이다. ⑩ 과학은 재생가능성이 있다. ⑪ 과학은 객관성이 있다.

이와 같이 과학은 인간의 총체적인 지식체계를 포괄하는 의미를 갖고 있다. 지식체계의 학문영역을 자연과학 · 사회과학 · 인문학으로 대별하는 것은 그 학문의 인식방법이 과학적 인식이라는 데 근본 뜻이 있다.

자연과학을 가리켜 보통 자연에 관한 학문 또는 자연현상을 대상으로 하는 과학적 인식이라고 한다. 이와 마찬가지로 사회과학은 인간과 사회에 관한 학문 또는 사회현상을 대상으로 하는 과학적 인식이라고 말한다. 여기서 우리는 자연과학의 연구대상이 자연 또는 자연현상인 것처럼 사회과학의 연구대상은 사회 또는 사회현상임을 알 수 있다.

사회현상은 인간이 생존을 위해 활동하는 모든 사회생활과 관련되어 있다. 다시 말해, 사람들 사이에 이루어지는 사회활동과 사회과정으로서 인간의 모든 사회적 행위를 사회현상이라고 할 수 있다. 또한 사회현상은 목적과 의식을 가진 인간의 상호작용에 의해 구성된다. 이와 같이 인간의 생존을 위한 사회행위와 집단활동에 관한 현상을 지배하는 법칙을 탐구하는 학문이 사회과학이라고 할 수 있다.

2) 사회과학의 성격

사회과학은 동등한 내용이 되풀이되지 않기도 하고, 끊임없이 변화하는 사회현상을 규명하려는 특징을 가지고 있다.

이러한 사회과학의 성격은 다음과 같다.

① 사회과학은 경험과학이다. 사회과학은 현실의 구체적인 경험에서 얻어진 사실들을 경험과 수정을 통하여 일반적 법칙을 도출하는 과학이기 때문이다.

② 사회과학은 역사과학이기도 하다. 항상 우리가 현재의 사실을 다룬다고 할 때에도 이미 그것은 과거의 것이 되고 있다. 즉, 사회적 사실과 실체는 진공 속에 고정된 채 존재하고 있는 것이 아니라, 시간적인 규정 속에 존재하기 때문에 역사과학의 기초 위에서만 사회과학은 존립가능한 것이다.

③ 사회과학은 실천과학이다. 본래 현실적인 문제의식에 기반을 두어 문제해결을 위한 노력과 그 결과들로써 발전해 나가는 것이기 때문에 사회현실의 모순과 갈등을 해결하는 실천적 입장과 불가분의 관계에 있다.

④ 사회과학은 사회현실에 대한 전체적 인식과학이다. 사회현상은 복잡다단하며, 사회 속에서 발생하는 하나의 사건은 크든 작든 간에 사회의 또 다른 부분에 영향을 미친다.

또한 사회과학의 연구대상이 되고 있는 사회현상이란 인간과 인간이 상호작용하는 관계이기 때문에 인간관계 전체를 하나의 학문분야를 가지고 이해한다는 것은 거의 불가능하다는 것이다.

3) 사회과학과 자연과학의 차이

사회과학은 인간과 관련된 사회현상, 즉 인간의 믿음 · 행동 · 상호작용 · 제도 등을 연구대상으로 하며, 자연과학은 자연현상을 연구대상으로 한다. 자연과학과 사회과학의 차이를 비교해 보면 〈표 1-1〉과 같다.

〈표 1-1〉 자연과학과 사회과학의 차이

자연과학	사회과학
물리, 생물, 화학, 천문, 공학, 의학, 건축, 전자기학, 기계, 원자력 등의 과학	법, 행정, 경영, 심리, 철학, 역사, 사회, 무역, 언어, 인류문화 등의 과학
몰가치적인 연구대상으로 인간의 의지나 가치와 무관하다.	보편성 외에 가치 판단과 특수성이 개입될 수 있다.
특정 원인이 그에 상응하는 결과를 가져오는 법칙이 존재한다.	실증 외에 직관적 통찰에 의하여 가치 내재적 해석이 있을 수 있다.
탐구의 대상이 인간사회가 아닌 자연현상을 연구한다.	탐구의 대상이 자연현상이 아닌 인간사회에서 일어나는 현상이다.
사회문화적 특성의 영향을 받지 않는다.	사회문화적 특성에 의해 영향을 받는다.
연구자의 개성이나 사회적 지위의 영향을 받지 않는다.	연구자의 개성 또는 가치관이나 세계관에 의해 영향을 받는다.

제3절 과학적 조사의 정의

사회과학의 연구 과정에서는 연구문제에 포함된 추상적 의미를 구체화하여야 한다. 이와 같은 과정을 개념화라고 한다. 개념은 관찰된 사건들에 대한 추상적 표현 또는 여러 가지 사실의 간략한 표현으로 정의될 수도 있다.

즉, 관심의 대상이 되는 경험세계에서의 사물, 사건 및 현상의 속성을 추상화시킨 표현이라는 것이다. 개념이란 일반적으로 개인이나 집단의 형태나 속성, 혹은 사회현상을 표현하는 데 사용하는 단어이다.

1. 개념적 정의

개념적 정의는 연구의 대상이 되는 사람이나 사물의 행태와 속성, 그리고 사회적 현상을 추상적으로 정의하는 것이다. 개념적 정의는 추상적이고, 일반적이고, 사전적이고, 주관적일 수 있다. 추상적으로 정의된 개념들로 구성된 가설은 그 자체만으로는 검증될 수 없다. 따라서 추상적인 개념들은 경험적으로 측정이 가능하도록 실증적인 지표로 변환시켜야 한다. 이러한 작업을 조작적 정의라 한다.

빈곤에 대한 개념 규정의 경우를 예로 든다면, 어떤 연구나 학문 분야에서는 빈곤을 물질적인 결핍상태로 규정한다. 다른 연구분야들에서는 빈곤을 정신적 문제와 결부시키거나 문화적인 측면으로 정의하기도 한다. 심지어는 정서적인 빈곤으로까지도 정의할 수 있다. 이렇게 동일한 용어일지라도 사용되는 분야나 맥락에 따라 각기 다양하게 개념적 정의를 내릴 수 있다.

개념적 정의는 옳거나 그르거나가 없다. 개념이란 의사소통을 위한 기호일 뿐이다. 그래서 개념적 정의는 의사소통에 유용한지 유용하지 않은지의 여부만 중요하다. 사실 특정의 개념적 정의에 대해서는 비판이 많을 수 있다. 그러나 그것은 어떤 개념적 정의가 옳지 않다고 생각하는 것일 뿐이기 때문이다.

그럼에도 불구하고 의사소통이 잘 되게 할 수 있는 개념적 정의들은 다음과 같이 몇 가지의 본질적인 속성을 가지고 있다.

① 개념적 정의를 내리고자 하는 대상의 구별적인 특성이나 속성을 명확히 해야 한다. 그러므로 정의는 정의를 내리는 대상에 포함되는 모든 속성들을 포함하는 동시에 정의에 의하여 나타나지 않는 모든 것을 배제해야 한다.

② 개념적 정의는 순환적(circular)이어서는 안 된다. 즉, 정의가 내려지는 것을

다시 순환하여 정의에 포함시켜서는 안 된다. 예를 들어, '여성(female)'을 정의하는 데 여성적인(feminie) 속성을 갖고 있는 사람이라든가 아니면 '권력(power)'을 권력 있는(powerful) 사람들이 갖고 있는 속성으로 정의해서는 안 된다. 이러한 순환적 정의는 의사소통에 도움이 안 된다.

③ 정의는 가능한 한 긍정적으로(positively) 내려져야 한다. 예를 들어, 빈곤은 직업이 없고, 소득이 낮고, 대학교육을 못 받은 상태라고 정의를 내리는 것은 의사소통에 도움이 안 된다. 왜냐하면 직업이 없고 소득이 낮고 대학교육을 못 받은 상태가 빈곤 이외에도 많이 존재하기 때문이다.

④ 정의는 논란이 없는 명백한 용어로 내려져야 한다. 예를 들어, '보수적(conservative)'이나 '진보적(progressive)'이라는 용어는 시대에 따라 국가에 따라 많은 사람들에게 서로 다른 의미를 갖게 한다. 일반적으로, 어떤 용어의 의미에 대한 폭넓은 합의가 없는 상태에서는 논란이 될 수 있는 용어로 정의를 내리는 것을 피해야 한다.

2. 조작적 정의

조작적 정의(operational definition)는 추상적인 개념을 실증적이고 경험적으로 측정가능하도록 구체화한 정의를 말한다. 즉, 조작적 정의는 개념적 정의를 연구목적에 적합하도록 관찰가능한 지표로 변환시킨 것이다.

조작화의 과정에서 필수적인 것은 추리의 여러 차원에서 현상의 정의를 다루는 것이며, 이들 차원이 상호 간에 어떻게 관련되어 있는지를 밝히는 것이다. 이상적으로는 연구문제에 포함된 개념을 분명하게 규정하고, 이들 개념이 의미하는 핵심을 정확하고 완전하게 반영하는 지표를 선택하는 것이다.

그러나 현실적으로는 '정확한' 조작적 정의라는 것은 보통 존재하지 않는다. 그럼에도 유용한 조작적 정의가 되기 위해서는 신뢰할 수 있어야 하고 타당해야 한다는 것이다.

사회복지의 대상이 되는 개념들은 대부분 추상적이고 다의적이기 때문에 정확한 개념적 정의를 내리고 이에 합당한 측정수단을 개발하는 것이 매우 중요하다. 예를 들어, 가정환경과 청소년의 학교부적응 관계를 연구하면서, '부부간의 관계가 좋지 않은 가정의 청소년들은 학교부적응 가능성이 높을 것이다'라고 가설을 설정했다고 한다면, 이 경우 독립변수인 부부간의 관계는 직접 조사하기 어려운 추상적 개념이다.

이를 조사하기 위해서는 이 개념의 의미를 잘 대변하면서 측정가능한 개념으로 조작되어야 한다. 부부관계가 좋지 않은 것을 측정하기 위하여 ① 부부간의 다툼의 횟수, ② 부부간의 대화횟수, ③ 부부가 함께하는 시간 등을 생각해 볼 수 있다. 종속변수인 학교부적응도 추상적 개념이어서 직접 조사가 불가능하기 때문에 추상개념을 조사가능한 개념으로 전환하기 위한 조작적 정의가 필요하다. 학교부적응을 ① 무단결석 일수, ② 학교폭력 건수, ③ 돈이나 물건 훔치기 등으로 개념을 조작적으로 정의할 수 있다.

이상에서 살펴본 바와 같이, 개념적 정의에 의하여 용어로서의 추상적 개념의 의미는 분명해지고, 조작적 정의를 통하여 그러한 개념을 경험세계에서 직접 측정할 수 있게 된다. 결국 조작적 정의는 개념에 대한 측정의 문제와 관련된 것이다.

개념적 정의는 측정대상이 갖는 속성에 대한 개념적 · 추상적 표현임에 반하여, 조작적 정의는 그 속성에 대한 경험적 · 구체적 표현이라고 할 수 있다. 다시 말하면, 조작적 정의는 추상적 개념을 관찰가능한 형태로 표현해 놓은 것이다.

조작적 정의는 다음과 같은 역할을 한다.

① 감각에 의해 지각될 수 있는 것은 물론, 직접 감지될 수 없는 것도 이해할 수 있는 방법을 제시하여 준다.

② 언어나 기호로 표현될 수 있으므로 지식의 축적이나 확장을 가능하게 해준다.

③ 조사연구에 필요한 주요 개념들은 그 연구의 출발점과 앞으로의 연구방향을 제시해 준다.

④ 조작화를 통해 연구문제의 범위와 주요 변수를 제시함으로써 연구내상을 측성가능하게 해준다.

⑤ 연역적 결과를 가져온다.

조작적 정의 예
'부부간 관계가 좋지 않은 가정의 청소년들은 비행률이 높을 것이다.' ① **부부관계 측정** : 부부간의 다툼의 횟수, 부부간의 대화의 횟수 ② **비행** : 도피비행, 폭력비행, 재산비행 등

조작적 정의의 과정 요약
사회현상 ➡ 개념적 정의 ➡ 조작적 정의 ➡ 현실세계의 측정

제4절 과학적 조사의 논리체계

과학적 접근법의 논리적 체계는 크게 두 가지가 있는데, 특정한 사실로부터 일반적 원리를 이끌어 내는 귀납적 방법과 일반적 원리를 특수한 사실에 적용하는 연역적 방법이 그것이다.

연역법과 귀납법의 관계에 있어서 연역적 추론은 논리적 필연성을 갖는다는 의미에서 중요하고, 내용의 공허성을 피하고 예측적 지식의 가치를 인정한다는 점에서 귀납적 논리도 함께 중요하게 여겨야 할 것이다.

1. 연역적 방법

연역적 방법(deductive approach)이란 기존의 이론이나 일반적인 원리를 적용하여 새로운 가설을 도출하고 이를 실증적으로 검증하여 사실을 규명하는 것이다.

일반적 원리 → 특수한 사실

일반적 원리를 특수한 사실에 적용하여 결론에 이르는 추론방법으로, 전체에 대하여 사실인 것은 부분에 대해서도 사실이라는 법칙에 의한다. 이는 과학에서 가설을 검증하는 기본적인 방식으로 가설을 세우고 가설로부터 결과를 연역하며 그 결과를 알기 위해 관찰을 통해 점검하고 그 관찰을 토대로 가설에 대한 확증 및 반증을 함으로써 가설을 추론하는 것이다. 연역법에서 흔히 인용되는 삼단논법 전개방식의 예를 들면 다음과 같다.

연역적 이론 예(1)

모든 사람은 죽는다. (이론부터 시작)
정몽주는 사람이다.
고로 정몽주는 죽는다.

이 삼단논법에서 이론과 경험이 다음과 같이 연결된다.

이론 : 모든 사람은 죽는다.
조작화(가설 구체화) : 정몽주는 사람이다.
관찰(경험) : 그러므로 정몽주는 죽는다.
검증 : 모든 사람은 죽는다는 논리를 검증

연역적 이론 예(2)

삼단논법에서 이론과 경험을 연결하는 또 다른 예

이론 : 숨 쉬는 모든 생물체는 죽는다. (이론부터 시작)
조작화(가설 구체화) : 사람은 숨을 쉰다.
관찰(경험) : 그러므로 사람은 죽는다.
검증 : 모든 사람은 죽는다는 논리를 검증

연역적 추론과정에서 만약 숨 쉬는 모든 생물체가 죽고 사람이 숨 쉬는 존재라는 것이 사실이면 사람이 죽는다는 것도 당연한 사실로 받아들이게 된다. 이와 같이 연역법은 일반적인 원리인 '숨 쉬는 모든 생물체는 죽는다'라는 명제로부터 특수한 원리인 '사람은 죽는다'라는 추론에 이르는 방법이다.

이러한 추론은 실증적 검증과정을 거치며 가설이 현상을 입증하여 모든 사람이 죽으면 하나의 이론으로 정립된다. 여기서 우리는 연역적 논리로 기존의 지식체계에서 새로운 지식체계를 정립할 수 있다는 것을 알 수 있다.

연역적 논리는 기존 이론이나 일반적 논리에 의하여 경험적 현상을 규명하는 가설을 도출하게 되고 이를 실증적으로 검증하게 된다. 검증 결과, 기존 이론이나 일반적 논리가 경험적 사실을 반영하는 가설과 일치하게 될 때 하나의 법칙이나 이론으로 발전하게 된다.

과학적 논리 → 가설 → 검증 → 이론(가설 채택 혹은 기각)

예를 들어, 경제상황과 출산율의 관계를 볼 경우 기존 이론이나 일반적 원리에 의해 경제상황이 나쁠수록 출산율이 감소하는 관계가 있다는 가설을 도출할 수 있다. 가설 도출 후 다수를 대상으로 현상에 관한 자료를 수집하여 분석함으로써 가설을 검증하게 되고, 가설과 분석결과가 일치하면 경제상황과 출산율과는 밀접한 관계가 있다는 결론을 얻게 된다. 이와 같이 연역법은 일반적이고 보편적 전제로부터 부분적이고 특수한 사실이나 원리를 이끌어 내는 방법이다.

2. 귀납적 방법

귀납적 방법(inductive approach)은 연역법과는 역으로 특수한 전제로부터 일반적인 결론에 이르는 추론방법이다.

> 특수한 사실 → 일반적 원리

이 방법은 부분에 대하여 사실인 것은 전체에 대해서도 사실일 수 있다는 법칙에 의한 방법으로 '사람은 반드시 죽는다' 그리고 '모든 사람은 숨 쉰다'는 사실에 근거하여 '숨 쉬는 모든 생물체는 죽는다'라는 일반적 결론에 도달하게 된다. 귀납법은 경험의 세계에서 공통적 특성을 발견하고 그 특성을 과학적 방법으로 규명하여 일반화시키는 사고과정이다.

귀납적 이론 예(1)

관찰 1 : 정몽주는 죽는다. (관찰부터 시작)
관찰 2 : 이성계도 죽는다.
관찰 3 : 이순신도 죽는다. 이들 모두 사람이다.

귀납적 추론 : 모든 사람은 죽는다.

⇨ 각기 개별적인 사건을 관찰하여 이를 통하여 모든 사람은 죽는다는 귀납적 이론이 형성

귀납적 이론 예(2)

관찰1 : 서울에서 관찰한 결과, 해는 동쪽에서 떴다. (관찰부터 시작)

관찰2 : 대전에서 관찰한 결과, 해는 동쪽에서 떴다.

관찰3 : 대구에서 관찰한 결과, 해는 동쪽에서 떴다.

귀납적 추론 : 해는 동쪽에서 뜬다.

⇨ 관찰부터 시작하여 관찰한 사실들을 보편적인 법칙으로 일반화하는 것이 귀납적 이론

현상에 대한 특성이 일반화되기 위해서는 그 현상을 관찰하여 공통적 사실 및 원리를 발견하고, 이를 실제 현상에 적용하는 과정을 거쳐 잠정적 결론을 내림으로써 일반화하게 된다. 여기서 잠정적 결론이라고 하는 이유는 현상에 대한 공통적 특성 및 원리가 연역법처럼 경험적 검증과정을 거친 것이 아니고 관찰에 의해 도출된 것이기 때문이다.

현상에 대한 관찰 → 공통적 특성 및 원리의 발견 → 잠정적 결론

귀납적 추론과정을 경제성장에 대한 기대와 지출의 관계에 적용시키면 다음과 같다.

① 경제성장에 대한 기대와 외식비는 정적 관계를 가진다.

② 그러므로 경제성장에 대한 기대와 모든 지출항목은 정적인 관계를 가진다.

귀납법적 추론에서 연구자는 경제성장에 대한 기대와 외식비가 정적 관계를 가진다는 부분적 관찰을 통하여 경제성장에 대한 기대가 주거비, 피복비, 교통비, 문화비 등 다른 모든 항목에도 정적인 영향을 미칠 것이라는 잠정적인 결론을 내릴 수 있다. 이와 같이 귀납적 논리는 특수한 사실을 전제로 관찰된 자료를 통해 현상 속에 내재된 일반적 원리를 도출하고 이를 실제 현상에 적용하여 검증하는 방법이다.

3. 연역적 방법과 귀납적 방법의 관계

연역적 방법과 귀납적 방법은 연구목적에 따라 각각 독립적으로 적용될 수 있으나, 성격상 두 가지의 논리적 체계는 순환적으로 반복되는 과정을 되풀이하면서 지식이 형성된다. 어떤 경우에는 추론된 결론이 특정 집단에게만 적용되는 수도 적지 않다.

그러나 여기서 한 가지 지적해야 할 사항은 연역적 방법에만 의존하거나 귀납적 방법만을 적용하게 되면 만족할 만한 결론을 도출할 수 없다는 것이다. 연구조사 과정에서 두 방법이 통합적으로 적용될 때 연구는 좀 더 효율적인 방향으로 실행될 수 있으며 과학에서 필요로 하는 지식을 구축할 수 있다. 왜냐하면 두 논리는 상호 순환적 연결관계를 가지고 있기 때문이다.

모든 학문은 절대적이지 않고 환경 및 여건의 변화와 시대의 변천에 따라 끊임없이 새로운 이론들이 정립되면서 발전해 왔다. 경험적 현상에서 발견된 공통된 사실이나 원리는 가설의 형태로 검증해서 일반화되면 다수가 인정하고 받아들이게 되는 이론이나 지식으로 정립된다.

그러나 기존 이론이 새로운 현상을 설명하지 못하거나 예측하지 못할 경우에는 새로운 지식과 인식의 틀이 요구되며, 귀납적 접근과 연역적 접근과정을 되풀이하면서 이론을 수정해 나가게 된다.

기존의 이론이 현상을 더 이상 충분히 설명하지 못하여 인식이 혼란을 초래히게 되면 이론의 수정이 불가피하고, 다시 |그림 1-2|에 제시된 순환과정을 거쳐 검증을 하게 되고, 그 결과 새로운 인식의 틀을 정립함으로써 혼란을 극복하게 된다. 이와 같이 일반적으로 과학적 논리에 근거한 지식체계는 연역적 추론과 귀납적 추론과정을 상호 보완적으로 끊임없이 되풀이하는 가운데 형성되고 발전된다.

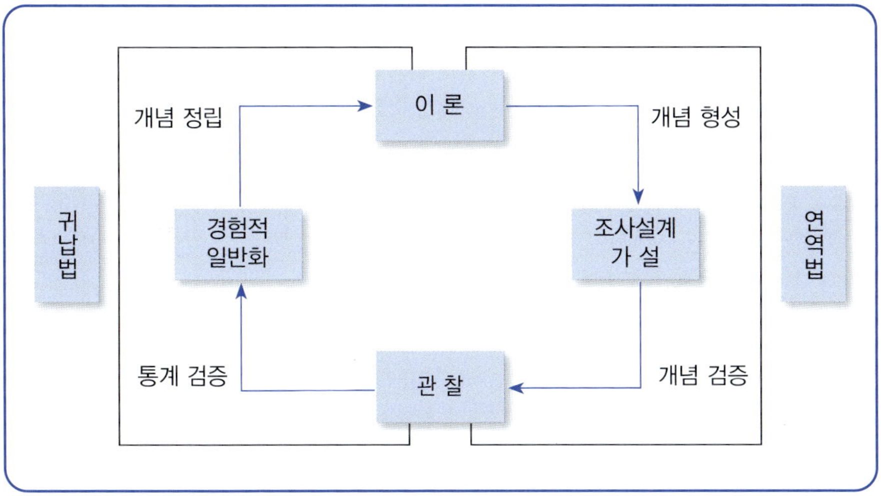

|그림 1-2| 과학적 접근방법

KEY POINT

■ 사회조사 · 사회복지조사

① **사회조사** : 사회현상의 모든 분야에서 과학적 지식을 얻기 위한 절차와 방법

② **사회복지조사** : 사회복지 목적 달성의 과학적 지식을 얻기 위한 절차와 방법

■ 사회복지조사의 개념

① 사회복지조사는 인간의 욕구를 조사하여 과학화하기 위한 학문

② 사회복지조사는 복지운동 실천을 위하여 영국에서 최초로 시작

③ 현재 사회복지조사는 산업화에 따라 영국보다 미국이 더 많은 발전

■ 새로운 연구주제 선정

① 현재까지 연구결과들로는 알고자 하는 사항이 충분하지 않은 점 고려

② 이미 발표된 기존의 연구결과들이 서로 일치하지 않는 상이점 발견

③ 현존하는 사회현상이 기존의 이론으로 객관적 설명이 어려운 상황

④ 사회복지의 학문적 · 실천적 발전에 기여할 여지가 많은 주제로 선택

⑤ 사회문제를 완화하여 인간다운 삶에 부합되는 목적 제고 가능성 고려

⑥ 연구와 관련이 있는 사회문제의 심각성을 서론에 설명 가능한 주제 선정

■ 토마스 쿤(Thomas Kuhn)의 과학 발전과정

전과학 ➡ 정상과학 ➡ 위기/ 혁명 ➡ 새로운 정상과학 ➡ 새로운 패러다임

■ 자연과학 · 사회과학

구 분	자연과학	사회과학
대 상	자연현상	사회현상
연구자의 개성	사고의 가능성 제한	사고의 가능성 무제한
명확한 결론	확정적 설명	확률적 설명
관련학문	공학 · 화학 등	사회복지학 등

■ 개념적 정의 · 조작적 정의

① **개념적 정의** : 사람이나 사물의 행태와 속성, 사회적 현상을 추상적 개념화한 정의

② **조작적 정의** : 추상적 개념을 실증적, 가시적으로 측정할 수 있도록 지표화한 정의

■ 연역적 방법

일반적 원리 ⟶ 특수한 사실	
연역적 검증	이론 ➡ 가설 ➡ 검증 ➡ 결론(가설 채택 또는 기각)

■ 귀납적 방법

특수한 사실 ⟶ 일반적 원리	
귀납적 검증	관찰 ➡ 공통적 특성 및 원리의 발견 ➡ 결론

Chapter 2

조사방법의 유형과 과정

제1절 조사방법의 유형

제2절 조사의 과정

제3절 분석단위와 해석의 오류

Chapter 2

조사방법의 유형과 과정

제1절 조사방법의 유형

조사(research)란 과학적 절차를 통해 지식을 습득하는 것을 말하며 이때 습득된 지식은 과학적 지식이 된다. 이러한 과학적 지식을 얻는 절차 및 방법에 관한 것이 조사방법(research methods)이다. 변수에 대한 구체화가 이루어지고 나면, 이제는 어떤 조사유형을 활용할 것인가를 결정해야 한다.

사회조사방법의 유형은 무엇을 기준으로 분류하는가에 따라 다양하게 제시될 수 있다. 일반적으로 사회조사방법의 유형은 크게 3가지 유형을 기준으로 분류하고 있다. 첫째, 조사의 목적에 따른 분류 둘째, 시간적 차원에 따른 분류 셋째, 자료의 특성에 따른 분류가 있다. 여기에서는 사회조사방법의 유형을 위의 3가지 기준에 따라 어떠한 방식으로 분류되었는지와 사회복지조사의 한계에 대해 살펴보고자 한다.

1. 조사목적에 따른 분류

조사는 대체로 기존의 유용한 지식에 부족한 부분을 보완하거나 그릇된 개념을 반증하거나 새로운 관계 및 일반화를 제시함으로써 기존의 지식에 기여한다는 일반적인 목적을 가지고 있다. 조사를 수행하는 구체적인 목적에 따라 탐색적 조사, 기술적 조사, 설명적 조사로 나눌 수 있다.

1) 탐색적 조사

조사연구자가 어떤 상황에 대해서 호기심을 가지고 있고, 그것을 더 잘 이해하길 원한다면, 사회복지사가 본인의 성과 클라이언트의 성이 동일할 때 그 반대의 경우보다 개입이 효과적일 것 같다는 의문을 가지고 있다면, 이 질문을 탐색하기 위하여 조사자는 클라이언트를 면접하거나, 전문가 또는 경험 있는 사회복지사의 조언을 구할 것이다.

이처럼 탐색은 어떤 연구대상(상황)에 대해서 연구가 아직 부족하거나, 연구자가 그 부분에 대해서 아직 충분한 지식이 부족할 때 이루어진다. 탐색적 조사는 분명한 지식이나 유용한 개념들이 부족한 문제영역이나 현상을 탐색하는 조사이다.

또한 탐색적 조사연구는 보다 나은 연구의 가능성을 검토해 보는 것이거나, 보다 나은 정보를 얻는 새로운 기법을 구축하기 위한 것일 수 있다. 나아가 탐색적 연구는 새로운 영역을 개척한다거나, 어떤 문제를 조명해 줌으로써 가치가 있다.

많은 탐색적 연구들은 보다 정확한 조사를 위한 문제의 공식화 또는 가설의 개발을 목적으로 한다. 그러나 탐색적 연구는 다른 기능도 가지고 있다. 즉, 연속적이고 보다 구조화된 연구와 관련해서 조사하고자 하는 어떤 현상에 대해 더 많은 친숙함을 제공한다든지, 또 어떤 연구(개념의 명료화, 조사의 우선순위 결정, 조사의 수행가능성에 대한 실제적 정보의 수집, 어떤 사회관계에 관련된 사람들에게 필요한 문제들의 조사내용 전달 등)를 수행할 계획이 있을 때, 그 조사의 환경에 대해 친밀감을 증진시키는 기능을 가지고 있다.

사회학자나 사회심리학자는 설명적 가설(즉, 그 설명력을 위해 검증될 수 있는 진술)의 공식화를 위해서 탐색적 접근법을 사용할 것이다. 그러나 사회복지 조사자는 보통 이런 목적의 탐색적 연구보다는 후자의 기능과 관련된 탐색적 연구에 관심이 많다. 일반적으로 탐색적 연구는 기본적이고 임시적인 특성이 있기 때문에 단순한 질문과 진술로 시작하는 간단한 조사방식이다.

탐색적 조사연구는 다음과 같은 형태를 가진다.

(1) 문헌조사

조사자가 용어 정의를 보다 면밀하게 하고 싶을 때 그 주제에 관한 전문적 문헌을 탐색하는 경우이다. 예를 들어, 어떤 주제에 관해 여러 학자가 다양하게 의미를 부여한 경우에 이를 정리하고 싶은 경우이다. 그래서 조사자는 그 주제에 관한 논문들을 읽고 기록해 놓는다. 이처럼 우수한 정의들을 문헌을 통해 읽은 후에 그것을 바탕으로 요약하거나 보고서를 작성한다.

이 보고서는 확정적이거나 최종적인 것이 아니다. 그러나 나중에 보다 체계적인 정의를 위한 기초를 제공한다.

(2) 경험자조사

조사자가 어떤 문제영역에서 활동이 빈번한 사람들로부터 정보를 수집하는 경우이다. 이 조사수준에서는 의사소통이 본질적으로 비구조적이고 비체계적이다. 여기에는 매우 단순한 질문들이 포함될 수 있다. 조사자는 조사문제에 대해서 단지 그들이 알고, 생각하고, 추측하는 것에 관하여 공유할 것을 요청할 뿐이다.

(3) 특례분석(특례조사)

연구문제의 설정이 빈약하거나 기존의 연구자료가 부족할 경우 사용되는 사례조사의 하나로, 본 조사의 상황과 유사한 상황을 찾아내어 분석함으로써 현 상황에 대해 논리적으로 유추하는 분석방법이다.

(4) 다른 관점의 사람들 인터뷰

어떤 문제영역에 대해서 지식을 가지고 있다고 생각되는 사람들을 대상으로 이루어지는 인터뷰이다. 그 문제영역의 클라이언트들, 거기에 관심을 가진 집단의 성원들, 또는 그 기관이나 프로그램의 비평가들이 대상이 될 수 있다. 이 조사수준에서 조사자는 단순히 아이디어를 추구하기 때문에 인터뷰 대상자가 그 문제영역에서 모든 가능한 자료원을 대표하고 있느냐는 중요하지 않다.

(5) 경험의 세심한 리뷰

이 접근은 자신의 경험을 상세하게 검토하는 것이다. 즉, 탐색적 단계의 조사자가 자신의 경험을 어느 정도 질서 있는 세계로 만드는 것이다. 그러나 보편적으로 사람들은 자신의 경험을 낭만적으로 그리기 때문에 조사자도 마찬가지이다.

그러므로 이 접근은 생각보다 쉽지 않다. 물론 이와 같은 자기성찰적 연구가 공식적 보고서 형태로 쓰여진다고 할지라도 최종적인 것은 아니므로 걱정하지 않아도 된다. 그것은 상급조직에서 수행하는 보다 고급수준의 조사로 향하는 좋은 시작일 뿐이다.

탐색적 연구의 일반적 목적을 요약하면 다음과 같다.

① 기본적 사실, 사람, 관련사항과 친숙해진다.

② 일어나는 내용을 나타내는 데 적절한 정신적 상황을 개발한다.

③ 수많은 아이디어를 생성하여 시험적인 이론과 추측을 개발한다.

④ 부가적인 연구의 실행가능성을 결정한다.

⑤ 질문을 구성하고 더 체계적인 탐구를 위한 이슈들을 다듬는다.

⑥ 장래 연구를 위한 기법과 방향성을 개발한다.

2) 기술적 조사

(1) 기술적 조사의 성격

기술(description)은 탐색의 단계를 넘어서서 '연구대상(상황)에 관해서 무엇이 어떠하다'는 것을 묘사하는 것이다. 보통 5년마다 실시되는 인구주택총조사, 실태조사, 여론 조사가 그 좋은 예로 보통은 연구 대상 집단을 적절하게 대표하는 규모가 큰 서베이일 경우가 많다. 기술적 연구는 연구 대상자 집단의 특성에 대해 정확한 정보를 제공하며 표본의 크기, 대표성, 일반화에 관심을 갖는다. 또한 자원봉사활동을 하고 있는 학생들은 이 기법을 사용하고 있는 것이나 다름없다. 왜냐하면 많은 대학교육에서 학생은 자원봉사활동을 해야 하고, 그 과정에서 관찰한 것을 기록해야 한다. 다시 말하면, 학생은 자원봉사의 활동과정 중에서 특정 사회적 상황을 경험적으로 관찰 · 기록한다. 그리고 그 상황과 관련된 변수들을 묘사하고 기술하는 것이다.

기술적 조사는 어떤 현상의 기술 또는 두 개 이상의 현상들 간의 관계를 기술하기 위한 조사이다. 사회학 · 사회심리학 · 사회복지학의 조사는 거의 대부분이 이와 같은 유형의 조사이다.

(2) 기술적 조사의 특성

탐색적 조사와 기술적 조사 사이에는 몇 가지 차이가 있다. 기술적 조사를 위한 척도가 보다 정교하다. 이것은 실제로 기술적 조사가 탐색적 조사보다 우수해서라기보다는 그 목적이 보다 분명하기 때문이다. 탐색적 조사는 지식구축 과정에서 본질적으로 형성적 단계이다.

어떤 사람은 옳은 질문을 찾기 위하여 탐색적 조사를 수행한다. 만약 어떤 사람이 어떤 문제를 탐색하여 왔다면, 우리는 기술할 것과 옳은 질문이 무엇인지를 그가 보다 정확하게 알고 있을 것이라고 가정할 수 있다.

결과적으로 기술적 조사는 다음과 같은 특성이 있다는 점에서 탐색적 조사와 다르다.

① 연구 모집단에서 대표적인 표본을 확보하려고 보다 많은 노력을 한다.

② 보다 정확한 데이터 수집기법 또는 절차를 사용한다.

③ 문제에 대한 보다 분명한 진술을 사용한다.

탐색적 조사에서는 표본추출이 그다지 엄격하지 않아서 손쉽게 얻을 수 있는 표본들을 사용한다. 그러나 기술적 조사에서는 표본의 범위를 넓혀야 한다. 탐색적 조사자는 옳은 질문들 또는 중요한 변수들을 추구하기 때문에 보다 형식에 구애받지 않으면서 자료를 수집하는 것이 허용된다. 그러나 기술적 조사를 위한 자료수집 절차와 표집기법은 보다 엄격하다.

기술적 조사에서는 탐색적 조사보다 조사질문이 더 정교하고 간결하게 진술된다. 예를 들어, “요즈음 아동학대 사례들에서는 공통된 요인들이 나타나는가?”라는 질문은 탐색적 조사의 간단한 주제를 나타내고 있다.

그러나 기술적 조사자는 현상의 주요 요소들을 구별하여 연구질문이 그 주요 요소에 초점이 주어지도록 진술한다. 예를 들어, 기술적 조사는 아동학대 부모의 불안과 자녀의 학교출석의 관계에 관심을 두고, 두 변수인 불안과 무단결석에 특별히 초점을 둔다.

일반적으로 기술적 연구의 목적은 다음과 같다.

① 한 집단의 정확한 프로필을 제공한다.

② 과정, 메커니즘 또는 관계를 기술한다.

③ 말이나 수치적 상황(가령 연령비율)을 제공한다.

④ 새로운 설명을 촉진시킬 정보를 구한다.

⑤ 일련의 단계, 조치를 명확히 한다.

⑥ 주제에 관한 이전의 믿음에 관하여 확인해 주거나 반박하는 정보를 문서화 한다.

3) 설명적 조사

설명적 조사는 실험적 방법을 적용하는 조사이다. 설명적 조사는 문제를 기술할 뿐만 아니라, 그것을 분석하여 변수들 간의 관계를 '설명'하려는 목적을 가진다. 그러므로 설명적 조사는 보다 구체적이고 정교하며 한 변수가 다른 변수에 영향을 주는가에 초점을 둔다. 사회과학조사에서 설명이란 반드시 '왜' 라는 질문에 대해 설명하는 것이므로 기술적 조사와 혼동하지 않아야 한다. 예를 들어, 빈곤주기를 기술하기보다는 빈곤주기를 깨는 것이 왜 어려운가를 설명하려고 노력한다. 설명은 창조적인 과업이다. 사회의 복잡한 힘들이 상호작용하여 연속적인 사건들을 발생시키는 과정을 간단한 기술만으로는 설명할 수 없고, 변수들 간의 관계성 또는 인과성을 밝혀주어야 한다. 설명적 연구의 목적은 밝혀진 변수들 간의 관계분석을 통해서 실천가로 하여금 특정한 결과를 정확하게 예측하도록 하는 것이다.

모든 조사의 궁극적인 목적은 '설명'이다. 탐색적 조사는 그 임시적 성격에도 불구하고 보다 복합적인 설명을 가능케 하는 기본적 통찰력과 방향을 추구하며, 기술적 조사는 독자가 조사연구에 의해 기술되는 것의 본질을 이해하도록 하는 범위 내에서 설명적이다. 그러나 설명적 조사나 평가적 조사는 이보다는 설명력이 한 단계 상승되는 것이다.

일반적으로 설명적 연구의 목적은 다음과 같다.

① 원리나 이론의 정확성을 결정한다.

② 경험적인 설명 중 어느 것이 보다 더 좋은지 밝힌다.

③ 일반적 진술문(general statement)하에서 상이한 이슈나 주제들을 연결시킨다.

④ 더 복잡해지는 이론을 세우거나 정교화한다.

⑤ 이론이나 원리를 새로운 영역이나 이슈로 확장시킨다.

⑥ 설명을 지지하거나 반박할 증거를 제시한다.

2. 시간적 차원에 따른 분류

1) 횡단적 조사

횡단적 조사(cross-sectional study)란 한 시점을 단면으로 잘라서 필요한 모든 자료를 수집하는 방법이다. 즉, 일정 시점에서 특정 표본이 가지고 있는 특성을 파악하거나, 이 특성에 따라 집단을 분류하는 것이므로 표본의 크기가 커야 하며, 사회복지 분야에서 널리 사용된다.

횡단적 조사는 주로 표본조사를 행하며, 측정이 단 한 번만 이루어질 뿐 반복해서 이루어지지 않기 때문에 정태적인 성격을 가진다. 따라서 횡단적 조사의 목적은 일정 시점에서 특정 표본이 가지고 있는 특성을 파악하거나 이들 특성에 따라 집단을 분류하는 것이다.

종단적 조사에 비해 상대적으로 비용과 시간이 적게 든다는 장점이 있으나, 시간의 흐름에 따라 나타나는 어떤 현상의 진행이나 변화과정을 관찰할 수 없으며, 오직 현재의 상태만을 관찰한다는 단점이 있다. 횡단조사는 탐색적 조사, 기술적 조사, 설명적 조사에 모두 사용될 수 있으나 일반적으로 기술적 조사에 많이 사용된다.

2) 종단적 조사

종단적 조사(longitudinal study)는 시간의 흐름에 따라 조사대상이나 상황의 변화를 측정하는 것으로 일정한 시간간격을 두고 적어도 두 번 이상 반복적으로 측정하여 자료를 수집하는 조사방법이다. 몇 주 혹은 수개월의 장기간 동안 일정한 시간적 간격을 두고 측정하기 때문에 종단조사는 동태적 특성을 가진다. 그리고 유형에 따라 서로 다른 시점에서 동일 대상자를 추적하여 조사해야 하므로 표본의 크기가 횡단조사에 비해 상대적으로 적다.

종단조사는 횡단조사에 비해 복잡하고 비용과 시간이 많이 든다는 단점이 있지만, 장기간에 걸쳐 조사대상자와 상황의 변화 또는 특정한 경향을 조사할 수 있어 중요한 자료를 수집하는 데 효과적이라는 장점이 있다. 종단조사는 일반적으로 탐색적 조사나 설명적 조사에 많이 사용된다.

종단조사는 대상자의 특성에 따라 패널조사, 경향조사, 동년배조사로 나뉜다. 패널조사는 동일한 주제에 대해 동일한 응답자에게 장기간 반복적으로 면접이나 관찰을 행하는 방법이다. 동일한 주제에 대해 만일 올해 500명을 조사하고 내년에 500명을 조사한다면 올해 조사대상자가 되었던 사람을 찾아내 내년에 또 조사하는 것이다.

경향조사는 추세조사 또는 시계열조사라고도 한다. 시간의 흐름에 따라 나타나는 일반적인 대상집단의 변화를 조사하는 것이다. 예를 들어, 2010년대 10대와 2020년대 10대의 직업선호도 비교조사, 또는 대통령 선거를 위해서 일정 시기마다 정당의 지지율을 조사하는 것 등이 전형적인 예이다. 장기간에 걸쳐 동일한 주제에 대하여 반복해서 조사가 이루어지지만 조사할 때마다 응답자가 동일하지 않다.

동년배조사는 시간의 변화에 따른 특정 동류집단의 변화를 조사하는 것이다. 동류집단이란 동시대에 태어난 동년배일 경우 유사한 경험을 같이 공유한 집단을 말한다. 예를 들면, 베이비붐 세대, N세대에 관한 조사 등이 동년배조사에 속한다. 패널조사는 매번 동일한 사람을 조사하지만 동년배조사는 조사대상이 동일한 사람이 아니라는 차이점이 있다.

〈표 2-1〉 횡단적 조사와 종단적 조사의 차이점

횡단적 조사	종단적 조사
표본조사 (모집단을 대표할 수 있는 자료 제공)	현장조사 (조사마다 새롭게 표본에 관한 자료 제공)
측정이 단 한 번 이루어짐	반복적으로 측정이 이루어짐
정태적(static : 일정 시점의 특정 표본이 가지고 있는 특성을 파악)	동태적(dynamic : 일정 기간 변화하는 상황에 대해 조사)
조사대상의 특성에 따라 집단을 분류하여 비교 · 분석하므로 표본의 크기가 큼	유형에 따라 서로 다른 시점에서 동일 대상자를 추적하여 조사해야 하므로 표본의 크기가 작을수록 좋음

3) 유사종단적 조사

유사종단적 조사(quasi-longitudinal study)는 현실적으로 종단조사 실시가 어려운 점을 감안하여 종단조사와 횡단조사를 결합한 조사방법이다. 즉, 반복적으로 조사하기 어려운 경우 어느 한 시점에서 횡단조사를 행하지만 그 결과는 여러 시점에 걸쳐 반복적으로 조사한 것처럼 나타날 때 이를 유사종단적 조사라고 한다.

예를 들어, 횡단조사를 실시하여 각 연령대별로 부모부양 의식을 조사함으로써 과거로부터 오랜 시간에 걸친 의식의 변화를 추론해 볼 수 있다.

3. 자료의 특성에 따른 분류

1) 조사대상의 범위에 따른 조사연구 분류

조사대상의 범위에 따라 모집단 전체를 조사하는 전수조사와 모집단의 일부를 표본으로 선정하여 조사하는 표본조사로 분류할 수 있다.

전수조사는 조사대상자라고 생각되는 모든 부분, 즉 모집단 전체를 대상으로 조사하는 조사연구이다. 인구센서스 조사는 전수조사의 대표적인 예라 할 수 있다. 전수조사는 시간과 비용이 많이 소요된다.

표본조사는 전수조사가 어려운 경우 모집단의 일부만을 추출하여 모집단 전체를 추정하는 조사이다. 표본조사에서는 모집단을 잘 대표하는 대표성 있는 표본을 구성하는 것이 관건이다. 대표성 있는 표본에 대해 이루어진 표본조사일수록 조사결과에 대한 일반화 가능성이 높다고 할 수 있다.

2) 자료수집의 성격에 따른 조사연구 분류

수집되고 분석되는 자료의 성격에 따라 양적 연구와 질적 연구로 분류할 수 있다.

양적 연구는 대상의 속성을 계량적으로 표현하고 그들의 관계를 통계분석을 통해 밝혀내는 연구조사로 대부분 연역법에서 활용된다. 대부분의 설문조사와 척도형태의 측정도구를 사용해 효과성을 확인하는 실험조사가 이에 속한다. 양적 연구조사는 조사결과에 대한 이해가 쉬우나 깊이 있는 정보를 얻기 어렵다는 단점이 있다.

질적 연구는 질적 자료를 수집하기 위해 시행하는 연구조사로 귀납법을 활용한다. 질적 연구조사는 행위자의 언어, 몸짓, 행동 등 상황과 환경적 요인들을 현지조사, 심층면접, 참여관찰 등의 방법을 활용하여 정보수집을 한다.

4. 사회복지조사의 한계

사회복지조사는 인간의 욕구를 충족시키고 사회문제를 해결하기 위한 사회복지 관련 이론과 기술을 개발하는 데 기여하지만 다음과 같은 한계를 가진다.

1) 경험적 인식의 제한성

사회복지조사는 다양한 방법을 통해 이루어지지만 경험적으로 인식된 내용만을 포함한다. 인간의 경험적 인식의 대상과 범위는 한계가 있으므로 동일한 사건이나 현상을 다르게 인식하는 경우도 있다.

2) 시간적 제한성

사회복지조사는 제한된 시간 내에서 양적으로 조사할 수 있는 내용의 한계가 있다. 조사상 필요한 내용이 조사가 종료된 후에 발생할 수도 있다.

3) 지리적 제한성

사회복지조사는 일정한 지역 내에서 수행되므로 제한된 지역 내지 공간에서 얻어진 정보가 전체를 얼마나 대표할 수 있느냐 하는 대표성의 문제가 발생할 수 있다.

4) 비용적 제한성

사회복지조사는 할당된 예산 범위 내에서 조사를 수행해야 하는 제한성이 따른다. 투입되는 전문조사원과 조사대상의 확대, 조사 기간의 연장 등에 대해 상당한 조사비용을 지불해야 한다.

5) 조사자 개인의 가치와 선호의 차이로 인한 제한

사회복지학은 가치개입적 학문이므로 조사자의 개인적 가치가 조사과정에 개입될 가능성이 있다. 또한 조사문제의 선정이나 조사방법, 조사결과의 분석과 해석과정에도 영향을 미칠 수 있다.

6) 정치적 · 문화적 요인으로부터의 영향

사회조사는 논리의 타당성보다는 당시의 정치적인 통제, 문화적인 요인들로부터 영향을 받아 수용과 거부가 결정되기도 한다.

제2절 조사의 과정

1. 연구문제의 설정

연구문제란 논문에서 다루어질 주요한 문제나 중심이 되는 내용을 말한다. 연구문제 설정은 연구의 첫 번째 단계이며, 연구문제 설정에 일정한 규칙이 있는 것은 아니지만, 문제를 설정할 때 연구문제의 중요성, 적용 및 해결가능성, 연구의 이론적 관련성 등을 고려해야 한다.

아무리 연구가 과학적인 방법으로 수행되었다 할지라도 연구문제 자체가 사회적으로 의미 없는 것이라면 그 연구의 실질적 유용성은 떨어지게 된다. 그리고 연구문제 설정 시 해결가능성도 고려해야 할 중요한 요인이며, 연구결과로 지식이 축적되기 위해서는 연구문제가 해결가능하여야만 한다.

대부분의 연구자들은 연구문제가 해결가능하다고 전제하고 있지만 모든 문제가 과학적 검증으로 해결될 수 있는 것은 아니기 때문에 연구문제 설정 시 해결가능성에 대한 검토가 선행되어야 한다.

연구문제를 설정할 때는 너무 광범위한 문제를 설정하지 말고 구체적이고 깊이가 있는 문제에 초점을 맞춘다. 문제를 설정하기 전에 잠정적으로 생각하고 있는 연구문제의 학문적 가치와 실행가능성에 대해 철저한 평가를 하고 난 다음 설정 여부를 결정한다.

다시 말하면, 변수들에 대한 명확한 개념 정의와 측정이 가능한지를 검토하여야 하고, 시간과 비용의 제약, 연구대상자의 확보가능성, 연구에 필요한 시설과 기구의 사용가능성 등에 대한 전반적인 면에 대하여 검토가 이루어져야 한다.

2. 개념 정립과 가설 설정

과학적 연구의 두 번째 단계에서는 개념을 정립하고 개념들 간의 관계를 나타내는 가설을 설정하는 것이다. 개념은 먼저 특정 현상을 일반화하고 보편적 언어로 정의되는 개념적 정의과정을 거친 다음 가설을 설정하게 된다.

개념 형성과 가설 설정방향에 대한 관련 지식과 정보는 선행연구들을 통해 얻을 수 있다. 예를 들어, 연구목적이 '노인의 보건의료 욕구가 삶의 질에 미치는 영향'을 규명하는 것이라면 연구문제와 주제에 이미 정의되어야 할 개념들이다.

연구문제와 주제에 대한 개념을 정의한 다음 가설을 설정해야 한다. 위의 예를 다시 들면, 노인은 주어진 예산하에서 보건의료 욕구를 충족하고 삶의 질을 극대화한다. 노인의 삶의 질을 높이기 위한 목표와 가치를 바탕으로 한 욕구는 소득,

건강상태, 이동력, 가치관, 보건의료체계의 접근성 등과 관계가 있다면 이러한 관계를 가설로 나타낸다.

① 가설 1 : 노인의 보건의료 욕구는 보건의료체계 접근성과 관계가 있을 것이다.
② 가설 2 : 노인의 보건의료 욕구가 충족될수록 삶의 질은 높아질 것이다.

위 가설의 검증결과는 연구문제에 적용되어 노인의 보건의료 욕구에 영향을 미치는 변수들은 무엇이며, 삶의 질과는 어떤 관계를 가지는지에 대한 답을 제시해 준다. 그러나 검증결과가 가설이 진실이 아닌 것으로 판명되면 기각되고 연구문제에 대한 해답을 제공해 줄 수 없다.

가설의 채택 여부는 연구문제 해결과 직결되는 부분이므로 가설이 참으로 밝혀질 수 있도록 가설 설정 전에 노인의 보건의료 욕구에 영향을 미치는 요인들과 삶의 질과의 관계에 대한 관찰과 선행연구 고찰, 전문가 자문 등의 연구활동이 선행되어야 한다.

3. 조사설계

조사설계(research design)란 연구목적을 수행하여 연구문제에 대한 답을 얻기 위해 자료수집 방법을 비롯하여 변수의 선정과 조작화, 측정도구 작성, 자료분석 방법 선택 등의 모든 활동에 대한 계획을 편성하는 것이다.

조사설계는 연구목적에 따라 탐색연구, 기술연구, 인과연구 또는 가설검증연구로 구분되고, 변수의 조작가능성에 따라서는 실험설계와 비실험설계로 구분된다. 조사상황에 따라서는 실험실연구와 현장연구가 있고, 조사시점에 따라서는 종단연구와 횡단연구로 나뉜다.

1) 자료수집 방법 결정 시 고려해야 할 사항

(1) 표본범위와 모집단 선정

먼저 자료수집 방법을 선정하기 전에 표본의 범위와 모집단을 정해야 한다. 모집단이란 조사대상 집단 전체를 의미하고 표본은 모집단의 일부를 말한다. 노인의 보건의료 욕구에 대해 조사할 경우 모집단은 노인 전체를 말하고, 표본은 전체 노인의 보건의료 욕구를 대표할 수 있는 일부 집단이다.

표본 수는 모집단 수에 비례하고 가급적 표본 수가 많을수록 좋으나 여러 가지 사항을 고려하여 결정해야 한다. 표본으로부터 요구되는 가장 중요한 사항은 바로 대표성이다. 즉, 표본은 모집단의 특성을 잘 나타낼 수 있도록 대표성이 있어야 한다.

(2) 표본추출 방법

모집단이 규정되면 표본의 범위가 정해지고 모집단을 대표할 수 있는 표본을 추출해야 한다. 표본추출 과정을 단계적으로 설명하면 다음과 같다.

제1단계 → 연구결과를 일반화하고자 하는 모집단을 명확하고 구체적으로 규정
모집단에 대한 표본단위, 표본범위, 표본크기, 모집시기 등 결정

제2단계 → 표본의 대표성 확인
모집단 분포가 표본분포와 유사한지 비교하여 분포차이 검토
모집단 분포에 대한 정보나 자료는 최근의 것을 확보

제3단계 → 모집단을 포괄하는 목록인 표본 프레임 확보
전화로 자료를 수집할 경우 표본 프레임은 전화번호부
우편으로 수집할 경우 조사대상자의 주소록

제4단계 → 표본추출 방법 선정

모집단에 대해 알려져 있는 정도에 따라 확률추출과 비확률 추출법으로 구분되며 두 가지 방법은 여러 개의 하위방법으로 구별

제5단계 → 표본크기 결정

표본크기는 모집단 특성이 동질적인지 이질적인지에 따라 다름

모집단이 이질적일수록 표본크기가 커야 대표성 유지

제6단계 → 표본추출 실시

표본을 체계적으로 선정하는 작업 실시

무작위 표본추출이 모집단을 대표할 수 있는 자료를 수집할 수 있음

이상의 과정을 거쳐 선별된 표본을 대상으로 설문지 등과 같은 측정도구를 활용하여 자료수집을 하게 된다.

2) 자료수집 방법 결정

표본추출이 완료되면 측정도구를 활용하여 자료수집 방법을 정해야 한다. 자료는 주로 서베이(survey)로 수집하며 서베이 유형은 대인면접법, 우편법, 전화법, 전자법 등이 있다.

자료수집 방법의 선택기준은 질문의 내용과 유형, 자료수집에 필요한 시간과 비용, 자료의 특성, 자료수집의 객관성과 정확성 등이다. 어떤 방법으로 자료를 수집할 것인가에 대한 결정은 조사내용과 질문유형이 어떻게 구조화되어 있는가에 달려 있다.

3) 측정도구의 작성

측정도구란 현상을 측정하는 데 적용되는 도구를 말한다. 서베이로 자료를 수집할 경우 측정도구는 질문지가 된다. 질문지는 일련의 조사문항들로 구성되며

조사대상자에게 배포하여 응답자료를 수집하게 된다.

정확하고 객관적인 자료를 수집하기 위해서는 무엇보다 측정도구인 질문지를 잘 작성하여야 한다. 바람직한 측정도구는 원래 확인하고자 의도했던 내용을 충분히 담아야 하고, 질문문항에 조사대상자들이 답하기가 편리하여야 한다. 또한 수집된 자료를 통계적으로 처리하기 용이하도록 구성되어야 한다.

4) 자료분석 방법 선택

자료를 분석하기 위해 어떤 통계기법을 적용할 것인가는 연구목적과 연구대상 변수의 척도형태에 달려 있다. 연구목적이 단순히 현상에 대한 평균 · 빈도 · 백분율 등을 이용하여 그 현상의 특성이 어떠한지를 설명하는 단순 실태파악이 목적인 기술연구인지, 아니면 특정 현상의 실태를 파악하는 데 그치지 않고 관련 현상에 대해 예측하고 설명하여 변인 간의 관계를 검증하는 인과관계 검증연구인지에 따라 분석방법은 다르다.

4. 자료수집

연구를 수행하면서 연구설계에서 선택한 자료수집 방법에 따라 자료를 직접 수집하는 단계이다. 1차 자료 수집방법(관여적 방법)은 연구 대상자와 의사소통 및 상호작용에 의한 수집방법으로 설문지, 관찰 등이 있으며, 2차 자료 수집방법(비관여적 방법)은 연구자가 검색, 직접문의(기관), 참고문헌, 기존 데이터 등을 수집하는 방법 등이 있다. 이러한 방법들 중 필요한 자료나 정보를 수집할 때 어느 방법을 이용하는가 하는 문제는 일반적으로 조사목적과 내용, 자료 특성 등에 따라 다르다. 또한 질문의 내용과 유형, 자료수집에 필요한 시간과 비용, 자료의 객관성과 정확성 등도 자료수집 방법의 중요한 선택기준이다.

5. 자료분석 및 결과의 처리

1) 자료분석

수집한 자료를 실질적으로 분석하는 단계이다. 자료분석에 필요한 통계 프로그램은 SPSS, SAS, RATS, Lisrel 등 다양하게 개발되어 있다. 이들 프로그램들 중 사회복지 분야에서 가장 보편적으로 활용되는 프로그램은 사회과학을 위한 통계 패키지(SPSS)이다. SPSS(Statistical Package for Social Science) 프로그램의 통계분석은 연구자가 통계분석에 필요한 명령문을 직접 입력하는 형태가 아니라 기본적으로 필요한 부분을 마우스로 간단히 지정하고 선택함으로써 이루어진다.

통계분석에 필요한 단계는 기본적으로 4단계이며 이는 |그림 2-1|과 같다.

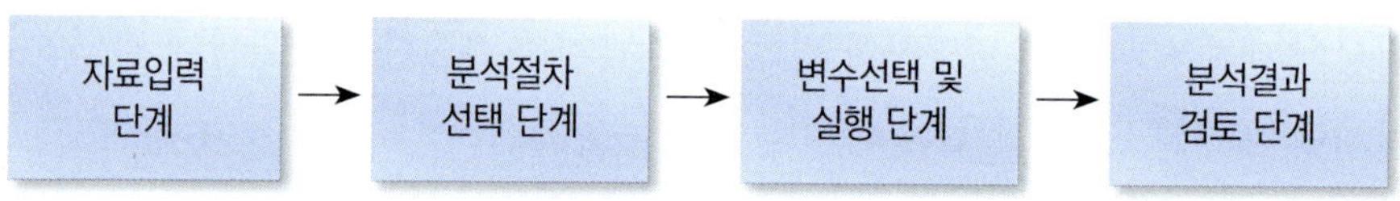

|그림 2-1| 자료분석 단계

2) 결과해석

분석결과 검토 후 더 이상의 분석이 필요하지 않다고 판단되면 결과해석을 하게 된다. 결과해석 과정에서 분석결과와 관련된 의문이 생길 수 있고 그럴 경우 부수적 분석을 통해 제기된 의문을 해결할 수 있다.

분석결과를 다른 연구결과와 비교해서 해석하기도 한다. 이때 비교하는 논문의 출처를 밝혀야 하고 구체적인 통계치를 인용해서 비교할 필요가 있을 때는 인용한 논문의 페이지 번호까지 밝혀 완벽한 입증자료가 갖추어져야만 객관적 설득력이 있게 된다. 결과해석은 연구목적, 가설 채택 여부, 통계적 유의성 등에 준해 자료들을 해석함으로써 결론과 그러한 결론이 시사하는 바를 이끌어 낼 수 있다.

6. 보고서 작성

조사연구의 마지막 단계는 분석자료의 해석과 결론을 포함하는 조사연구의 전 과정을 담는 보고서를 작성하는 것이다. 보고서에는 연구내용과 관련된 구체적인 자료와 내포된 의미, 학문적 기반과 부합되는 해석 등이 포함되어야 하고, 이러한 보고서 내용은 관련분야의 전문가와 독자에게 효과적으로 전달할 수 있어야 한다.

보고서를 작성할 때 고려해야 할 사항은 ① 보고서가 활용되거나 참조할 집단이 일반인인지 전문가인지에 따라 본문에 사용될 용어와 구성이 달라야 한다. ② 보고서 형태에 따라 형식과 길이를 적절히 조절해야 한다. ③ 연구목적이 이론적 체계를 갖추는 것인지, 정책적 제안을 하는 것인지, 단순히 실태 보고 차원인지에 따라 보고서 전반의 체계와 방향이 설정된다.

제3절 분석단위와 해석의 오류

1. 분석단위

측정을 이해하고 수행하려면 분석단위의 개념을 이해하여야 한다. 분석단위는 연구자가 실제로 측정하려는 개인과 사건 또는 사회구조를 말하는 것으로, 보다 큰 집단의 특성을 기술하거나 또는 어떤 추상적인 현상을 설명하기 위해 가장 먼저 기술되어야 하는 단위를 말한다. 예를 들어, 한 연구자가 전국의 노인패널을 대상으로 다년간 연구한다면, 이 노인들은 전국 수십 개의 도시에 흩어져 있고 각자 자기 집에서 살고 있지만 여기서 분석단위는 가정이나 도시가 아니라 바로 노인 개개인이다.

이처럼 사회조사에서는 개인이 분석단위가 되는 경우가 많지만 그 외에도 가족이나 국가도 분석단위가 될 수 있으며, 사회복지조사에서 분석의 단위는 일반적으로 〈표 2-2〉와 같이 개인, 집단, 공식적 사회조직, 사회적 가공물 등으로 구분된다.

분석단위는 연구문제와 연구자가 설명하려는 것에 따라 결정된다. '무엇이 분석단위인가'를 결정하는 한 가지 방법은 문제의 진술에서 표현되어 있는 종속변수를 확인하는 것이다.

고프만(Goffman)은 워싱턴 시의 한 정신병원에서 병동의 스텝들과 7천 명의 환자들의 상호작용을 은밀하게 관찰하는 연구를 하였는데, 여기서 연구문제는 '정신질환자의 도덕성을 설명하는 것'이므로 분석단위는 정신질환자인 개인이다. 만약 연구문제가 '가족의 경제적 지위가 가정폭력에 어떤 영향을 미치는가?'였다면 분석단위는 가족일 것이다.

연구자는 자신의 조사주제나 문제가 무엇을 분석단위로 하고 있는지를 명확히 알아야 자료 분석 결과를 기초로 해석하는 과정에서 잘못된 해석을 내리는 오류를 범하지 않을 수 있다.

〈표 2-2〉 분석단위

분석단위	예
개 인	성별에 따라 우울감에 차이가 있는가?
집 단	결혼 기간이 길수록 부부친밀도가 높은가?
공식적 사회조직	대학별로 취업률에 차이가 있는가?
사회적 가공물	배아줄기세포에 관한 신문사설을 조사비교

1) 개 인

개인(individual)은 사회복지조사나 사회과학에서 가장 일반적으로 선택되는 분석단위이다. 예를 들어, 가정폭력을 목격한 아동들의 행동적응에 영향을 미치는 요인에 대해서 연구를 한 결과, 부모와 아동 간의 관계의 질은 아동이 행동장애를 갖게 될지의 여부에 영향을 미치는 가장 중요한 요인이라는 가설을 뒷받침할 수 있는 연구결과를 발견했다고 가정해 본다면, 연구자가 아버지를 이 연구에 참여시키지 못해 연구결과가 전적으로 어머니와 아동 간의 관계에만 근거할 수밖에 없었다고 했을 때 연구결과는 부모와 아동 간의 관계가 아니라 어머니와 아동 간의 관계에 대해서만 일반화시켜야 한다.

즉, 이때의 분석단위는 개인으로서 어머니와 아동이 되는 것이다. 이렇게 분석의 단위가 개인이 되는 경우는 클라이언트의 개별적 속성을 연구하거나 지역사회 주민들의 욕구를 조사하는 경우, 일반 국민들의 복지의식을 조사하는 경우 등이 이에 해당된다.

2) 집 단

집단(group)은 그 자체가 하나의 분석단위가 될 수 있다. 한 가지 이해해야 할 것은 집단을 분석의 단위로 한다는 것과 어떤 집단의 구성원인 개인을 분석단위로 한다는 것은 다르다는 점이다.

예를 들어, 갱 조직의 구성원들에 대해서 연구하기 위해 갱 조직에 속한 사람들을 조사하고자 한다면 분석의 단위는 개인이 될 것이다. 반면에 어떤 도시에 존재하는 모든 갱들을 대상으로 갱 조직 간의 여러 가지 차이점을 연구하고자 한다면 그때에는 갱이라는 집단이 분석단위가 된다.

집단을 분석단위로 사용하는 경우는 부부, 또래집단, 동아리, 시 · 도 · 국가 등이 있다. 또 다른 예를 들어, 장애인 고용에 대해 알기 위해 장애인 개개인의 취업 시 어려웠던 점을 조사한다면 분석단위는 장애인 개개인이 되지만 장애유형별(예 지체장애, 시각장애, 청각장애, 언어장애 등) 고용률을 비교 · 분석한다면 분석단위는 장애인 집단이 된다.

3) 공식적 사회조직

공식적 사회조직(formal organization) 또한 사회과학연구의 분석단위가 될 수 있다. 사회복지기관을 하나의 예로 들 수 있는데, 이때 물론 사회복지기관이라 함은 모든 사회복지기관이라는 모집단을 의미한다.

각각의 사회복지기관은 직원의 수, 예산규모, 클라이언트의 수, 임상실천가들의 비율, 소수인종계 클라이언트의 수 등을 기준으로 특징될 수 있다. 사회복지관 이외에도 모든 종류의 법인, 군대, 시민단체, 정치단체, 대학, 종교단체, 학회, 슈퍼마켓 등이 그 예가 된다.

4) 사회적 가공물

사회적 가공물(social artifacts)도 분석의 단위가 될 수 있다. 사회적 존재 또는 이들의 행위의 산물이라 할 수 있는 사회적 가공물은 책이나 그림, 시, 자동차, 건물, 노래, 신문사설, 도자기, 농담, 인터넷 공고물, 그리고 과학적 발견 등과 같은 사회매체가 있다. 예를 들어, 언론사의 인터넷 여론마당에 올린 글들을 분석하면서 국민여론의 움직임을 파악하는 경우 사회적 가공물인 여론마당에 실린 글이 분석단위가 된다.

사회적 가공물의 또 다른 부류로 사회적 상호작용을 생각할 수 있는데, 그 좋은 예로서 결혼식을 들 수 있다. 예를 들어, "배우자 간의 종교가 다른 경우의 결혼식은 배우자 두 사람의 종교가 동일한 경우보다 비종교적 인사의 주례로 진행되는 비율이 높다"라고 할 때 결혼식이 분석의 단위인 것이다. 친구 사귐, 교통사고, 이혼, 비행기 납치 등도 사회적 상호작용으로서 분석단위의 예라 하겠다.

이상과 같은 분석단위와 관련해 주의해야 할 점은 예를 들어, 개인을 단위로 분석해 놓고 집단단위의 추론을 한다거나(개인주의 오류) 반대로, 집단을 단위로 분석해 놓고 개인단위의 추론을 하는 오류(생태학적 오류)는 연구자가 자기 연구의 분석단위에 대한 명확한 분별을 하지 못해 발생하는 경우가 대부분이다.

2. 해석의 오류

조사연구에서 연구 문제에 맞지 않는 분석단위를 설정하는 경우 심각한 문제가 야기된다. 분석단위를 결정할 때 고려해야 할 3가지 오류가 있으며 이들은 인과관계를 추론할 때 발생할 수 있는 오류들이다.

1) 생태학적 오류

생태학적 오류란 어떤 분석단위(주로 집단을 포함한 집합적 단위)를 채택하여 연구한 결과 얻은 결론을 다른 수준의 분석단위(주로 개인 등 하위단위)에 적용시키는 오류를 말한다. 즉, 집단을 대상으로 한 조사결과에 근거해서 개인에 대해서도 똑같을 것이라고 가정할 때 발생하는 오류이다. 여기서 생태학이라는 말은 집단, 무리(sets), 체제 등을 지칭하는 말로서 개인이라는 단위보다 큰 특정의 것을 의미한다. 실제 사회복지 현장에서 생태학적 오류의 결과를 예를 들면 다음과 같이 상황을 설명할 수 있다.

장애인 인구 비중이 높은 지역에서 장애인 인구 비중이 낮은 지역보다 사회복지를 확대하자는 지지표가 많이 나왔다고 했을 때 우리는 장애인들이 사회복지를 더 지지하는 것으로 판단을 할 수가 있다.
그러나 이것은 생태학적 오류이다. 왜냐하면 장애인 인구 비중이 높은 지역에서 비장애인의 지지가 이러한 결과를 나타냈을 수가 있기 때문이다. 즉, 이 경우 지역을 분석단위로 해서 개인의 속성에 대해 결론을 내리는 오류를 범한 것이다.

사회복지사 1급 시험의 합격률 차이를 초래하는 원인을 분석해 보기 위해 한 연구에서 다음과 같은 조사를 수행했다면, 대학별로 합격률의 차이를 등급별로 나누고 수요한 원인이 되는 것으로 IQ점수를 제시해 보았다. 6개 대학에 대한 자료를 모아보았더니 〈표 2-3〉과 같았다.

〈표 2-3〉 대학별 합격률에 따른 IQ 평균점수

대 학	합격률	IQ 평균점수
A	낮음	낮음
B	높음	높음
C	높음	높음
D	낮음	낮음
E	낮음	낮음
F	낮음	보통

〈표 2-3〉을 토대로 'IQ가 높은 학생들이 낮은 학생들보다 사회복지사 1급 시험에 더 많이 합격한다'는 결론을 내렸다. 개인들의 시험합격에 IQ가 중요한 원인변수라고 결론지은 것이다. 그러나 후속연구에서 대학을 고려하지 않고 개인적 수준에서 분석했을 때에는 IQ와 사회복지사 1급 시험 합격과는 아무런 관계가 없는 것으로 나타났다면, 이는 제시된 경험자료에 근거한 타당성 있는 분석으로 보이기도 한다. 그러나 이와 같은 분석은 분석단위의 혼란에서 일어난 생태학적 오류를 범하고 있다.

이와 같이, 집단단위가 제시하는 자료가 사회적 통념이나 편견과 일치하게 될 때 개별구성원 단위에 대한 해석으로 받아들이는 오류가 발생하기 쉽다.

2) 개체주의적 오류

이것은 생태학적 오류와 반대로, 개인을 분석단위로 조사한 결과를 집단에 적용하는 오류를 말한다. 즉, 개인들의 행위, 태도 등을 조사한 것을 바탕으로 개인들이 속한 집단의 성격이나 특성 등을 유추하는 오류를 말한다.

예를 들어, 개인들을 조사한 결과 복지국가에 대한 긍정적인 답변을 한 사람들이 많은 국가라고 하여 그 국가가 반드시 복지국가인 것은 아니다.

예컨대 우리나라의 경우, 각종 여론조사에서 많은 사람들이 복지국가를 바람직한 것으로 생각하고 있다. 이와 같이 우리나라 국민들이 복지국가를 선호하는 것은 사실이지만 우리나라가 객관적으로 볼 때 아직은 복지국가로 불리기는 어렵다.

즉, 개인들이 가지고 있는 태도 등을 조사하여 그것을 바탕으로 개인들이 속한 집단의 속성에 대하여 결론을 내리는 것은 위험하다.

3) 환원주의적 오류

환원주의적 오류는 두 가지 의미를 가지고 있는데, 첫 번째는 분석단위의 선정 및 해석과 관련된 오류이며, 두 번째의 오류는 변수선정과 관련된 오류이다.

첫 번째 의미의 환원주의적 오류는 개인을 분석단위로 한 연구결과를 토대로 집단, 사회, 또는 국가의 특성을 추론할 때 발생한다. 이러한 의미의 환원주의적 오류는 생태학적 오류와 반대되는 현상이다.

예를 들어, 어떤 노인요양시설에 거주하는 노인을 대상으로 노인의 인권보장의 가치에 동의하는 사람(분석단위가 개인)의 비율을 측정한 다음 이 비율을 이 기관의 노인인권보장 정도를 나타내는 지표로 사용할 때 환원주의적 오류를 범하게 된다. 이 기관이 노인인권을 거의 보장하지 않는데도 불구하고, 그 시설 거주 노인들의 다수가 노인인권보장에 대한 가치의식을 보유할 수 있다.

또는 사회복지기관 종사자의 개별 직무만족도를 조사한 자료를 근거로 기관별 물리적 환경의 우수성을 평가하는 경우이다. 종사자들의 직무만족도가 높다고 해서 그 기관의 물리적 환경이 우수하다는 추론의 직접적인 근거가 될 수 없다.

직무만족도는 물리적 환경이 아닌 다른 환경의 영향을 받을 수 있다. 기관별 물리적 환경의 비교가 연구목적이라면 기관을 분석단위로 삼고 기관별 물리적 환경변수들을 찾아 조사하는 것이 적절하다.

두 번째 의미인 변수선정과 관련된 환원주의적 오류는 넓은 범위의 인간의 사회적 행위를 이해하는 데 필요한 변수 또는 개념의 종류를 지나치게 한정시키거나 한 가지로 환원시키려는 경향을 말한다. 예를 들어, 모든 사회복지문제를 심리적 변수만을 가지고 설명할 수 있다고 보거나, 경제적 변수만으로 한정하여 설명하려 하기 때문에 발생하는 단원적 인과오류가 이에 해당한다.

KEY POINT

■ 조사 목적의 분류

① 탐색적 조사

새로운 지식이나 유용한 개념들이 있는지의 문제영역 및 현상 예비조사
(새로운 통찰조사, 경험자조사)

② 기술적 조사

어떤 현상 또는 속성들을 있는 그대로 관찰, 묘사를 기술하기 위한 조사
(실태조사, 인구센서스)

③ 설명적 조사

문제를 기술하고 분석하여 변수들 간의 인과관계를 규명하기 위한 조사
(실험설계, 원인규명조사)

■ 횡단적 조사 · 종단적 조사

횡단적 조사	종단적 조사
측정이 단 한 번 이루어짐	반복적인 측정이 이루어짐
정태적(표본이 큼)	동태적(표본이 작음)
일정한 시점에서 조사대상의 특성에 따라 집단을 분류하여 비교 · 분석 조사	시간의 흐름에 따라 서로 다른 시점에서 동일 대상자를 추적해 조사

■ 조사대상 및 방법 분류

① **시계열조사** : 동일주제로 일정한 시차를 두어 2회 이상 조사(조사대상 관계없음)

② **동년배조사** : 동일주제로 일정 연령범위 내 일정 조건의 집단을 조사(일정 연령 대상)

③ **패널조사** : 동일주제로 동일대상에게 일정한 시차를 두어 2회 이상 조사(동일주제, 동일 대상)

■ 조사 오류의 유형

① **생태학적 오류** : 집단의 특성을 개인의 속성으로 해석

② **개체주의적 오류** : 개인의 특성을 집단의 속성으로 해석

③ **환원주의적 오류** : 여러 원인 중 하나만 지나치게 확대(축소) 해석

■ 무작위 · 작위

① **무작위** : 인위적인 요소가 없는 것으로 아무런 조작을 하지 않은 원래의 상태

② **작위** : 인위적인 요소를 가하는 것, 즉 실험을 하기 위한 조작 및 실험을 하는 것

■ 사회복지조사의 절차

연구문제의 선정

↓

이론적 틀 및 가설의 설정

↓

조사의 구체적 설계

↓

자료수집

↓

자료처리 및 자료분석

↓

조사결과의 해석

↓

연구보고서 작성

Chapter 3
변수와 가설

제1절 변 수
제2절 가 설

Chapter 3
변수와 가설

제1절 변 수

1. 변수의 의의

변수(variable)란 하나의 개념을 대표하는 상징으로서 그것의 특성이 갖는 값이나 강도 또는 크기의 차이를 나타낼 수 있어야 한다. 개념은 직접적으로 관찰할 수 없거나 측정할 수 없는 추상적이고 관념적인 것이지만 변수는 개념을 측정가능한 면으로 본 것이다. 즉, 변수는 둘 이상의 숫자나 값이 부여되는 일종의 기호라고 할 수 있다.

예를 들어, 학력이라는 개념을 중졸 이하, 고졸, 대졸 이상의 3개의 특징적인 집단으로 나누고 각 집단에 1부터 3까지의 값을 부여하였다면, 이때 학력은 둘 이상의 숫자나 값이 부여되는 변수가 되고, 숫자 1, 2, 3은 서로 다른 특성을 갖는 학력을 나타내며, 서로 간의 차이를 나타내고 있다고 할 수 있다. 이러한 변수에는 성별, 연령, 가족구성원의 수, 소득 등과 같이 관찰하기 쉬운 변수도 있고 자존감, 소진(burn out), 생활만족도, 우울, 불안 등과 같이 어렵고 복잡한 변수도 있다.

조사연구에서 연구문제나 이론을 이야기하는 추상적이고 관념적인 차원에서의 '개념'은 그것을 관찰 또는 측정하게 되는 경험적 차원으로 내려오게 되면 '변수'로 바뀌게 된다. 즉, 이론적 차원에서의 개념은 경험적 차원에서는 변수가 된다.

그러므로 가설에 나타나는 개념은 변수가 된다. 예를 들어, "소득이 부부만족도에 영향을 미친다"는 이론적인 수준에서 '소득'이라는 말은 개념이 되지만 "가족의 소득이 높을수록 부부만족도는 높아진다"라는 가설적 수준에서는 '소득'이 변수가 되는 것이다.

변수는 통계분석의 기본 단위로서 통계분석을 위해 변수의 특성을 알아두는 것은 중요한 일이다. 왜냐하면 변수가 어떤 특성을 가졌느냐에 따라 어떤 통계 기법을 사용해야 하는가가 거의 결정되기 때문이다. 또한 변수 간의 관계에 대한 고려는 가설구성에 많은 도움을 준다.

2. 변수의 종류

변수의 종류에는 변수 간의 기능적 관계를 중심으로 가설의 기본구조를 이루는 독립변수와 종속변수 이외에 통제변수, 매개변수, 조절변수, 억제변수, 왜곡변수 등이 있다. 또한 변수는 그 속성에 따라 이산변수와 연속변수로 분류할 수 있는데 이에 대한 내용은 다음과 같다.

1) 변수 기능에 따른 분류

(1) 독립변수와 종속변수

독립변수와 종속변수의 관계를 가정하는 문장을 가설(hypothesis)이라고 한다. 여기에서 독립변수(independent variable)는 관찰하고자 하는 현상의 원인이라고 가정한 변수이며, 종속변수(dependent variable)는 독립변수의 영향을 받아 변화되리라고 가정한 변수를 말한다. 또한 조사설계에서 연구자가 변수의 값을 인위적으로 조작 가능한 변수를 독립변수라고 하며, 독립변수의 변화에 따라 일어난 영향을 측정하게 되는 결과변수가 종속변수가 되는 것이다.

예를 들어, "가족의 소득이 낮을수록 가족 스트레스의 정도는 더 높을 것이다"라는 주장을 검증하기 위한 조사설계를 하였다면, 이때 가족의 소득은 연구자가 조작가능한 변수이며, 가족 스트레스가 높아지는 원인이 되는 변수이므로 독립변수가 되고, 가족 스트레스는 독립변수의 영향을 받아 변화하는 결과변수이므로 종속변수가 되는 것이다. 또한 신문구독률은 교육수준에 따라 차이가 난다고 가정한다면 교육수준은 독립변수이고 신문구독률은 종속변수가 된다. 교육수준이 신문구독률의 원인적 변수가 되는 것이지 신문구독률이 교육수준의 원인적 변수라고 할 수 없기 때문이며 앞선 변수가 반드시 독립변수가 되는 것은 아니다.

독립변수와 종속변수의 예

① '기온이 올라가면 갈수록 아이스크림 소비가 많아질 것이다'라는 가설에서 기온은 독립변수이고, 아이스크림 소비는 종속변수이다.

② '교육수준에 따라 사회복지공동모금에 기부하는 액수에 차이가 있다'는 가설에서 교육수준은 독립변수이고, 사회복지공동모금에 기부하는 액수는 종속변수이다.

(2) 통제변수 및 매개변수

조사설계에서 종속변수에 영향을 미칠 수 있는 모든 변수를 다 고려하는 것은 아니며, 특히 관심이 있는 변수들만을 고려하게 된다. 이는 특정한 변수의 효과만을 파악하기 위한 목적도 있지만, 변수의 수를 줄임으로써 설계상의 복잡성을 줄이려는 목적도 있다.

그러나 원인변수(독립변수)로 작용하여 결과변수(종속변수)에 영향을 미칠 수는 있지만, 조사설계의 독립변수에 포함되지 않는 변수(외생변수)들이 있는데, 이들 제3의 변수를 통제할 경우 이 제3의 변수를 통제변수(control variable)라 한다.

따라서 통제변수는 독립변수의 영향 정도를 정확히 알기 위하여 통제되는 변수이다. 즉, 통제변수의 영향력을 고정시켰을 때 독립변수와 종속변수의 관계를 정확히 파악할 수 있다.

예를 들어, 수입에 따라 결혼만족도가 달라진다는 가설이 있다고 한다면, 여기에 교육 정도라는 새로운 변수를 도입하여 통제변수로 설정하고 교육 정도와 상관없이 수입과 결혼만족도가 강력한 상관관계를 보여주는지 실험하였다.

만약 교육 정도가 수입과 결혼만족도를 결정한다면 |그림 3-1|과 같이 수입이라는 독립변수와 결혼만족도라는 종속변수는 허위적 관계(spurious relationship)에 있게 된다.

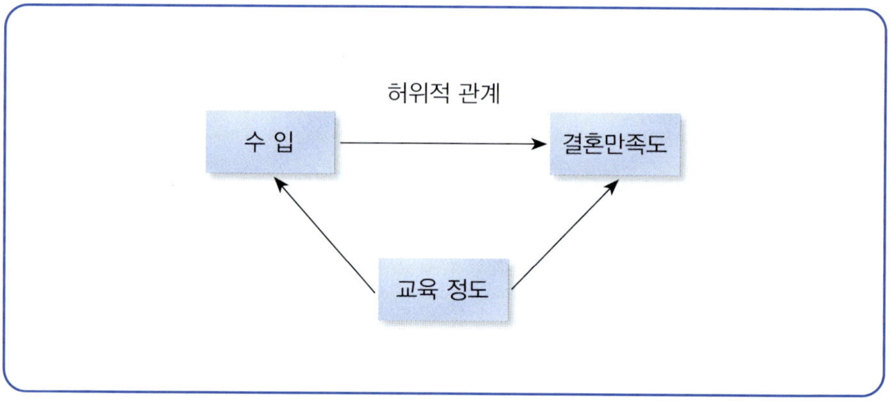

|그림 3-1| 허위적 관계를 형성할 수 있는 변수관계

두 변수 간의 관계에서 또 다른 경우는 두 변수 간에는 직접적인 관계가 없는데, 제3의 변수가 독립변수와 종속변수를 중간에서 연결시켜서 독립변수가 제3의 변수를 통하여 종속변수에 간접적으로 관계를 가지는 경우이다. 이때 두 변수인 독립변수와 종속변수의 중간에서 두 변수의 관계를 매개(중개)시켜 주는 변수

를 매개변수(intervening variable)라 부른다.

예를 들어, "직무 스트레스가 높을수록 간질환이 많을 것이다"는 가설에서 직무 스트레스가 간질환에 직접 영향을 미치기보다는 직무 스트레스가 많을수록 음주량이 증가하게 되고 이것이 간질환에 영향을 미치게 되는 식으로 작용할 수 있다. 즉, |그림 3-2|와 같이 음주량이 매개변수로 작용하여 직무 스트레스와 간질환이 관련을 갖게 되는 것이다.

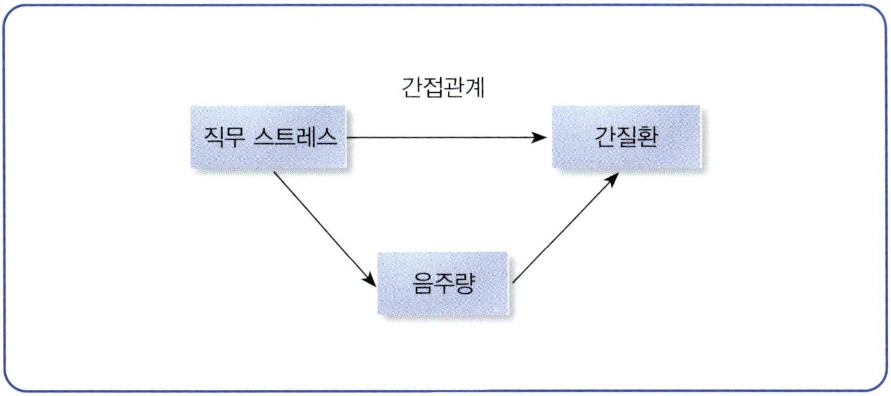

|그림 3-2| 매개변수에 의한 간접적 변수관계

(3) 조절변수

조절변수란 독립변수가 종속변수에 미치는 영향력을 조절하는 변수를 말한다. 즉, 조절변수는 독립변수에 영향을 받지 않으나 독립변수와 종속변수 간의 관계의 정도와 방향에 영향을 미치는 변수를 의미하므로 조절변수는 일종의 독립변수라고 볼 수 있다. 예를 들어, 학습시간량으로 학업성취도를 예측하고자 할 때 학습방법에 따라서 예측력이 달라진다면 학습방법이 조절변수가 되는 것이다.

조절변수는 매개효과와 같이 독립변수와 종속변수 사이에 존재하는 변수라는 점에서 유사하다. 그러나 조절변수는 조절변수가 증가하거나 감소함에 따라 독립변수와 종속변수 관계가 변화된다는 특징을 가진다.

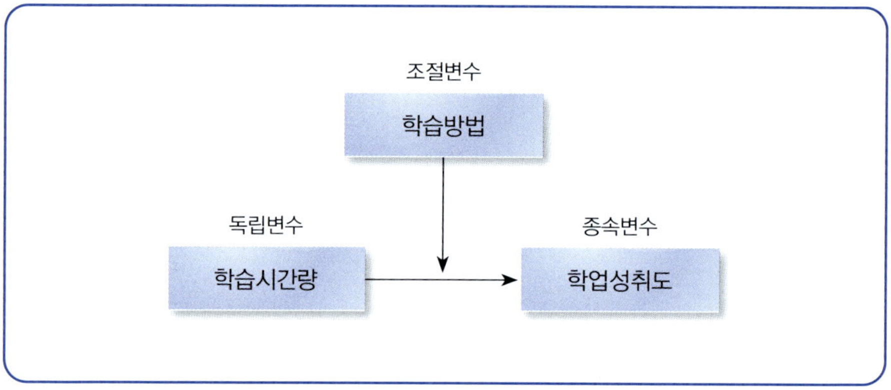

|그림 3-3| 조절변수에 의한 상호작용 변수관계

2) 변수 속성에 따른 분류

(1) 이산변수

이산이란 각 값의 사이가 떨어져 있어서 그 사이의 값은 아무런 의미가 없다는 뜻이다. 이산변수는 명목척도와 서열척도로 측정되는 변수로 사물의 속성을 분류할 목적으로 기호나 숫자를 부여하는 명목척도로 측정된 변수, 사물의 속성을 크기나 정도에 따라 순서를 비교하는 서열척도로 측정된 변수 등이 포함된다.

(2) 연속변수

연속변수는 등간척도와 비율척도로 측정된 변수이다. 연속변수는 이산변수와 다르게 변수의 각 값 사이에 무수히 많은 또 다른 값들이 존재하는 경우를 의미한다. 척도 간의 간격이 같아 수치 간에 가감(+, −)이 가능한 등간척도에 의해 측정된 변수, 수치 간에 가감승제(+, −, ×, ÷)가 가능하고 절대영점이 존재하는 비율척도에 의해 측정된 변수이다.

3. 변수들 간의 관계

어떤 가설들은 변수들 간의 관계가 정적(positive)인가, 부적(negative)인가, 그리고 비선형(curvilinear)인가를 예측한다. 정적 관계에서 독립변수가 증가하기 때문에 종속변수가 증가한다(또는 독립변수가 감소함에 따라 감소).

즉, 두 변수가 같은 방향으로 움직이는 것이다. 그래서 우리는 지역사회조직에 참여하여 시민들이 수상하는 포상과 그들이 참여하는 정도 간의 긍정적 관계를 가정할 수 있다. 우리는 또한 사회적 서비스에 대해 클라이언트의 만족도와 원래 클라이언트가 도움을 구하고자 했던 그 문제나 목표에 초점이 맞춰진 서비스 전달의 정도와 정적 관계를 가정할 수 있다.

부적인 관계는 두 변수가 반대방향으로 움직이는 것을 의미한다. 즉, 한쪽은 증가하는데 다른 쪽은 감소하는 것이다. 우리는 직접적 서비스 실천가의 담당건수와 효과성의 정도 간 부적 관계를 가정할 수 있다.

왜냐하면 너무 많은 담당건수를 가진 실천가는 양질의 서비스를 제공하기에는 시간을 많이 가질 수 없을 것으로 기대되기 때문이다. 부적 관계는 가족소득과 가족 스트레스 수준의 관계로 가정될 수 있다.

비선형 관계는 변수들의 특정 수준에서 관계의 성격이 변화하는 것을 의미한다.

제2절 가 설

1. 가설의 의의

연구문제를 해결하기 위해서는 현실세계에서 수집된 자료를 토대로 검증을 거쳐야 한다. 연구자는 연구문제에 대하여 해답이라고 생각되는 것을 제시하여 경험적으로 그 진위를 확인하는 절차를 거친다.

이때 연구자가 잠정적으로 해답이라고 간주한 것이 바로 가설(hypothesis)이다. 달리 말하면, 어떤 사실의 원인을 설명하거나 어떤 이론체계를 연역하기 위해서 가정적으로 설정한 것을 가설이라 한다. 즉, 가설이란 사실로서 증명은 안 됐지만 추구해 볼 만한 가치가 있는 조건을 갖춘 추측이다. 일반적으로 가설은 연구를 통해 검정하고자 하는 둘 또는 그 이상의 변수들 간의 관계에 관한 가정적인 명제로 이루어진다.

이와 같은 가설은 일반적으로 변수들 간의 관계를 나타내는 선언적 문장형식을 갖는 것으로 적어도 두 가지 조건을 구비해야 한다. 하나는 변수 간의 관계에 대한 진술이 있어야 하고, 또 하나는 진술된 변수관계가 경험적으로 검증이 가능해야 한다. 그러므로 가설은 변수들의 인과관계를 검증할 수 있는 형태로 진술한 문장이다.

이러한 가설은 연구문제에서 제기한 두 개 이상의 변인들 간의 관계에 관한 성질을 예측하기 위한 가정적 진술로써 원인을 나타내는 독립변수와 기대되는 효과인 종속변수로 나타낼 수 있다.

가설 구성 시 고려사항

① 가설은 연구문제를 해결하는 데 기여하여야 한다.
② 가설은 연구분야의 다른 가설과 연관이 있어야 한다.
③ 경험적으로 검정할 수 있어야 한다.
④ 가능한 한 명확하게 독립변수와 종속변수 간의 관계에 대해 기술하는 것이 좋다.

2. 가설의 근원

가설에 대한 영감은 여러 근원으로부터 유래한다.

① 가설은 연구자의 예감, 상상, 경험에서 얻어진다. 연구자의 예감, 상상, 경험을 통해 축적된 지식에 기초하여 가설을 설정할 수 있다. 또한 오랜 경험에서 나오는 통찰력은 주어진 문제를 타개할 수 있는 독특한 판단력을 제공해 주기 때문에 이러한 통찰력에 근거해서 가설이 설정되기도 한다.

② 가설은 종종 기존의 이론이나 연구결과에 근거하여 도출되기도 한다. 연구문제와 관련된 기존의 이론이나 연구결과를 토대로 가설이 도출되는 경우, 그 가설은 문제에 대한 타당한 해답을 제공해 줄 수 있을 것이다.

③ 가설은 일반인들이 공통적으로 갖고 있는 신념에서 도출되기도 한다. 평범한 다수의 사람들이 공통적으로 생각하고 있는 관련된 문제의 해결책으로부터 가설이 도출되기도 한다.

3. 연구문제와 가설의 관계

가설은 연구문제에 대한 해답을 구하기 위해 구체적이고 실증적으로 구성된 진술이나 문장을 말한다. 따라서 가설은 연구문제를 해결하는 데 핵심이 된다. 연구가 단순히 어떤 현상을 기술하고 사실적 내용을 분석한 것이라면 가설을 설정하지 않을 수도 있지만, 설명이나 예측을 위한 연구문제에서는 가설이 필요하다. 만일 가설이 실증적 검증과정을 통하여 진실이라고 받아들여진다면 그 가설은 연구문제에 대한 해답을 제공해 줄 수 있다. 그러나 가설이 진실이 아닌 것으로 판명되면 그 문제에 대한 해답을 제공해 줄 수 없게 된다. 이렇게 연구문제들은 가설의 형태로 축소되어 과학적으로 진위를 검증하게 되는 것이다.

그리고 연구문제와 가설은 이론과 관련성을 가지고 있으므로 가설검증을 통해서 나타난 결과는 우연한 관찰이나 경험적 사실들에서 비롯된 결과와는 비교할 수 없는 높은 신뢰성이 부여된다. 한 연구자가 몇 번의 관찰을 통해서 자아존중감이 낮은 청소년들이 높은 청소년들에 비해서 비행예방 프로그램에 의한 효과가 작게 나타난다는 것을 발견했다고 한다면, 그 연구자가 내린 결론은 자아존중감과 프로그램 효과 간에는 긍정적인 상관관계가 있다는 것이다.

그러나 이러한 관계에 대한 발견은 자칫 우연이나 뜻밖일 가능성도 있으며, 그럴듯하게 보이는 거짓관계일 가능성도 연구자로서 배제할 수 없다. 만약 관계가 사전에 근거있는 이론을 통해 가설형태로 도출되었다면 연구자는 동일한 관찰의 결과에 대해서도 보다 큰 신뢰감을 줄 수 있을 것이다.

따라서 사전에 어떤 관계에 대한 가설을 하지 않은 조사연구들은 조사 결과 나타난 사실들을 가지고 어떤 것도 증명하거나 부인할 기회를 가질 수 없다. 이러한 '선 관찰 – 후 이론'이라는 사후가설 설정의 한계로 인해 과학적 조사연구들에서는 '선 이론 – 후 관찰'이라는 사전가설 설정방법을 선호하게 되는 것이다.

4. 가설의 조건

좋은 가설이 되기 위해 갖추어야 할 조건은 검증이 가능해야 하고, 표현이 간단명료해야 하며, 간결한 논리로 이루어져야 한다. 또한 연구문제에 대한 답을 제시해야 하고, 관련분야의 이론과 부합되어야 하며, 개념을 계량화할 수 있어야 하고, 모집단을 일반화할 수 있어야 한다.

1) 검증이 가능해야 한다

단순한 연구자의 의견이나 희망사항, 가치판단이나 규범적 성격을 지닌 명제는 가설이 될 수 없다. 또 개념 정의가 불분명하여 가설내용이 너무 막연해도 검증이 곤란하게 된다. 예를 들어, '부자는 가난한 사람보다 더 행복할 것이다'라는 가설에서 우리는 부(富)와 행복(幸福)은 상관관계가 존재한다는 것을 알 수 있다.

그러나 여기서 부(富)라는 개념 자체가 모호하기 때문에 경험적 차원에서 계량화할 수 있도록 '소득수준이 높을수록 행복도가 높을 것이다'라는 식의 표현을 해야 한다.

2) 표현이 간단명료해야 한다

가설은 누구나 쉽게 이해할 수 있는 보편적 용어를 사용하고 표현도 간단명료해야 한다. 같은 의미를 지닌 개념 간의 관계를 나타낸다거나 동의의 반복적인 표현은 피해야 한다.

예를 들어, "기본 생계를 유지할 수 없는 빈곤가구는 중산층 가구에 비해 상대적 박탈감이 클 것이다"라는 가설의 경우 "빈곤가구는 중산층 가구에 비해 상대적 박탈감이 클 것이다"와 같이 간단하게 표현할 수 있다.

위 예에서 '기본 생계를 유지할 수 없는 빈곤가구'라는 표현은 빈곤가구가 개념적으로 기본 생계를 유지할 수 없는 가구들이기 때문에 같은 의미를 지닌 동어 반복적인 내용이다.

3) 간결한 논리로 이루어져야 한다

한 가설에는 두 개 정도의 변수 간의 관계만을 간결하게 설명해야 한다. 만약 하나의 가설에 두 개 이상의 변수들 간의 관계에 대한 내용이 포함되어 있으면 측정상의 문제가 발생하게 된다.

다시 말하면, 한 가설은 검증된 결과가 채택되었는데 다른 한 가설은 기각될 경우 해석상 혼돈을 초래하게 된다. 이런 경우에는 한 가설을 둘로 나누어 검증하여야 한다. 예를 들어, "가족응집력과 가족기능은 장애아동의 발달과 관계가 있을 것이다"라는 가설은 가족응집력, 가족기능, 장애아동의 발달 등 세 가지의 개념으로 구성되어 있다.

만약 검증 결과 가족응집력은 장애아동의 발달에 영향을 미치는 것으로 나타났으나 가족기능은 영향을 미치지 않는 것으로 나타났다면 가설을 기각할 수도 채택할 수도 없게 된다. 이런 경우 다음과 같이 두 개의 가설로 나누어 검증해야 한다.

① 가설 1 : 가족응집력과 장애아동의 발달은 관계가 있을 것이다.

② 가설 2 : 가족기능은 장애아동의 발달과 관계가 있을 것이다.

4) 연구문제에 해답을 제시해 주어야 한다

가설의 검증결과는 연구문제에 적용되어 그 문제에 대한 답을 제시해 주어야 한다. 분석에 포함된 독립변수가 과연 종속변수에 영향을 미치는지의 여부 및 영향력이 있다면 어느 정도인지를 파악함으로써 가설이 채택되고 연구문제는 해결된다. 예를 들어, 가족응집력이 장애아동의 발달에 영향을 준다는 가설이 참으로 밝혀지면 연구문제는 해결되며, 그 다음에는 장애아동 가족의 응집력을 높이기 위한 방안에 대한 연구조사가 시작된다.

그러나 검증 결과 가설이 진실이 아닌 것으로 판명되어 기각되면 문제에 대한 해답을 제공해 줄 수 없게 된다. 이와 같이 가설의 기각 또는 채택 여부는 연구문제의 해결과 바로 연결되는 부분이므로 가설이 참으로 밝혀질 수 있도록 가설 설정 전에 현상에 대한 세밀한 관찰과 선행연구 고찰 등의 연구활동이 선행되어야 한다.

5) 관련분야의 이론과 부합되어야 한다

이 조건은 가설이 도출되는 과정과 밀접한 관계를 가지고 있다. 조사보고서나 연구논문의 목차를 보면 서론에 연구목적을 설명한 다음에 선행연구 고찰이나 이론적 배경에 대해 서술하게 되는데, 그 이유는 연구목적을 수행하기 위해 설정한 가설이 연구자의 주관적 생각이나 판단에 의한 것이 아니라 선행연구에서 검증을 거친 과학적 근거하에 설정되었음을 나타내기 위함이다.

이런 맥락에서 볼 때, 가설은 반드시 관련분야의 이론과 부합되어야 한다. 여기서 부합되어야 한다는 것은 기존 연구에서 검증한 가설의 내용이나 변수가 동일해야 한다는 의미를 포함하여 이론의 전체 맥락은 유지하되 관련변수들은 사회직 상황에 맞게 수정할 수도 있다는 것까지 포함한다.

6) 개념을 계량화할 수 있어야 한다

가설을 검증하기 위해서는 측정하고자 하는 개념을 계량화하거나 계량적인 형태를 취할 수 있어야 한다. 여기서 계량화라는 것은 변수의 속성들이 수식이나 숫자로 전환되어 통계적 분석을 할 수 있어야 한다는 의미이다. 소득이나 연령 등으로 구성된 가설은 계량화가 쉽다. 소득의 경우 계량화 과정에서 월평균인지 연평균인지만을 정하면 된다.

연령도 만 연령으로 할 것인지 아닌지를 결정하면 된다. 그러나 만족도, 박탈감, 소외감, 사회통합, 욕구 등의 개념은 화폐단위인 '원(won)'처럼 보편적으로 통용되는 단위가 없기 때문에 계량화가 쉽지 않다. 사회복지연구에서 계량적인 형태를 지닌 가설은 그리 많지 않으나 가설을 검증하기 위해서는 계량화할 수 있어야 한다. 예를 들어, 빈곤가구와 상대적 박탈감의 관계는 박탈감 계수를 만들어 계량화할 수 있다.

7) 모집단을 일반화할 수 있어야 한다

연구의 궁극적 목적은 많은 사람이나 집단 또는 현상에 적용될 수 있는 보편적 원리를 찾아 일반화하는 데에 있다. 따라서 가설검증의 결과는 적용되는 범위가 크면 클수록 좋고 보다 광범위한 적용범위를 갖는 것이 바람직하다. 가설의 적용범위가 작은 영역에 국한된다면 연구결과는 지식의 발전에 기여하는 바가 작아진다.

5. 가설의 유형

경험적 연구의 진행과정에서 가설을 검증하기 위하여 영가설(null hypothesis)과 연구가설(research hypothesis)을 구분한다.

1) 영가설

영가설은 귀무가설이라고 부르기도 하는데 연구가설과 논리적으로 반대의 입장을 취하는 진술이다. 영가설은 2개 이상의 모집단 또는 변수 간에 차이가 없다고 가정한다. 또는 독립변수가 종속변수에 영향을 미치지 않는다고 가정하는 것을 의미한다. 예를 들어, “남녀 학생 간에 인터넷 중독에 빠질 가능성에는 차이가 없다”거나 “부모의 양육태도는 학생의 학교부적응에 영향을 미치지 않는다” 등으로 나타낸다.

2) 연구가설

사회현상에 관한 이론으로부터 도출된 가설, 즉 연구문제에 대한 잠정적인 해답으로 연구자가 제시한 가설을 연구가설이라고 한다. 조사연구에서 보통 가설이라 하면 이 연구가설을 말한다. 연구가설은 영가설과 논리적으로 반대입장을 취하는 진술이다. 예를 들어, “남녀 학생 간에 인터넷 중독에 빠질 가능성에는 차이가 있을 것이다”거나 “부모의 양육태도는 학생의 학교부적응에 영향을 미칠 것이다” 등으로 나타낸다.

6. 가설의 기능

가설은 이론의 정립 및 학문의 발전뿐만 아니라 사회를 발전시키는데 일반적으로 다음과 같은 기능을 수행하고 있다.

① 사회현상들의 잠재적 의미를 찾아내고 현상에 질서를 부여할 수 있다. 즉, 가설은 현상에 규칙적인 질서를 도출할 수 있는 계기를 부여한다.
② 연구에 대한 자극으로 새로운 연구문제를 도출해 낸다. 간단명료한 가설을 설정하여 다른 변수와의 관계를 생각하면 새로운 연구문제를 도출할 수 있다.
③ 경험적 검증의 절차를 시사해 준다. 가설을 세우는 과정에서 필요한 체계적인 사고를 통하여 검증의 절차를 생각할 수 있다.
④ 문제해결에 필요한 관찰 및 실험의 적정성을 판단하게 한다.
⑤ 관련지식들을 서로 연결시켜 준다. 즉, 가설을 세우기 전에 이론을 체계화시키기 때문에 관련된 많은 지식을 연결시키게 된다.
⑥ 연구의 초점과 방향을 제시하여 준다.
⑦ 변수의 성격과 종류 등을 밝혀 필요한 자료의 내용과 범위를 규정한다.
⑧ 자료수집의 길잡이가 된다.
⑨ 이미 존재하는 기존 이론을 경험적으로 검증하도록 해준다.
⑩ 동일한 연구에 대해 반복적으로 연구를 용이하게 할 수 있게 해준다.
⑪ 가설검증의 결과로서 새로운 이론이 구성될 수도 있으며, 어떤 현상을 설명할 수 있는 이론을 암시한다. 결과적으로 사회현상에 대한 지식을 증가시킨다.
⑫ 사회문제를 해결할 수 있는 단서를 제공함으로써 사회를 개선시킨다.

KEY POINT

■ 변수

측정의 대상이 있다면 그 조사대상에 일정한 숫자나 기호를 부여한 것

■ 변수 · 상수

변수 (둘 이상이 포함된 개념)	동물	연령	학년	직업
상수 (나눌 수 없는 개념)	개, 고양이 등	1세, 5세 등	1학년, 5학년 등	교수, 간호사 등

■ 독립변수 · 종속변수

① **독립변수** : 시간적으로 선행하여 변수의 값을 인위적으로 조작하는 변수, 영향 주는 변수

② **종속변수** : 독립변수의 변화로 발생하는 영향을 측정하게 되는 결과변수, 영향 받는 변수

■ 통제변수 · 매개변수

① **통제변수** : 독립변수의 영향 정도를 정확히 알기 위하여 별도 통제하는 변수

② **매개변수** : 독립변수와 종속변수의 중간에서 두 변수의 관계를 매개하는 변수

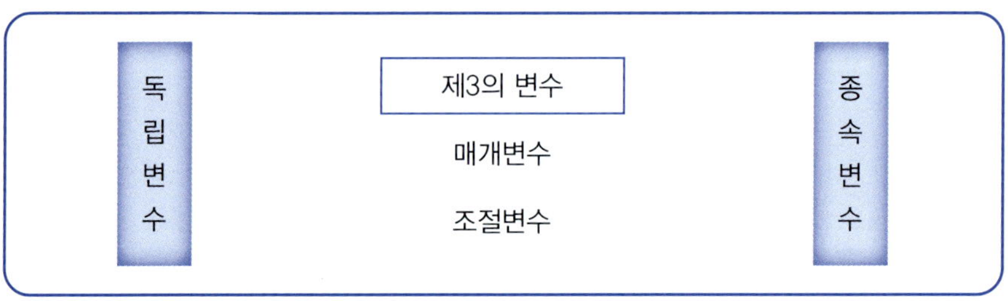

■ 포괄성 · 상호배타성

① 포괄성

한 변수의 측정에서 그 안에 포함된 모든 속성들이 포괄적으로 나타날 수 있어야 한다(대부분 나열에서 기타가 필요).

② 상호배타성

한 변수를 나타내는 속성들은 다른 속성들을 서로가 구분하여 상호 배타적이어야 한다(비슷한 뜻의 단어는 제외).

■ 가설

이론적 설명으로부터 도출된 관찰 가능한 현상에 대해 미리 예측하는 것

■ 가설의 종류

분 류	종 류
연구목적	기술적 가설, 설명적 가설
적용범위	일반가설, 지엽적 가설
검증과정	연구가설, 귀무가설

■ 가설의 특징

① 가설은 두 가지 혹은 그 이상의 현상들 간의 관계를 서술한다.

② 가설은 서술된 관계를 실증적으로 검증할 수 있어야 한다.

③ 가설은 진술을 명확히 해야 한다.

④ 가설은 확률적 속성을 지닌다.

⑤ 가설은 구체성을 지녀야 한다.

⑥ 가설은 인과관계가 분명해야 한다.

Chapter 4
측정과 척도

제1절 측정의 개념
제2절 측정의 오류
제3절 척도의 개념
제4절 척도의 구성

Chapter 4
측정과 척도

제1절 측정의 개념

1. 측정의 의의

측정(measurement)이란 어떤 현상을 묘사하거나 기술하는 방법으로 정의되기도 하나 흔히 일정한 규칙에 따라 대상 또는 사건에 수치를 부여하는 과정, 즉 이론적 개념을 계량화하는 과정으로 보는 것이 일반적이다. 그러나 실제 측정은 측정대상자나 대상물 자체를 측정하는 것이 아니라 측정대상이 지닌 속성에 수치를 부여하게 된다. 다시 말해, 우리가 신체치수를 재기 위해서는 줄자를 사용하고 물건의 무게를 측정하기 위해서는 저울을 사용하게 되는데, 줄자는 인치(inch)나 센티미터(cm)를 기준단위로 하여 만들어졌고, 저울은 그램(g)을 기준단위로 하여 만들어진 것과 같은 논리이다. 따라서 측정이란 대상, 사건, 사람들의 속성에 일정한 규칙에 근거하여 수치를 부여하는 과정으로 설명될 수 있다.

측정은 다음과 같은 의미가 있다.

① 일정한 규칙에 따라 대상에 값을 부여하는 과정이다.
② 이론을 구성하고 있는 추상적인 개념들을 현실세계에서 경험할 수 있는 자료와 연결시켜 주는 수단이다.
③ 대상의 속성을 나타낼 수 있도록 일정한 규칙에 따라 숫자를 할당하는 과정이다.
④ 특정 분석단위에 대해 질적 · 양적 값이나 수준을 결정하고 이를 규칙화하여 숫자를 부여하는 과정이다.

측정할 때에는 먼저 측정대상이 되는 사물이나 현상을 선정하고 측정에 필요한 양적 · 질적 분류방법을 선택해 연구대상물에 배치해야 하며, 숫자나 기호를 배치하는 방식을 구체화한 규칙을 정해야 한다. 이처럼 측정은 현상에 대한 관찰을 쉽게 할 수 있게 하며 관찰한 자료를 계량적으로 분석할 수 있게 한다. 또한 이를 통해 가설을 검증하여 객관적인 결론을 내릴 수 있게 한다.

측정의 의미
① 이론적 개념을 계량화하는 작업 ② 질적 개념을 양적 개념으로 전환하는 체계적 · 과학적 과정

2. 측정수준에 따른 분류

척도의 기본 형태는 측정 가능 정도에 따라 명목척도, 서열척도, 등간척도, 비율척도로 측정을 통해 산출하는 것은 수치이다. 숫자가 갖는 가장 최상의 기능은 사칙연산이지만 측정을 통해 얻은 모든 수치가 연산이 가능한 것은 아니다. 각 수치가 갖는 속성(기능)의 차이를 측정수준의 차이라고 한다.

측정대상의 속성에 따라 적용할 수 있는 척도가 제한되어 있기 때문에 각 척도의 특징을 고려하여 자료의 측정수준에 적합한 분석방법을 활용하여야 한다. 명목, 서열, 등간, 비율척도의 순으로 얻어진 자료가 담고 있는 정보의 양이 많아지며 좀 더 고급의 분석방법이 적용될 수 있다.

1) 명목척도

명목측정(nominal measurement)은 측정대상을 단순히 분류하거나 확인할 목적으로 측정대상의 속성에 부호나 수치를 부여하는 것이다. 즉, 측정대상을 분류(classification)하거나 범주화(categorization)하는 것이다. 이는 가장 낮은 수준의 측정으로서 이러한 수준을 측정하는 측정도구를 명목척도(nominal scale), 그리고 명목척도에 의해 측정되는 변수를 명목변수(nominal variable)라고 한다. 이것은 양적이라기보다는 질적이어서 범주에 부여된 숫자는 수치적 의미가 없는 숫자(numeral)이다.

명목측정의 예를 들면, 대상집단을 종교에 따라 기독교와 불교, 기타로 분류할 때 각각 1과 2, 3으로 표기하여 분류하거나 운동선수에게 각각 등번호를 부여하는 것을 들 수 있다. 이때 응답범주 1, 2, 3은 단지 그 수치가 분류(구분)를 의미하는 것이지 3보다 2가, 2보다 1이 더 작다는 것을 의미하지 않는다. 따라서 응답범주들의 순서가 바뀌어도 아무런 의미 변화가 일어나지 않는다. 이처럼 명목척도는 단지 분류 또는 범주를 나타내기 때문에 측정대상의 속성 간에 동질성 여부 등 기본적인 역할에 불과할 뿐이다. 측정대상 간의 양적인 대소관계나 정도 또는 밀도 등을 구별하지는 못한다.

명목척도는 성별, 직업, 인종, 지역 등의 분류에 무수히 많이 사용되고 있다. 명목척도에 의해 수집된 자료는 빈도(frequency), 최빈값(mode), 비모수 통계검증(non-parametric statistical test) 등의 통계방법에 의해 분석될 수 있다.

〈표 4-1〉 명목측정의 예

변 수	속성(측정값)
성 별	남성, 여성
계 절	봄, 여름, 가을, 겨울
종 교	기독교, 불교, 천주교, 원불교, 이슬람교

2) 서열척도

서열측정(ordinal measurement)은 측정대상을 그 속성에 따라 서열이나 순위를 매길 수 있도록 수치를 부여하는 것이다. 서열측정에서는 명목척도가 갖는 특징인 확인과 분류 이외에 고저(高低), 대소(大小), 전후(前後), 상하(上下) 등에 따라 여러 개의 범주로 이들을 서열화할 수 있다. 그리고 이러한 서열척도에 의해 측정되는 변수를 서열변수(ordinal variable)라고 한다.

서열척도로 측정되는 변수의 예에는 장애 정도(경증, 중증), 소득수준(상 · 중 · 하), 교육수준(초 · 중 · 고 · 대), 직장만족도, 석차 등이 있다. 이들 서열척도는 범주 속에 있는 대상의 특성을 정도에 따라 표현하고 대상 간의 순위를 정할 수 있지만 응답범주 간의 동일한 거리를 가정하지 않고 절대량의 크기를 나타내지 않아 수량적 측정 가운데 낮은 단계의 척도에 속한다. 그러나 분류된 변수 간의 서열과 이들의 상대적 위치를 규정할 수 있도록 해준다.

서열척도로부터 얻어진 자료는 중앙값(median), 순위상관관계(rank correlation), 켄달(Kendall)의 타우(tau), 비모수 통계검증(non-parametric statistical test) 등의 통계 분석을 수행할 수 있다.

〈표 4-2〉 서열측정의 예

변 수	속성(측정값)
만족도	매우 만족, 만족, 보통, 불만족, 매우 불만족
학 점	A, B, C, D, F
장애 정도	경증, 중증
정치 성향	보수, 중도, 진보

3) 등간척도

등간척도(interval measurement)는 측정대상을 특징이나 속성에 따라 서열화하는 것은 물론, 서열 간의 간격이 동일하도록 수치를 부여하는 것이다. 따라서 앞의 명목측정과 서열측정의 특징을 모두 가지고 있으며, 그 밖에도 숫자 간의 간격이 같으므로(등간격이기 때문에) 어느 하나가 다른 것보다 크거나 작다는 것뿐만 아니라 그 둘 사이가 얼마만큼의 단위로 차이가 나는지를 알게 해준다. 그러므로 덧셈 · 뺄셈과 같은 산술적 계산에 사용될 수 있으며, 최빈값 · 중앙값은 물론 산술평균까지 계산하는 데 활용될 수 있다. 이러한 순위 사이의 간격이 동일한 척도를 등간척도(interval scale), 그리고 이 척도에 의해 측정되는 변수를 등간변수(interval variable)라고 한다.

등간척도의 대표적인 예로는 화씨나 섭씨의 온도를 들 수 있다. 각 온도의 간격은 기본적으로 1℃의 차이를 일정하게 나타내고 있지만 20℃가 10℃보다 2배 더 더운 것이 아니라 단지 수은주의 눈금을 일정한 간격으로 나누어 구분한 정도의 차이일 뿐이다. 그 밖에 물가지수, 생산성지수, IQ, EQ 등 임의로 만들어진 각종 지수나 지표도 등간척도의 예이다.

그러나 등간척도에는 측정대상의 속성이 전혀 존재하지 않는 절대적 영점(absolute zero)이나 자연적 영점(natural zero)이 존재하지 않는다. 따라서 대상의 속성이 존재하지 않는 영점의 위치를 알지 못하기 때문에 어느 하나의 측정치가 다른 측정치보다 몇 배 많다거나 적다고 말할 수 없다. 즉, 측정치 간의 비율은 계산

할 수 없다. 등간척도에 의해 수집된 자료는 범위(range), 평균값(mean), 표준편차, 적률상관관계 등을 구할 수 있으며, 비모수적인 것뿐만 아니라 모수적 통계기법에 따른 분석이 가능하다.

〈표 4-3〉 등간측정의 예

변 수	속성(측정값)
대학 학년	1학년, 2학년, 3학년, 4학년
온 도	· · · −20℃ · · 0℃ · · 36℃ · · 200℃ · · ·
지능지수(IQ)	· · 80점 · · 120점

4) 비율척도

비율측정(ratio measurement)은 측정대상의 특징이나 속성에 현실과 일치하는 절대영점을 가진 척도를 가지고 이에 수치를 부여하는 일이다. 이러한 측정에 사용되는 비율척도(ratio scale)는 등간척도의 성격을 모두 가지면서 절대영점 또는 자연영점이 존재하기 때문에 덧셈 · 뺄셈뿐만 아니라 곱셈과 나눗셈을 포함한 모든 사칙연산이 가능하다

예를 들어, 100m는 50m보다 두 배 더 멀고, 10만 원은 20만 원보다 1/2배 더 금액이 적다. 이러한 절대영점의 존재는 비율척도와 등간척도 간의 유일한 차이점이다. 많은 경우 비율척도는 마이너스 값을 갖지 않는다. 몸무게가 '0'이라는 것은 사람이 존재하지 않는다는 것이기 때문에 부정적인 무게를 측정할 수는 없다. 화씨온도와 섭씨온도의 경우 두 척도는 양의 값과 음의 값을 모두 가지고 있다. 그러나 이 척도상의 영점은 임의적 영점이다. 따라서 이들은 비율측정이 아니라 등간측정이다.

비율척도의 숫자는 측정된 속성의 실제량을 측정한다. 비율척도의 측정치를 사용하면 한 대상의 속성이 다른 대상의 속성보다 몇 배 크거나 작다고 말할 수

있다. 비율척도로 측정된 변수의 예를 들면, 고용률, 국민연금가입률, 학교중퇴율, 서비스 수혜기간, 독거노인 수, 무게, 키, 가구당 소득, 출생률, 재정자립도, 가족 수 등이 있다. 이와 같은 비율변수는, 각종 통계연감에서 나타난 통계자료에서 발견되는 경우가 많으나 개인의 가치관과 의식구조, 태도 등을 측정하기 위한 면접조사나 설문조사에서는 거의 쓰이지 않고 있다. 더구나 비율척도는 자료를 정리하는 방법이나 활용되는 분석기법에서 보통 등간척도와 구별되지 않고 동일하게 취급되기 때문에 등간척도와 비율척도의 구별실익은 사실상 찾기 어렵다. 한편 비율척도는 기하평균(geometric mean), 변동계수(coefficient of variation) 등 다른 척도로는 구할 수 없는 통계치를 구할 수 있으며 그 어느 형태의 고급통계기법이라도 모두 분석가능하다.

〈표 4-4〉 비율측정의 예

변 수	속성(측정값)
무 게	0kg · · · 40kg · · · 80kg
소득수준	100만 원 · · · 120만 원 · · · 140만 원 · · ·
자녀 수	0명, 1명 · · · 10명

앞에서 살펴본 척도의 측정가능 정도는 다음 〈표 4-5〉로 살펴볼 수 있다.

〈표 4-5〉 척도의 유형

유 형	의 미	특 성	예	통계분석
명목 척도	• 측정대상을 단순히 분류하거나 범주화함 • 응답범주에서 제시된 숫자는 아무런 의미 없음	• 포괄성 • 상호배타성 • 평균치, 중앙치 제시 불가	• 종교, 성별, 색깔, 인종, 소속정당, 거주지 등	• 빈도, 최빈값, 비모수 통계검증

서열 척도	• 측정대상 간 서열이나 순위를 매김 • 응답범주에서 제시된 숫자는 대략적인 양적 의미 지님	• 응답범주 간의 동일한 거리를 가정하지 않음 • 명목척도의 요건 모두 충족	• 교육수준, 리커트 척도, 사회계층(상 · 중 · 하), 장애 정도(경증, 중증)	• 중앙값, 순위상관관계, 켄달(Kendall)의 타우(tau), 비모수 통계검증
등간 척도	• 측정대상 간 서열이나 순위의 간격이 같음	• 임의적 영점 존재 • +, − 가능하나 비율계산 불가 • 서열척도의 요건 모두 충족	• 온도, IQ지수, 물가지수	• 범위, 산술평균, 표준편차, 적률상관관계, 비모수 · 모수적 통계검증
비율 척도	• 등간척도가 갖는 속성 이외에 추가로 비율계산을 할 수 있음	• 절대영점 존재 • 사칙연산(+, −, ×, ÷) 가능 • 등간척도의 요건 모두 충족	• 인구증가율, 거주기간, 키, 몸무게, 시청률, 나이	• 기하평균, 표준편차, 모든 통계검증

3. 측정의 역할과 기능 및 구조

1) 측정의 역할

측정의 역할은 표준화된 묘사의 방법으로 대상이나 사건을 가장 적절하고 일관성 있게 묘사해 줄 뿐만 아니라 표현이나 묘사할 수 없는 것도 묘사할 수 있도록 한다. 또한 전화번호나 주민등록번호 등과 같이 대상의 속성에 대해서 가장 간단하게 묘사할 수 있는 역할을 가지며, 자료수집과 조직화의 가장 기본적인 단계로 자료를 통계적으로 분석할 수 있도록 한다. 추상적 세계의 개념을 실증적으로 인식할 수 있도록 함으로써 조사문제에 대한 해답을 제공하고 가설을 검증할 수 있도록 하는 중요한 역할을 한다. 측정은 개념적 세계와 경험적 세계 간의 교량역할을 함으로써 추상적 세계의 개념을 실증적으로 인식할 수 있도록 하며, 조사문제에 대한 해답을 제공함으로써 가설검증에 중요한 역할을 하게 된다.

|그림 4-1| 측정의 역할

2) 측정의 기능

(1) 일치 또는 조화의 기능

이론적 모델을 현실세계와 연결하는 측정의 규칙으로 추상적인 세계와 경험적인 세계를 연결하는 의미를 가진다.

(2) 객관화와 표준화의 기능

개념에 대한 정확한 측정이 없다면 경험적인 검증이 어려울 뿐만 아니라 객관적인 검증이 어려워질 경우 이론을 일반화시키는 것도 정확히 할 수 없게 된다.

(3) 계량화 기능

사건이나 현상을 세분화시키고 통계적 분석에 활용할 수 있는 정보를 제공한다. 또한 수(number)가 가지고 있는 속성에 따라 다양한 수준에서 이루어지기 때문에 변수를 일정한 범주, 수준, 정도, 빈도 등으로 기술할 수 있도록 해준다. 숫자는 통계적 분석에 활용될 수 있도록 자료를 수치로 옮겨주고 변수를 계량화해 준다.

(4) 반복과 의사소통 기능

연구결과를 다른 사람들이 반복할 수 있게 하기도 하고, 연구결과를 반증할 수 있도록 하기도 한다. 측정은 이러한 연구결과를 다른 사람에게 정확히 전달하는 의사소통기능을 가진다.

4. 측정의 원칙

1) 상호 배타성의 원칙

조사대상은 한 가지 속성만을 가져야 한다는 것으로 두 가지 속성을 동시에 지닐 수 없다는 의미이다. 성별을 예로 들면, 인간은 남성의 속성을 가진 집단과 여성의 속성을 가진 집단으로 구분될 뿐이지 남성이면서 여성일 수 없는 것이다. 또 다른 예로 나이를 구분할 때, 한 대상은 여러 속성 중 한 연령집단에만 속해야 하지 두 연령집단에 속할 수는 없다.

2) 포괄성의 원칙

모든 대상은 반드시 한 가지 속성을 가져야 한다는 것으로 문항에 대한 답변에 종교를 ① 불교, ② 천주교, ③ 기독교, ④ 종교 없음 등과 같이 분류한다고 가정한다면, 이 문항은 포괄성의 원칙을 위반하고 있다고 말할 수 있다. 왜냐하면 불교, 천주교, 기독교, 종교 없음을 제외한 나머지 종교가 포함되어 있지 않기 때문이다. 그러므로 종교에 관한 문항을 작성할 때 포괄성의 원칙을 지키려면 ① 불교, ② 천주교, ③ 기독교, ④ 종교 없음, ⑤ 기타로 작성해야 한다.

측정은 이론과 현실을 연결해 주는 매개체이기 때문에 가능한 범위 내에서 이론과 현실을 정확하게 연결할 수 있도록 측정의 원칙을 지켜야 한다.

5. 측정의 유형

1) 추론측정

추론측정(derived measurement)은 어떤 사물이나 사건의 속성이 다른 사물이나 사건의 속성과 관련지어서 나타나는 것을 측정함을 의미한다. 즉, 어떤 사물 혹은 다른 사물 간의 속성 사이에 일정한 관계가 성립되었을 때, 그 관계를 측정하는 것으로 밀도(density)를 대표적인 예로 들 수 있다. 밀도란 어떤 사물의 부피와 질량의 비율로 정의되며 부피와 질량의 관계를 결정짓는 법칙이다. 추론측정은 기본적으로 확고한 이론적 배경이 있어야 가능하다.

따라서 추론측정은 법칙의 수준으로 특정 속성 간의 관계가 결정된 후 이것을 측정하는 것이기 때문에 자연과학에서는 추론측정이 자주 이루어질 수 있다. 그러나 사회과학에서는 법칙이라기보다는 가설 혹은 검증되고 있는 이론에 불과한 관계가 많아서 추론측정이 존재하기는 사실상 힘들다.

2) 임의측정

임의측정(measurement by fiat)은 일시적으로 어떤 사물의 속성과 측정값 간에 관계가 있다고 가정하고 측정하는 것으로 연구자가 생각하는 특정 개념이 자신이 생각하고 있는 조작적 정의에 의한 척도로써 측정된다고 가정하고 측정하는 것을 의미한다. 대표적으로 IQ 테스트를 들 수 있다. 지적 능력을 연구자들이 만든 IQ 테스트를 통해 측정하는 것에는 확고한 법칙이 없다. 이는 사실에 근거하기보다는 논리적 근거나 논리적 가정에 의존하고 있으며 사회과학 대부분이 임의측정이라고 할 수 있다. 그러므로 어떻게 조작적인 정의를 내리는가에 따라 여러 가지 측정값이 나올 수 있으며 오차의 개입 여지도 크다.

3) 본질측정

본질측정(fundamental measurement)은 어떤 사물의 속성을 표현하는 본질적인 법칙에 따라 숫자를 부여하는 것이다. 본질측정은 다른 사물이나 다른 속성을 개입시키지 않고 해당 속성만을 고려하는 것으로서 가장 기본적인 측정이라고 할 수 있다. 키를 재는 행위나 무게를 측정하는 행위가 이에 해당한다. 후에 다른 변수들과 관련지어 분석할 수도 있으며, 법칙에 의해 다른 변수와 관련을 짓게 되면 관련된 다른 변수를 측정하는 것도 가능해진다.

제2절 측정의 오류

우리가 어떤 현상을 측정하고자 할 때 측정된 값은 반드시 어느 정도의 측정오차(measurement error)를 가지게 된다. 이때 만약에 측정오차가 없다면 측정오차는 참값(true score)과 같아질 것이다. 측정의 문제를 다룰 때 가장 중요한 것은 오차를 얼마나 최소화시킬 수 있느냐의 문제이며, 이러한 점은 오차가 확률적으로 발생하는지, 체계적으로 발생하는지와 깊은 관련이 있다. 이것은 최종적으로 측정도구의 타당도와 신뢰도에 문제가 될 수 있다.

1. 측정오차의 개념

측정이란 측정대상의 속성에 측정도구를 적용하여 수치를 부여하는 것으로 측정할 때에는 항상 대상의 특징이나 속성에 대해 있는 그대로의 실상을 파악하는 것이 가장 중요하다. 그러나 실제로 측정을 할 때에는 측정대상의 실제값(reality score)을 항상 정확하게 측정할 수 있는 것은 아니다.

특히 추상적인 개념을 주 연구대상으로 삼는 사회과학의 경우 측정하고자 하는 대상의 속성을 규명하는 일이 쉽지 않을 뿐만 아니라 측정도구도 완벽하게 개발해내기 어렵다. 때문에 측정에서의 본래 참값과 측정도구에 의해 측정한 값인 측정치 사이에 나타날 수 있는 불일치 정도 또는 그 차이를 측정오차(measurement error)라고 한다.

이러한 측정오차가 발생하는 원인은 ① 실제 개념과 일치되지 않는 측정이 원인이 된다. 이는 측정하고자 하는 속성이 아닌 다른 속성을 측정하는 경우이다. ② 측정도구의 문제이다. 측정도구인 설문지가 내용상 모호하거나 어려운 질문 혹은 잘 모르는 내용인 경우 응답자들에게 정확한 응답을 기대하기 어렵다. ③

측정방식이 문제가 되기도 한다. 이것은 자료수집 방법으로 인한 차이를 의미하는 것으로 동일한 주제에 대해 집합조사, 배포조사, 우편조사, 면접법 등 어떤 방식으로 자료를 수집했는가에 따라 측정오차가 발생하기도 한다. ④ 응답자가 가진 독특한 성향 및 상황적 요인이 측정에 개입되기도 한다. 응답에 임하는 조사대상자만의 고유한 특성이나 자료를 수집하는 시간 및 환경적 요인은 응답상의 차이를 일으키게 되며 이는 측정오차와 직결될 수 있다. ⑤ 응답자 및 부호화 과정상의 실수로 오차가 생길 수 있다.

설문지에 응답하는 조사대상자의 단순 실수는 물론이고 통계처리를 위한 코딩작업에서의 오류기재는 측정오차를 유발하는 원인 중 하나가 된다.

2. 측정오차의 유형

1) 체계적 오차

체계적 오차(systematic error)란 측정대상 또는 측정과정에서 규칙적으로 나타나는 오차이다. 이는 우연한 실수 등으로 측정이 잘못되는 것이 아니라 잘못된 측정방법을 선택함으로써 지속적이고 체계적으로 오차가 발생하는 것이다. 즉, 체계적 오차는 측정대상에 대해 어떠한 영향이 체계적으로 일관성 있게 영향을 미침으로써 그 오차가 항상 일정한 편향(bias)을 가지며, 측정결과로서의 자료분포가 한쪽으로 치우친 경향을 나타내거나 변수 간의 상호관계 역시 한쪽으로 높거나 낮게 나타나는 경향을 보이는 것을 말한다.

체계적 오차가 발생하는 데 영향을 미치는 주요 요인들은 다음과 같다.

① 문장표현(wording)의 문제

② 연구자의 편견이나 의도, 가설 등이 질문에 개입된 경우

③ 사회적으로 바람직한 방향(social reliability)으로 응답하게 되는 경우

④ 주로 면접조사를 수행할 경우, 사회적 비난의 대상이 되는 것을 측정할 경우(예 동성애, 에이즈)

⑤ 문화적 편향(bias)의 문제

⑥ 문화적으로 편견이 개입된 문장 · 표현 등(예 깜둥이 등)을 사용할 경우, 번역된 문장을 사용할 경우(예 invite를 일반적으로 '초대'로 번역하여 사용하나 본래 통용되는 의미는 '교류, 방문' 등의 뜻임)

이러한 문제점들을 통해 결과적으로 실제값을 제대로 측정하지 못하는 결과를 가져오게 되어 체계적 오차가 커질 경우 척도의 타당도에 부정적인 영향을 미치게 된다. 또한 근본적으로 윤리적인 문제도 생겨날 수 있다.

2) 비체계적 오차

비체계적 오차(random error)는 '무작위 오차'라고 불리기도 하는데, 응답자마다 이해를 달리함으로써 나타나는 경우로 매우 우연적이며 일시적인 사정에 의해 불규칙적으로 일관성 없이 나타나는 오차를 말한다. 체계적으로 나타나는 일관성 있는 오류들은 그 근원을 추적하여 제거해 낼 수 있지만 무작위로 일관성 없이 나타나는 오류들은 제거해 내기가 쉽지 않다. 따라서 비체계 오류는 여러 번에 걸쳐 반복적으로 측정하게 되면 그 과정에서 서로 상쇄되어 소멸하는 오류이다. 그러므로 비체계 오류를 포함한 측정은 측정횟수를 늘려 여러 번에 걸쳐 측정한 후 그 측정값들의 평균값을 구하게 되면 측정하고자 하는 대상의 참값(true score)과 거의 동일해진다.

동일한 측정에 다소 신축성이 있는 1m의 줄자를 활용해서 길이를 측정할 경우 팔의 힘을 정확하게 조절하지 못하면 1m 1cm, 때로는 99cm로 측정이 되기도 한다. 이처럼 10회에 걸친 측정에 의해서 1m라는 결론에 이르렀을 때 본 측정에서는 측정자가 몇 번째 측정에서 실수를 범했는지 전혀 예측할 수 없다. 따라서 1m라는 결과가 설령 정확한 측정이 아니라 하더라도 보정이 불가능한 것이다.

일반적으로 알려진 비체계 오차에 영향을 미치는 요인들은 다음과 같다.

① 응답자가 알지 못하거나 이해하기 어려울 정도의 질문으로서 사고력이 요

구되는 경우

② 너무 세부적이고 자세한 사항을 알고자 할 때

③ 질문의 문항이 길어 지루한 경우

④ 개념적 정의(definition)가 부정확한 경우(예 '귀하는 상대방에게 긍정적 표현을 얼마나 자주 합니까?'라는 질문에서 '상대방'이 구체적으로 누구인지, '긍정적 표현'은 어떤 것들이 해당하는지 사람마다 그 이해가 달라질 수 있다)

⑤ 주제에 대해서 잘 알지 못하거나 아예 모르는 것에 대해 질문할 때

체계적 오차가 일정한 방향으로 편향된 데 반해 비체계적 오차는 그 방향이 일정하지 않고 다양하게 분산되어 있거나 때로는 서로 상쇄(self-compensation)되어 크게 영향을 미치지 않는 경우도 나타날 수 있다. 비체계적 오차가 커질 경우 응답의 일관성에 부정적 영향을 미치게 되어 척도의 신뢰도가 낮아지는 결과를 가져온다.

이상과 같이 오차를 방지하기 위해서는 다음과 같은 점을 유념해야 한다.

① 의도적으로 편견이 개입된 문장을 사용하지 않는다.

② 응답자나 조사자가 서로 동일하게 이해하는 단어를 사용한다.

③ 문장을 간단하고 명확하게 구성한다.

④ 문장에 포함된 용어의 개념이나 정의를 명확히 한다.

⑤ 설문조사에 투입될 조사원들에 대한 교육을 철저히 한다.

⑥ 다각도 검증(triangulation)을 수행한다. 다각도 검증이란 여러 가지 측정도구를 가지고 알고 싶은 변수에 대해서 반복적으로 측정한 후 신뢰도와 타당도를 파악해 보는 방법이다.

제3절 척도의 개념

1. 척도의 의의

척도란 측정하고자 하는 대상에 부여하는 숫자들의 체계이다. 따라서 척도는 숫자가 지닌 특성을 그대로 가지고 있는 논리적으로 혹은 경험적으로 서로 연관된 여러 개의 문항 또는 지표들로 이루어진 복합적 측정도구라 할 수 있다.

광의적 의미의 척도는 일정한 규칙에 따라 관찰된 현상에 대해서 수치나 기호를 부여하기 위해 사용되는 도구라고 할 수 있다. 자연과학에서는 측정대상이 주로 물질적이기 때문에 척도는 온도계, 체중계, 자, 저울 등이지만, 사회복지와 같은 사회과학에서는 측정대상이 대부분 비물질적이기 때문에 주로 논의되는 척도는 특정 변수에 대해 종합적으로 측정하기 위해 논리적이고 경험적으로 연관된 하나 또는 다수의 문항으로 구성되어 있다. 협의적 의미에서 척도는 하나의 개념을 측정하기 위해 둘 이상의 복수의 지표나 문항을 사용하여 측정하는 도구를 척도라고 하기도 한다.

사회과학에서 척도를 사용하는 이유는 다음과 같다.

① 척도는 하나의 단순지표로서는 제대로 측정해 내기 어려운 복합적인 개념들을 측정할 수 있다.

② 척도는 여러 개의 지표를 하나의 점수로 나타냄으로써 자료의 복잡성을 덜어준다.

③ 척도는 변수에 대한 양적인 측정치를 제공함으로써 정확성을 높인다.

④ 측정치나 측정도구의 오차를 줄이고 타당도와 신뢰도를 높인다. 단일문항보다 여러 개의 문항이 본래 의도한 속성을 정확히 측정하고 보다 일관성 있는 결과를 제공할 것이다.

척도의 의미

어떤 개념을 조작적 정의로 전환하여 측정하기 위해 사용하는 도구(측정 도구)

2. 척도구성의 개념

측정척도를 사용할 때 고려해야 할 중요한 사항은 다음과 같다. ① 안면타당도(face validity)로 이는 특정 개념을 측정하기 위한 척도에서 각 지표항목이 나름대로 측정의 타당성을 지녀야 함을 의미한다. 즉, 척도에 포함된 항목들은 안면 값에서 연구개념에 대한 몇 가지 측정량을 제공해야 한다. 예를 들어, 노인 삶의 질 연구에서 노인의 생활만족도를 밝히는 기본 척도를 개발한다면 생활만족의 정도를 나타내는 네 가지 요인을 확인하고 각 요인에 1점씩 할당하는 것이다. 그 네 개의 요인들을 '자녀관계에서 만족스러운가?', '다른 사람들이 자신을 긍정적으로 받아들인다고 생각하는가?', '필요한 생활비가 부족하지 않은가?' 및 '몸을 이동하는 데 불편하지 않은가?'로 정하였다고 하면, 이 척도에 포함된 항목들은 안면타당도를 가지고 있다고 볼 수 있다. 왜냐하면 그 요인들은 보통 노인들의 생활만족을 표시하는 '상식적인' 질문들이기 때문이다. 이런 경우 연구자는 전체 점수뿐만 아니라 개별 항목에 관한 척도값에 따라서 그 사례를 분석할 수 있을 것이다. ② 척도의 항목들은 단일차원적이어야 한다. 그 항목들은 한 개념의 여러 요인을 측정하여야 한다. 특히 이 단일차원성은 연구자가 개념의 전체값을 얻기 위해 각 항목의 값을 총합하려고 할 때 중요하다. 그러므로 척도의 한 항목이 다른 항목에 의해 측정된 개념과 동일하다면 그 전체값은 부정확할 것이다. 다시 말해, 항목들의 단일차원성이 없으면 전체값을 분석할 수 없을 것이다. ③ 내적 타당도의 문제이다. 이것은 각 항목의 값과 전체값 사이의 관계를 말한다. 척도의 개별항목의 점수들은 전체값의 차원에서 각 사례를 순위지어야 한다. '전체값이 개별항목들의 점수패턴을 반영하는가?'는 중요한 질문이다. 이것은 '개별항목들과 전체 점수 간에 지속적이고 분명한 패턴이 존재하는가?'라는 질문이다. 반면에 외적 타당도는 그 척도에 포함되지 않는 다른 지표들을 참조한다. 이는 '연구에 포함된 다른 측정방법들과 그 척도에 포함된 항목 간에 관계가 있는가?'를 뜻한다.

제4절 척도의 구성

1. 척도의 유형

척도의 구성은 척도를 만드는 방법에 관한 것으로 인간의 행위나 내면적 태도를 측정하는 일종의 잣대를 만드는 것으로, 측정 등급에 따라 그 척도 구성이 달라진다.

명목척도를 구성하는 것은 가장 기본적인 구성으로 개별 값들이 상호배타적이고 포괄적이 되도록 하여야 한다. 서열척도 구성은 측정된 값들 사이에 상대적 순서 관계를 밝힐 수 있도록 숫자나 기호를 부여하는 과정이다. 서열척도 구성의 대표적인 것으로는 리커트 척도 구성, 거트만 척도 구성, 보가더스 척도 구성 등이 있다. 등간-비율척도 구성은 개별값들 간에 일정한 거리와 절대 영의 기준점을 가지고 비율측정을 할 수 있는 것으로, 일반적으로 사회과학에서는 쉽지 않은 측정이다. 이 측정의 사례로는 써스톤 척도 구성 등이 있다.

1) 리커트 척도

렌시스 리커트(Rensis Likert)라는 개발자의 이름이 붙여진 리커트 척도(Likert scale)는 보통 태도측정의 질문을 할 때 주로 사용된다.

리커트 척도는 여러 개의 문항으로 응답자의 태도를 측정하고 해당 항목에 대한 측정치를 합산하여 평가대상자의 태도점수를 얻어내는 척도로서 사회과학이나 여론조사에서 가장 흔히 사용되는 척도이다.

리커트 척도의 형식은 기본적으로 피험자는 일련의 진술에 응답하도록 요청받고 질문지의 진술에 대해서 강하게 동의하면 '동의함', 확실치 않거나 강하게 반대하면 '동의하지 않음'이라는 표시를 하는 것이다. 이런 방식으로 리커트 척도는 일반적으로 피험자가 표시하는 감정의 강도(세기)를 측정한다. 그러므로 척도의 각 항목은 모호해서는 안 된다. 그것들은 연구되는 태도에 관한 명백한 의견을 반영하여야 한다.

리커트 척도의 구성절차는 다음과 같다.

① 조사자가 연구하고 싶은 어떤 문제에 관한 긍정적 문항 및 부정적 문항들을 선정한다.

② 각 문항에 대하여 그 쟁점이나 평가대상의 성격에 따라서 찬/ 반, 호의적/ 비호의적, 인정/ 불인정 등의 정도를 나타내는 5개의 응답범주를 작성한다.

③ 많은 응답자에게 각 항목에 대하여 자기의 의견에 맞는 응답범주 하나를 선택하게 하여 각 문항에 대한 응답을 받아낸다.

④ 각 문항에 대한 응답자의 반응을 점수로 환산하는데, 가장 우호적인 것에는 높은 점수, 비우호적일수록 낮은 점수를 부여한다.

⑤ 문항분석(item analysis)을 시행하여 내적 일관성을 측정한 후 일관성이 낮은 문항을 제거한다.

⑥ 응답자의 총점으로 그 사람의 태도를 측정한다.

리커트 척도는 척도구성이 간단하고 편리하며 실용적인 특성으로 인해 대부분의 사회과학 연구에서 널리 쓰이고 있지만 단점 또한 존재한다. 단점으로는 ① 엄격한 의미에서 응답범주들의 간격이 등간격을 이룬다고 보기 어렵다. 예를 들어, 특정 정책에 대해 찬반 여부를 측정하는데, '매우 찬성', '찬성', '보통', '반대', '매우 반대'의 5개 응답범주로 구성했을 경우, 본 질문을 접한 응답자들은 5

개 응답범주 중에서 하나에 응답함으로써 자신의 감정상태를 표현한다. 각각의 감정등급이 정확하게 등간격을 이룬다고 할 수는 없을 것이다. 이와 같이 '매우 찬성'과 '찬성', '찬성'과 '보통', '보통'과 '반대', '반대'와 '매우 반대' 간의 간격이 모두 동일하게 등간격을 이룬다고 단언하기 쉽지 않다. ② 총점이 뜻하는 바가 개념적으로 분명하지 않을 수 있다. 리커트 척도는 점수의 합계를 이용해 태도를 측정하기 때문에 각 항목이 표현한 응답자의 태도에 강도가 묻혀버리게 되는 것이다. 예를 들어, 1번부터 5번까지 다섯 개의 문항으로 제품만족도를 측정한다고 했을 때 A와 B 두 응답자가 1번에서 5번 문항까지의 문항에 응답하는데 A는 5, 5, 3, 1, 1이라고 응답했고, B는 1, 1, 3, 5, 5라고 응답을 했다. 두 사람은 총점이 15점으로 동일한 수준의 태도를 보인다고 해석을 하게 된다. 그러나 5개의 문항에서 1번과 2번은 가격에 대한 부분이고 4번과 5번은 디자인에 대한 문항이라고 본다면 두 사람의 태도는 동일한 수준이라고 보기는 어렵다. A는 가격에 대한 부분은 매우 긍정적이지만 디자인에 대한 사항에서는 매우 부정적인 태도를 보였다. 반면 B는 이와 반대로 가격 관련사항은 매우 부정적이지만 디자인에 대해서는 매우 긍정적인 태도를 취하고 있다. 이와 같이 리커트 척도는 개별 항목들이 뜻하는 바와 이에 대한 태도가 전체에 묻혀 희석되어 버리는 단점을 가지고 있다. ③ 결측치(missing value)의 영향을 많이 받는다. 위의 예에서 A는 1번부터 4번까지를 5로 답했으나 5번은 실수로 응답하지 않았고, B는 1번부터 5번까지 모두 4를 답했다고 가정했을 때를 생각해 본다면 두 사람 모두 20점으로 동일한 태도를 보이는 결과를 갖게 된다. 그러나 만일 A가 실수를 하지 않았다면 25점으로 보다 긍정적인 태도를 보였을 가능성이 높다. 이처럼 총점을 이용하게 되면 결측치의 영향으로 태도가 왜곡될 여지가 있다. 그렇기 때문에 실제로는 평균점수를 이용하여 태도를 관측한다. 평균을 산출할 때는 결측치를 제외하고 연산하게 되므로 A=[(5+5+5+5)/4]=5점, B=[(4+4+4+4+4)/5]=4점으로 A가 상대적으로 강한 긍정상태임을 알 수 있는 것이다.

〈표 4-6〉 리커트 척도의 예

1. 귀하는 보수수준에 대해 만족하십니까?
   ① 매우 만족 ② 만족 ③ 보통 ④ 불만족 ⑤ 매우 불만족
2. 귀하는 업무에 대해 만족하십니까?
   ① 매우 만족 ② 만족 ③ 보통 ④ 불만족 ⑤ 매우 불만족
3. 귀하는 후생복리수준에 대해 만족하십니까?
   ① 매우 만족 ② 만족 ③ 보통 ④ 불만족 ⑤ 매우 불만족

2) 써스톤 척도(동일간격 척도)

써스톤 척도(Thurstone scale)는 써스톤(L. L. Thurstone)에 의해 1929년에 개발되었다. 이 척도는 항목 간에 동일한 간격의 강도로 고안되기 때문에 동일간격 척도라고도 불린다. 써스톤 척도는 어떤 사실에 대하여 가장 우호적인 태도와 가장 비우호적인 태도를 나타내는 양 극단을 등간격으로 구분하여 여기에 수치를 부여하는 등간척도이다.

써스톤 척도는 리커트 척도에 의해 얻은 자료가 등간격을 이룬다는 명확한 근거가 없기 때문에 구성된 척도이다. 이 척도의 구성과정에는 평가자가 참여한다. 평가자들은 조사대상으로서 최소 50개 이상의 설문을 통해 어떤 개념들에 대한 의견(동의 정도)을 개진하게 된다. 이들은 전문성을 갖춘 사람들로 구성되므로 그들의 의견은 전문성이 있는 것으로 인정된다. 그들의 반응들은 보통 서열화된 형태로 정리된 후 어떤 형상을 측정하는 척도를 형성하는 데 활용된다. 평가자들은 가장 우호적인 것, 중립적인 것, 가장 비판적인 것에 이르기까지 다양한 범위의 진술을 하게 된다. 연구자는 이 서열화체계에서 집단 간의 간격을 거의 동일하게 세팅한다. 이것이 써스톤 척도가 동일간격 척도라고 불리는 이유이다. 이 새로운 척도에 포함된 진술의 척도값은 평가자들의 각 진술에 할당한 중앙값이다. 평가자들에 의해서 할당된 값들이 광범위한 분포로 나타나는 진술들은 그 척도에서 배제된다.

써스톤 척도 구성절차는 다음과 같다.

① 연구자가 연구하고자 하는 태도와 관련된 다양한 의견을 수집한다.
② 수집한 의견의 객관성을 높이기 위해 평가자 다수를 선정하여 선호성의 정도를 측정한다.
③ 평가자들에게 각 의견을 선호수준에 따라 일정하게 지시된 범주로 분류하도록 하고 호의성 정도에 따라 분류된 각 집단에 적절한 수치를 부여한다.
④ 척도상의 각 점수를 대표할 수 있는 문장을 몇 개씩 선정하여 척도를 구성하되 평가자들 간에 견해차가 큰 문항은 제외해야 한다.
⑤ 선정된 항목에 대해 각각 중앙값을 구하여 그 문항의 척도치로 삼고 이것을 순서대로 배열한다.

이와 같이 최종적인 써스톤 척도의 형태는 여러 개의 문항으로 구성되며 문항마다 특정 척도값이 부여된다. 써스톤 척도의 측정방식은 해당 문항에 동의하면 해당 문항의 척도값을 얻게 되고, 반대하면 0으로 처리하여 동의한 문항에 대한 척도값을 합산 · 평균하여 해당 개념에 대한 측정값을 얻게 된다.

써스톤 척도구성은 많은 수의 의견수집이 곤란하며 문항의 등간격성 확보가 어렵다. 또한 평가자의 편견이 개입될 여지가 있으며 비용과 시간의 소요가 과다할 수 있다는 단점을 가진다.

〈표 4-7〉 써스톤 척도의 예

찬성 여부	항 목	척도값
(　　)	1. 모든 대중매체는 유해하다.	1
(　　)	2. 대중매체는 지식습득의 방해요인이다.	2
(　　)	3. 대중매체는 좋은 정보를 제공한다.	3
(　　)	4. 대중매체는 유익하다.	4
(　　)	5. 대중매체의 영향력은 부정적이다.	5
(　　)	6. 대중매체는 활용도가 높다.	6
(　　)	7. 현대사회에서 대중매체는 반드시 필요하다.	7

3) 거트만 척도

거트만 척도(Guttman scale)는 척도도식법(scalogram method)이라고 부른다. 이는 척도를 구성하는 문항들이 내용의 강도에 따라 일관성 있게 서열을 이루고 있어 문항들의 단일차원성이 경험적으로 검증되도록 설계된 척도이다.

또한 거트만 척도는 누적적인 성격을 지니며 경험적 관측을 토대로 구성된다. 거트만 척도의 장점은 예측성이 높다는 것이다. 모든 질문문항들이 측정대상 속성의 정도에 따라 누적적으로 되어 있기 때문에 응답결과로부터 다른 모든 문항에 대한 응답을 예측할 수 있다. 또한 복잡한 계량적 과정 없이 쉽게 서열상으로 척도화할 수 있다. 반면 척도를 구성하는 질문문항의 내용을 강도에 따라 일관성 있게 누적적이 되도록 작성하기가 쉽지 않으며 두 개 이상의 변수를 동시에 측정하는 다차원적인 척도로 사용되기는 어렵다는 단점을 가진다. 거트만 척도의 구성절차는 다음과 같다. ① 척도구성 항목 선정, ② 응답자의 응답을 반응지(scalogram)에 기재, ③ 재생계수 계산, ④ 구성항목을 조정하여 척도를 구성하는 네 단계를 거친다.

〈표 4-8〉 거트만 척도의 예

항 목	A	B	C	D
1. 쓰레기 소각시설이 우리 시에 있는 것을 어떻게 생각하십니까?	○	○	○	○
2. 쓰레기 소각시설이 우리 구에 있는 것을 어떻게 생각하십니까?	○	○	○	×
3. 쓰레기 소각시설이 우리 동에 있는 것을 어떻게 생각하십니까?	○	○	×	×
4. 쓰레기 소각시설이 우리 이웃 동네에 있는 것을 어떻게 생각하십니까?	○	×	×	×
5. 쓰레기 소각시설이 우리 동네에 있는 것을 어떻게 생각하십니까?	×	×	×	×

위의 예를 보면, 쓰레기 소각시설에 대한 태도가 1에서 5로 갈수록 서열성을 보인다. 1부터 5까지 문항의 근접거리와 강도에 따라 각각 문항에 2점, 4점, 6점, 8점, 10점의 가중치를 부여한다면 서열성은 더욱 확연해진다.

4) 보가더스의 사회적 거리 척도

보가더스 척도(Bogardus scale)는 1920년대 보가더스(Emory S. Bogardus)에 의해 개발된 것으로 인종, 사회계급과 같은 형태의 사회집단에 대한 사회적 거리를 측정하는 척도로서 하나의 집단이 다른 집단에 대해 어느 정도 거리감을 느끼는지 측정할 때 이용된다.

보가더스 척도는 가장 친밀한 진술에서 시작하여 점차 중립적인 진술로 진행되다가 다시 가장 위협적 진술로 진행되는 연속성을 두고 보통 5~9개의 질문을 배열한다. 사회집단마다 질문별로 '예'와 '아니요'로 응답을 하도록 하며, 가장 친밀한 진술에서 가장 위협적인 진술까지의 '예'에 대한 응답비율을 종합하여 비교하게 된다.

〈표 4-9〉 보가더스의 사회적 거리 척도의 예

응답요령 : 각 국민에 대한 귀하의 일반적 생각을 토대로 귀하의 생각을 응답지의 해당 빈칸에 'ㅇ'표 하십시오.

항 목	한국인	일본인	미국인	중국인
결혼하여 가족성원으로 받아들임				
개인적 친구로 클럽에 받아들임				
이웃으로 우리 동네에 받아들임				
같은 직장인으로 받아들임				
우리나라의 국민으로 받아들임				
우리나라 방문객으로 받아들임				

이 척도는 단순히 사회적 거리에 대한 원근의 순위만을 표시한 것이지, 민족 간에 친밀한 정도의 크기를 나타내지는 않는다.

KEY POINT

■ 측정

이론적 개념을 계량화하거나 질적 개념을 양적 개념으로 전환하는 과학적 과정

■ 측정의 기능

① 일치 또는 조화

② 객관화와 표준화

③ 계량화

④ 반복과 의사소통

■ 체계적 오차 · 비체계적 오차

① **체계적 오차** : 척도에 영향을 주어 측정결과가 모두 높아지거나 낮아지는 오차

② **비체계적 오차** : 측정대상, 측정수단 등에 영향으로 일관성 없이 발생하는 오차

■ 척도

① 측정을 위한 도구

② 사물의 속성을 측정하는 측정의 단위

③ 측정의 신뢰도와 타당도를 높이기 위해 사용되는 도구

■ 척도의 필요성

① 복잡한 개념을 측정할 수 있으며 변수에 양적인 측정치를 제공하여 정확성을 높임

② 통계적 조작이 가능하고 여러 지표를 하나의 점수로 나타냄으로써 복잡성을 덜어줌

③ 측정치나 측정도구의 오차를 줄이고 타당성과 신뢰도를 높임

■ 측정수준 척도(변수) 유형

척 도	예 시	핵 심
명목척도	남 · 여, 청 · 백, 개 · 고양이	분류
서열척도	학위, 선호도, 학교, 만족도, 학점순	분류, 순위
등간척도	학년, 온도, 지능지수, 물가지수	분류, 순위, 등간
비율척도	가족 수, 연령, 신장, 몸무게, 빈곤율	분류, 순위, 등간, 비율

■ 과학 연구 유의점

① 과학은 인식론적 입장에서 출발

② 윤리문제 중시

③ 과학적 명제의 오류 존재 가능성

④ 객관적 판단으로 연구대상 선정 중요

■ 리커트 척도

① 여러 개의 문항으로 응답자의 태도 측정 방법

② 일관성이 있어 신뢰도가 높음, 평가자의 주관적 개입 배제로 객관적 측정 가능

■ 써스톤 척도

① 동일한 등간척도를 구성하는 방법

② 가장 긍정적 태도와 가장 부정적 태도를 나타내는 양 극단을 구분하여 수치 부여

■ 거트만 척도

① 누적척도의 대표적 방법

② 개별 항목들이 일정한 기준에 의해 일관성 있게 서열을 이루고 있는 것이 특징

Chapter 5

신뢰도와 타당도

제1절 신뢰도

제2절 타당도

제3절 신뢰도와 타당도의 관계

Chapter 5

신뢰도와 타당도

제1절 신뢰도

1. 신뢰도의 개념

신뢰도(reliability)에 대한 개념은 찰스 스피어만(Charles Spearman)에 의해 1904년에 소개되었으며 이는 측정의 일관성을 의미한다. 즉, 반복되는 측정에서 어느 정도 동일한 결과를 얻어내는지, 그 정도를 의미하는 것으로 안정성, 일관성, 예측가능성, 정확성, 의존가능성 등으로 표현할 수 있는 개념이다. 측정을 반복할 때 결과가 동일하게 나타난다면 측정의 안정성이 매우 높기에 안정성(stability)과도 통하는 개념이라고 볼 수 있다. 일반적으로 측정도구가 타당하게 만들어졌다고 하더라도 일관성까지 확보한 것은 아니다. 척도를 개발하여 조사에 적용했을 경우 그것이 측정하고자 하는 개념을 측정해 내고 있다고 하더라도 동일한 조사대상에게 반복적으로 조사를 시행하게 될 경우 매번 유사한 결과를 얻을 수 있어야 한다. 이를 안정성이라고도 한다. 그렇다면 왜 동일한 결과가 아니고 유사한 결과를 얻을 수 있어야 하는가? 그것은 바로 조사대상이 사람들이기 때문이다. 사람들은 항상 변화하는 존재이기 때문에 스트레스를 가지고 있다고 하더라도 늘 똑같은 수준의 스트레스를 가지고 있지는 않다. 불안하다고 하더라도 늘 동일한 수준으로 불안한 것은 아니기 때문이다.

사회과학의 조사연구에서 사용되는 추상적 개념을 측정하는 측정도구의 타당성을 평가하기는 매우 어렵다. 그러므로 측정의 정확성을 논할 때에 측정도구의 신뢰도를 따지게 된다. 측정을 반복하는 경우 동일한 측정결과를 가져온다면 측정결과를 예측할 수 있게 되기 때문에 안정성이 높다고 할 수 있다. 신뢰도를 측정오차와 관련하여 정의해 본다면 신뢰도는 측정도구가 갖는 측정오차의 크기에 반비례한다. 동일대상을 반복하여 측정할 때 측정도구의 측정오차가 클수록 측정도구의 신뢰도는 떨어진다.

사람들의 몸무게를 측정하는 저울을 측정도구로 똑같은 사람이 연속해서 5번의 몸무게를 측정했을 때 각각 70kg, 72kg, 69kg, 73kg, 71kg으로 나왔다고 한다면 이 경우 저울에 대해 신뢰도가 없다고 할 수 있다. 만약 5번의 연속 측정 결과에서 모두 70kg이 나왔을 경우에는 그 측정도구에 대해 신뢰도가 있다고 할 수 있다. 하지만 실제로는 65kg의 몸무게를 가진 사람을 연속 측정했을 때 저울이 계속해서 70kg이라는 일관된 측정치를 산출해 내는 경우에도 일단 그 저울은 신뢰도가 높은 것으로 간주할 수 있다. 이렇듯 70kg이라는 산출치가 그 사람의 몸무게를 합당하게 나타내는지, 저울의 체계적 오류가 개입된 것인지에 대한 질문은 신뢰도와는 무관한 타당도의 문제가 된다.

신뢰도가 측정의 일관성에 국한된 것이기는 하나 사회과학에서는 측정환경에 대한 통제가 적절히 이루어지기 힘든 경우가 많으므로 신뢰도는 타당도 문제와 더불어 중요하게 다루어진다.

2. 신뢰도를 높이는 방법

신뢰도는 무작위 오차와 관련된 것이기 때문에 최대한 비체계적 오차가 발생할 가능성을 줄이는 것이 신뢰도를 높이는 방법이 된다. 다시 말해, 측정오차의 발생가능성을 최대한 통제하여 오차분산을 극소화함으로써 신뢰도를 높일 수 있다.

신뢰도를 높이기 위해서는 측정항목의 모호성을 줄이고 될 수 있으면 구체화해야 한다. 이는 응답자가 측정도구의 의도를 정확하게 이해해야만 일관된 측정이 가능하기 때문이다. 이와 같이 일관된 측정이 가능하다면 신뢰도는 자연히 높아질 수 있다. 또한 측정항목을 늘리고 선택범위를 넓게 해야 한다. 측정항목이 많거나 선택범위가 넓을수록 신뢰도는 증가하나 이와 반대로 항목 수가 적거나 선택범위가 좁을수록 신뢰도는 낮아지는 경향이 있다. 더불어 기존에 신뢰도가 있다고 인정된 측정도구를 활용하는 것이 유리하다. 그러나 기존의 측정도구를 무조건 신뢰해서는 안 되며, 그 신뢰도에 대해 충분한 검토가 선행되어야만 한다.

3. 신뢰도 측정방법

신뢰도를 측정하는 방법에는 검사–재검사법, 복수양식분석법, 내적 일관성 분석법 등이 있다.

1) 검사–재검사법

검사–재검사법은 동일한 대상에게 다른 조사시점에서 조사한 결과가 일치하는 정도이다. 검사–재검사의 신뢰도는 가장 원형적인 신뢰도로 검사–재검사 신뢰도를 확인하기 위해서는 개발된 측정도구를 조사대상이 되는 집단에서 일부를 표본으로 뽑아서 일정한 시간을 두고 조사하여 두 조사결과 간의 일치도–상관관계를 확인하는 것이다. 만일 도구가 두 번 또는 연속적으로 측정하였을 때

동일한 개인의 점수가 불변하고 측정되고 있는 변수들에서 클라이언트에게 무언가 변화가 있다고 생각되는 이유가 없다면 조사자는 신뢰할 수 있는 도구로 간주할 수 있다. 이 신뢰도는 검사–재검사의 기간에 측정의 타당도를 저해하는 요인, 즉 검사요인의 효과(test effect, 측정기간에 조사대상에게 예기치 않은 또는 사회적 변화가 생김으로 인한 효과), 또는 성숙의 효과(maturation effect, 측정기간에 발생한 조사대상의 특성 변화에 따른 효과) 등이 작용할 수 있다. 이와 같은 한계에도 불구하고 측정도구 자체를 직접 비교할 수 있고 적용이 간편하며 평가가 용이하다는 장점을 가지고 있다.

재검사법은 측정들이 얼마나 재현가능한가 또는 안정적인가를 평가하는 방법으로 동일한 대상을 서로 다른 두 시점에서 측정하는 것이다. 이때 고려해야 할 점은 ① 두 측정시점 간의 시간간격에 관한 문제이고, ② 두 측정시점의 측정환경에 관한 문제이다. 시간간격은 동일한 측정도구를 두 번 사용하는 것에 따른 기억효과를 충분히 배제할 수 있는 간격이어야 하며, 측정환경은 두 시점에서 동일하게 유지하여야 한다.

검사–재검사법의 예

사회복지학과 1학년이라는 동일한 집단에게 똑같은 시험문제로 월요일에 시험을 보고 다시 수요일에 시험을 보았다. 이는 검사–재검사법을 활용하여 신뢰도를 측정하려는 것이다.

검사–재검사법의 단점은 두 검사 사이에 외생변수 등의 영향으로 대상의 속성이 실제로 변할 수 있는데, 그것이 측정값의 차이로 나타날 수 있기 때문에 신뢰성을 측정하는 데 한계가 있다고 할 수 있다. 또 검사효과를 들 수 있는데, 첫 번째 검사가 두 번째 검사에 영향을 줄 수 있으며 그것이 두 검사의 점수차이로 나타날 수 있다.

2) 복수양식분석법(유사양식)

복수양식분석법(parallel-forms reliability)은 동일한 측정방법을 형식만 다르게 하여 동일한 대상에게 적용한 후 그 결과를 비교하는 방법이다. 겉으로는 다르지만 실제 내용은 동등한 것으로 여겨지는 척도를 개발하여 이 두 개를 동시에 또는 일정한 시간을 두고 동일한 대상에게 차례로 적용하여 두 결과 사이에 상관계수를 계산하여 신뢰도를 측정하는 것이다. 예를 들어, 아동양육 프로그램에 대한 만족도를 측정하기 위해 20개의 질문을 완성했을 때 20개의 척도 가운데 무작위로 선택하여 10개씩으로 질문문항을 두 개의 척도로 나누어 이들을 동일한 대상에게 측정한 뒤 두 측정값이 동일한지를 검토하는 것이다. 만일 두 측정값이 유사하다면 이 척도는 신뢰할 만하다고 할 수 있다.

이러한 복수양식분석법의 가장 큰 문제점은, 동일한 현상을 측정하는 데 사용되는 두 개의 동등한 측정도구를 개발하기가 쉽지 않다는 것이다. 만약 추정된 신뢰도가 낮게 나타나는 경우 본래부터 신뢰도가 낮아서 그러한지 아니면 두 개의 양식을 동등하게 하는 데 실패하였기 때문인지 판단하기가 어렵다. 또한 두 양식이 매우 유사할 경우, 검사—재검사법과 같이 첫 번째 조사가 두 번째 조사에 영향을 미치는 검사효과에 의한 체계적 오차가 각 양식에 포함될 수도 있다. 이러한 단점에도 불구하고 복수양식법은 검사—재검사 신뢰도의 한계로 지적된 성숙요인 또는 역사요인의 효과를 어느 정도 극복하게 해준다는 점에서 검사—재검사 신뢰도보다 우세하다고 할 수 있다.

3) 내적 일관성 분석법

검사—재검사법과 복수양식분석법과는 달리 하나의 측정 도구를 한 번에 적용하여 측정한 후 그 안에서 신뢰도를 평가하는 방법을 내적 일관성 분석법이라 한다. 여기에는 반분분석법과 크론바흐의 알파계수가 속한다.

(1) 반분분석법

반분분석(split-half reliability)법은 측정도구 전체 문항을 임의로 두 개의 조로 나누어 각각 독립된 두 개의 척도로써 측정한 다음 이들의 결과를 비교하여 신뢰도를 추정하는 방법이다. 좀 더 자세히 설명하면 측정항목의 반을 측정대상에 적용하여 얻은 측정결과와 나머지 반을 동일한 대상에게 적용하여 얻은 결과 사이의 상관계수를 산출하여 신뢰도를 추정하는 방법이다.

이 방법은 복수양식법보다 논리적으로 발전시킨 것으로 하나의 개념을 측정하기 위해 여러 항목이 있고 반분이 가능한 척도에만 적용할 수 있다. 재검사법과 대체법에서는 동일한 대상에게 두 번의 측정을 해야 하지만 반분분석법은 측정도구로 한 번 측정한 후 이를 양분하여 평가하므로 측정도구를 양분하는 방법에 따라 신뢰도가 다르게 추정될 수 있다.

반분분석법을 이용하기 위한 전제조건으로는 ① 측정도구가 같은 개념을 측정한다는 것이 명백하여야 하며, ② 반으로 나누어진 각 측정도구의 항목 수는 그 자체가 각각 완전한 척도를 이룰 수 있도록 충분히 많아야 한다. 그러나 반분분석법은 항목들을 구분하는 방식에 따라서 신뢰도 계수의 추정치가 달라지는 문제점을 가지고 있다.

반분분석법의 단점은 반으로 나누어진 각각의 측정문항들을 완전히 동등하게 만들기 어렵고 측정문항이 적은 경우에는 사용할 수 없다는 점이 있다. 또한 척도가 올바르게 반으로 나누어지지 못해 두 개의 척도가 유사하지 않을 경우 검사결과를 신뢰할 수 없다.

(2) 크론바흐의 알파계수

크론바흐 알파(Cronbach's alpha)계수는 문항들을 반으로 나누는 방식에 따라 신뢰도 계수가 달라지는 반분분석법의 단점을 보완하여 가능한 모든 반분 신뢰도 계수를 구한 다음 그 평균값으로 신뢰도를 계산하는 방법이다.

특히 이 방법은 연구자가 자신이 사용하는 척도의 신뢰도를 측정하거나 나타내기 위해 사용하는 유용한 방법으로 크론바흐(Cronbach)에 의해 개발되었기 때문에 신뢰도 검사값을 보통 크론바흐 알파계수로 나타낸다. 알파계수에 따른 방식은 측정도구에 대한 내적 일관성의 신뢰도를 구하는 가장 포괄적인 방법이라고 할 수 있다. 그러나 알파계수를 계산하는 과정은 방대하고 복잡한 작업으로 이루어지게 된다. 그러한 이유로 알파계수의 신뢰도를 구하는 작업은 컴퓨터의 도움 없이 수행하기가 어렵다. 현재는 다양한 전산통계 프로그램들이 있어서 직접적인 계산의 부담은 줄어들었다고 하겠다. 주로 사회과학 통계 패키지(SPSS : Statistical Package for Social Science) 등의 통계 패키지에 의해 분석된다. 이 값은 0에서 1 사이의 값을 갖게 되는데 통상적으로 0.7 이상으로 나와야 적절한 신뢰도를 갖추었다고 판단한다. 그러나 몇 점 이상이어야 한다는 절대적 기준은 없다. 오늘날 신뢰도 검사는 대부분 내적 일관성 신뢰도를 통해 이루어진다.

이 방법은 측정도구의 신뢰성을 저해하는 항목을 찾아내 측정도구에서 제외함으로써 측정도구의 신뢰도를 높일 수 있기 때문에 측정도구를 개발할 때 매우 유용하다.

제2절 타당도

1. 타당도의 개념

사회과학의 경우 자연과학과는 다르게 연구대상의 특성상 간접적으로 측정해야 할 경우가 대부분이다. 이런 점 때문에 사회현상을 측정할 때에는 조사자가 확실히 자기가 측정하고자 하는 것을 측정했다는 확신을 할 수 없는 경우가 많다. 연구대상을 측정할 때 조사자가 처음 측정하고자 하는 것을 얼마나 실제에 가깝게 측정하고 있는가 하는 정도가 타당도의 문제이다. 즉, 타당도는 측정하고자 하는 개념이나 속성을 얼마나 정확하게 실제에 가깝도록 측정했는가 하는 정도를 뜻한다.

일반적으로 조사도구가 측정하고자 의도했던 것을 측정할 때 그 조사도구는 타당성이 있다고 말하며 타당도(validity)는 측정의 체계적 오류를 해결하는 것과 관련이 있다. 이는 이용된 측정도구가 측정하고자 하는 개념이나 속성을 정확하게 반영하고 있는 것과 같은 의미이다. 다시 말해, 타당도는 측정도구 자체가 측정하고자 하는 개념이나 속성을 정확하게 반영할 수 있어야 하며, 이는 측정하고자 하는 개념을 어떻게 정의했는지, 이 개념적 정의를 어떻게 조작화하였는지에 상당한 영향을 받게 된다. 이러한 점에서 측정의 타당도는 측정도구의 타당도이며 또한 측정개념에 대한 개념적 정의와 조작적 정의의 타당도를 의미한다고 할 수 있다. 따라서 타당도는 측정도구를 평가하는 데 가장 중요한 기준이라고 할 수 있다. 왜냐하면 측정도구가 측정하고자 의도한 것을 실제로 잘 측정해 내지 못한다면 측정도구로서 별 가치가 없기 때문이다. 타당도가 높은 조사설계를 위해서는 될 수 있으면 명확하게 정의된 모집단으로부터 최대한 대표성을 확보할 수 있는 추출방법으로 표본을 선정하고 가능한 한 많은 외생변수를 파악하여 이를 통제할 방법을 구상하는 것이 바람직하다.

2. 측정의 타당도

측정하려고 하는 개념을 '어떻게' 측정하느냐에 관계되는 것이 신뢰도라면, 측정하려고 하는 것이 '무엇'인지 그리고 원래 측정하고자 했던 것을 얼마나 정확히 측정하였는지를 의미하는 것이 타당도이다. 연구자가 측정하고자 하는 바를 제대로 관찰하였다면 개념을 정확히 측정할 수 있을 것이다.

측정의 타당도는 해당 분야 전문가들의 주관적 판단에 의존하는 내용타당도와 해당 측정도구로 수집된 자료들로부터 통계적 분석을 통하여 판단될 수 있는 기준타당도와 구성타당도로 나누어 설명할 수 있다.

1) 내용타당도

내용타당도(content validity)란 측정도구가 측정하고자 하는 내용을 모두 포함하고 있는지를 보는 척도이다. 내용타당도는 주관적인 전문지식에 근거하여 판단한다. 내용타당도는 해당 측정도구가 측정하고자 하는 문항의 모집단으로부터 가장 잘 대표할 수 있는 항목들로 구성되었는지를 개괄적으로 살펴보는 것이다. 개념에 포함해야 할 내용을 측정도구의 항목들이 잘 포함하고 있다면 내용타당도가 있다고 할 수 있다. 전문가의 주관적 판단과 또는 관계 전문가들의 의견에 의존하기 때문에 엄정하지 않으며 대략적인 성격을 지닌다.

내용타당도는 통계적인 절차를 사용하지 않기에 적용이 쉽고 시간을 절약할 수 있다는 장점이 있다. 그러나 전문가의 주관적인 해석과 판단에 의존하기 때문에 오차나 실수가 개입될 수 있으며, 때에 따라서는 형식적 행위로 전락할 여지가 있다. 또한 판단의 기준이 되는 수치적 근거가 없다는 단점을 가진다. 내용타당도를 달성하기 위해서 측정도구는 측정하고자 하는 개념을 정의하는 데 필수적인 내용을 모두 포함하여야 한다.

내용타당도의 평가는 평가자의 해당 분야 지식수준에 의존하므로 평가자에 따라 다를 수 있다. 그러므로 내용타당도의 평가는 측정하고자 하는 개념을 정확히 이해하고 있는 전문가가 평가해야 한다. 내용타당도는 전문가들의 주관적 판단에 의존하기 때문에 계량화되기 어렵지만 측정목적의 적합성 여부를 판단하는 근거를 제공한다. 또한 내용타당도를 측정하기 위한 기준들이 주관적 판단으로 결정되기 쉽다는 것과 통계적 검증이 어렵다는 한계를 가진다.

내용타당도를 측정하는 방법은 다음과 같다.

① 측정하고자 하는 개념을 주요 영역별로 층화시킨다. 주요 하위영역들은 될 수 있는 대로 모든 의미를 포함할 수 있도록 한다.

② 각 층이 뜻하는 의미를 가질 수 있도록 여러 개(7~10개 이상)의 문항을 만든다.

③ 자료를 수집한 후 하위영역별로 구성된 문항들이 동일한 영역에 해당하는

지를 살펴보기 위해 문항들을 가지고 요인분석을 해본다. 더불어 같은 요인에 속한 문항 간의 상관관계가 다른 요인에 속한 문항들과의 그것보다 더 높은지 살펴본다.

2) 기준타당도

기준타당도(criterion-related validity)란 타당성이 입증되어 현재 널리 사용되고 있는 측정도구와 연관성의 강도를 평가하여 판단하는 타당도로 경험적 타당도라고 한다. 즉, 기준타당도는 내용타당도보다 높은 수준의 검증방법으로 경험적인 근거를 통해 타당도를 확인하는 방법이다.

기준타당도는 현재 측정하고자 하는 개념과 관련성 있는 개념을 측정하는 기존의 측정도구와 현재 개발된 측정도구와의 상관성의 정도를 평가하는 지표에 근거하므로 내용타당도와는 달리 객관적 타당도라고 할 수 있다. 이 타당도는 사용한 측정도구의 측정값과 기준이 되는 측정도구의 측정값과의 상관관계로 나타난다.

기준타당도를 평가하기 위해서는 측정도구를 적용해 얻은 측정치와 기준을 적용하여 얻은 측정치에 대한 상관분석을 시행해야 한다. 두 측정치 간의 상관계수, 타당도계수를 구하여 이 타당도계수가 높으면 기준타당도가 높다고 판단할 수 있다. 대체로 기준타당도는 특정한 기준에 대한 측정도구의 예측에서의 정확성을 평가하게 된다. 동시적 타당도와 예측적 타당도의 구분에서는 시간의 개념이 관여한다. 현재 시점적이면 동시적 타당도, 미래 시점적이면 예측적 타당도라고 할 수 있다. 예를 들어, 모 기업에서 영어구사능력을 측정하기 위해 자체적으로 영어시험제도를 만들어 직원들에게 응시하도록 하였다. 새로 만들 시험제도의 타당도를 확인하기 위해 직원들의 TOEIC 점수를 제출하도록 하여 비교해 본 결과, 두 결과 간에는 상관관계가 매우 높게 나타났다. 이런 경우 새로 만든 영어시험제도는 TOEIC이라는 기준에 비추어 볼 때 기준타당도 중 동시적 타당도가 높다고 볼 수 있다. 한편 입사시험제도의 타당도를 평가하기 위해 합격자들이 채용된 후 일정 기간이 경과한 다음 근무평가를 내려 근무평가점수와 입사시험점

수 간의 상관관계가 높게 나타났다면 입사시험은 기준타당도 중 예측적 타당도가 높은 것이라고 할 수 있다.

기준타당도를 설정하는 방식에는 기준집단타당도 방법이 있다. 이 방법은 어떤 척도가 한 집단과 다른 집단을 구분해 낼 수 있음을 증명하는 것이다. 예를 들어, 우울증을 측정하는 척도를 이미 우울증이 있는 사람들로 구성되었다고 알려진 집단과 일반 사람들로 구성된 집단을 조사하여 실제로 두 집단에서 얻어진 점수에 차이가 있다면 이 척도는 기준타당도가 있다고 말할 수 있다.

(1) 예측타당도

예측타당도란 현재의 측정도구에서 얻은 점수와 미래의 결과 또는 행위와의 관련성으로 평가되는 타당도이다. 임상시험에서 사용되는 대리변수(surrogate variable)의 예측타당도는 매우 중요하며 직업적성을 평가하는 적성검사, 임상심리에서 사용되는 심리검사, 대학수학능력시험에서도 예측타당도는 중요시된다.

예를 들어, 운전면허시험의 경우 일정한 점수 이상을 받게 되면 그때부터 운전을 할 수 있다는 것을 나타낸다. 운전면허 시험점수가 합격점에 도달했다는 것은 운전할 수 있을 것이라는 예측을 가능하게 해준다. 운전면허시험의 타당성을 알기 위해서는 합격점을 받은 사람들이 실제로 운전을 할 수 있는지 없는지를 확인한다면 그것은 기준타당도의 예측타당도가 되는 것이다. 운전할 수 있는지 없는지를 알아보는 것이 아닌 일정 점수 이상이 된다면 운전을 할 수 있다고 인정해주는 것이기 때문에 동시적으로 판단하는 것은 아니다.

측정도구의 주요 목적이 선발, 배치, 미래의 관심결과에 대한 예측 등이라면 예측타당도는 세심하게 평가되어야 한다. 하지만 미래의 결과나 행위는 현재 측정도구와 동시에 관측할 수 없으므로 예측타당성을 검증하는 데에는 더욱 많은 시간이 요구된다.

(2) 동시타당도

동시타당도는 이미 타당성이 입증된 측정도구에서 관측한 점수와의 관련성의 정도로 표현되는 타당도이다. 예측타당도가 개발된 척도와 미래에 발생할 것으로 기대되는 기준과의 부합 정도를 의미하는 것이라고 한다면 동시타당도는 개발된 척도와 현재의 상황과 조건이라는 기준과의 부합 정도를 말한다. 연구자가 1시간 이상 소요되는 표준 우울증 검사를 대신하여 현장에서 신속하게 사용할 수 있는 약식 우울증 검사를 개발했다고 가정했을 때, 연구자가 새로 개발한 약식 우울증 검사의 타당도를 점검하기 위해 이미 타당도를 인정받은 표준 우울증 검사와 동시에 시행하고 두 검사의 결과를 비교하는 것이 동시타당도의 방법이다.

이와 같이 동시타당도는 변수 간의 관련성 또는 상관성을 평가하는 적절한 통계량으로 계량화될 수 있다. 하지만 기존에 타당성을 입증받은 측정도구가 없다면 동시타당도를 평가할 수 없으며, 타당성을 입증받은 측정도구가 있을지라도 그 도구와의 관련성 정도에 의해 평가되므로 기존 도구의 타당성 또는 신뢰성이 어느 정도인가를 살펴보는 것이 필요하다.

3) 구성타당도

구성타당도란 측정하고자 하는 개념(구성체)이 측정도구에 올바르게 반영되어 점수로 관측되고 있는가를 평가하는 타당도이다. 또한 구성타당도는 가장 높은 수준의 타당도 검증방법으로 측정하고자 하는 개념이 여타 관련을 맺고 있는 개념이나 가정을 토대로 하여 그 개념의 전반적인 이론적 틀 속에서 측정도구의 타당성을 경험적으로 검증하는 방법이다. 즉, 척도가 기대되는 방향이나 노선에 따라 얼마나 잘 구별되느냐에 따라 개념타당도가 있느냐가 결정된다.

측정대상이 되는 관심구성체는 관측가능한 특정 문항들로 구성된 하나의 집합에 제한되어 관측되는 것만은 아니다. 다르지만 비슷한 구성체를 측정하는 문항들로 구성된 집합에는 관심구성체가 동시에 존재한다. 반대로 이론적으로 전혀 다른 구성체를 측정하는 문항에는 관심구성체가 존재하지 않아야 한다. 예를 들어, 자아존중감(self-esteem)은 자존심(self-worth), 자신감(self-confidence) 등과 같은 유사한 구성체를 측정하는 도구에서 어느 정도 공통으로 관측되어야 한다. 그러나 자아도취증(narcissism)과 같이 이론적으로 전혀 다른 구성체를 측정하는 도구에서는 자아존중감은 가능하면 관측되지 않아야 한다.

구성타당도에는 수렴타당도(convergent validity)와 판별타당도(discriminant validity), 요인타당도(factorial validity)가 있다.

(1) 수렴타당도

수렴타당도는 동일한 개념을 측정하는 경우에는 서로 다른 측정방법을 사용하더라도 측정값은 하나의 차원으로 수렴해야 한다는 논의이다. 가령 어떤 사람이 자신의 영어능력을 측정하기 위해 TOEIC과 TOEFL 시험을 한꺼번에 쳤다고 가정했을 때, 만일 이 사람의 영어능력이 높은 편이라면 두 시험의 결과는 유사한 수준에서 높은 점수를 보이게 될 것이다. 즉, 영어능력이 높다는 동일한 개념을 측정하는 데 두 가지 다른 측정방법을 활용하였으며, 성적이 모두 높게 나타났으므로 두 시험 제도는 영어능력을 측정하는 데 수렴타당도가 높다고 할 수 있다.

(2) 판별타당도

판별타당도는 척도가 측정하고자 하는 개념과 유사개념을 구분하는 정도를 의미하는 것으로 서로 다른 개념을 측정하는 경우에는 동일한 측정방법을 사용하더라도 측정값 간에는 차별성을 나타내야 한다는 것이다. 한 사람은 영어능력만 뛰어나고 또 다른 한 사람은 수학능력만 뛰어나다고 가정할 때, 두 사람의 능력을 TOEIC 시험이라는 동일한 도구로 측정한다고 하면, 영어능력만 뛰어난 사람은 높은 점수를 받겠지만 수학능력만 뛰어난 사람은 낮은 점수를 받을 것이다. 즉, 서로 다른 능력치를 같은 도구를 이용하여 측정하면 두 결과의 관계의 정도가 매우 낮거나 혹은 관계가 없게 된다. 이럴 때 TOEIC 시험은 영어능력과 수학능력 진단에 대해 판별타당도가 높다고 볼 수 있다.

(3) 요인타당도

요인타당도는 구성타당도를 검증하는 가장 잘 알려진 방법으로 척도의 개별

항목이 통계적으로 서로 연관된 그룹(즉, 하위요인)을 만든다. 이때 한 그룹의 항목들은 다른 그룹의 항목들보다 더 긴밀한 상관관계를 보이며, 다른 요인과는 약한 상관관계를 나타낼 때 요인타당도가 있다고 한다.

척도의 각 항목 간에 상관관계가 높은 것을 요인(factor)으로 묶게 된다. 예를 들어, 85개 항목으로 구성된 자아존중감 척도로 요인분석을 할 경우 네 가지 하위요인인 학습 자존감, 사회적 자신감, 자신의 외모에 대한 만족, 적극성으로 구분할 수 있다.

제3절 신뢰도와 타당도의 관계

신뢰도가 측정도구의 일관성에 관한 것이라면 타당도는 측정도구가 측정하고자 하는 개념을 제대로 측정하고 있는지에 관련된 것이다. 일반적으로 신뢰도는 척도의 항목을 더하거나 선택의 폭을 넓힐 경우에 향상된다. 그리고 타당도를 확보하는 것은 한 번에 할 수 있는 작업이라기보다는 지속적인 과정(ongoing process)을 통해 높여가는 것이다. 측정도구를 다양하게(그 대상, 환경, 상황 등에) 활용하는 것은 척도의 타당도를 확보하는 데 매우 중요하다.

신뢰도와 타당도의 관계에서 신뢰도는 타당도 확보를 위한 기본적 전제조건이 되고 있다. 측정의 주요 관심이 측정하고자 하는 것을 얼마나 제대로 측정했는가에서 시작한다고 볼 때 그 중요성이 신뢰도보다는 타당도 쪽으로 기울어지는 감이 있다.

종합적으로 볼 때, 신뢰도와 타당도의 두 개념은 서로 분리된 것이라기보다는 다소 복합적으로 상호 연계되어 있다. 즉, 측정도구가 타당도가 있는 경우라면 어느 정도 신뢰도는 확보된 것이라고 볼 수 있다. 하지만 신뢰도가 확보된 측정도구라 할지라도 타당도가 확보되지 않은 경우가 있다. 만약 조사자로서 측정도구의 신뢰도나 타당도에 대해 알 수 없다면 그 측정결과는 별 의미가 없는 경우가 많다. 따라서 측정도구의 타당도와 신뢰도는 그 중요성이 매우 크다고 할 수 있다.

일반적으로 신뢰도와 타당도의 관계는 다음과 같이 정리할 수 있다.

① 신뢰도와 타당도는 항상 정(正)의 관계(positive relationship)를 갖는 것은 아니다.

② 신뢰도가 있다 하더라도 타당도는 결여될 수 있다. 즉, 타당도 없이 신뢰도를 확보할 수 있다.

③ 타당도가 있다면 일반적으로 (어느 정도) 신뢰도가 있다고 볼 수 있다.

세 양궁선수가 각각 여러 발의 화살을 과녁에 쏘아 맞힌 결과를 예상해 볼 때, A는 모든 화살이 과녁의 가운데에 적중하였다. B는 비록 가운데에 맞아야 하는 정확성은 떨어지지만 일관성이 충족되었으며, C는 여러 발의 화살이 과녁에 두서없이 맞았다. 이를 타당도와 신뢰도의 관계에 대비해서 살펴본다면, 우선 A는 정확성과 일관성이 모두 높아 타당도와 신뢰도가 모두 높다고 할 수 있다. 반면 B는 정확성, 즉 타당도는 낮으나 일관성, 즉 신뢰도는 높은 측정을 의미한다. C는 일관성 신뢰도도 낮으며 정확성 타당도도 낮다고 할 수 있다.

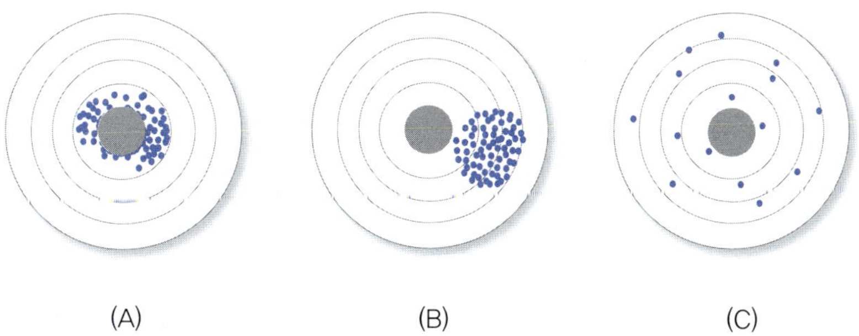

|그림 5-1| 타당도와 신뢰도의 관계

신뢰도와 타당도는 측정도구가 과학적으로 강력하다는 것을 보여주는 증거가 된다. 즉, 척도의 신뢰도와 타당도는 척도의 과학적 적절성(psychometric adequacy)에 관한 것이다. 하지만 척도 사용에서 또 한 가지 중요한 고려사항이 있는데, 그것은 척도의 실용성(practicality)에 관한 것이다. 즉, 척도를 얼마나 손쉽게 구할 수 있으며, 사회복지 실천현장에서 실용적으로 활용할 수 있느냐 하는 점이다. 일반적으로 척도의 과학적 적절성과 아울러 척도의 실용성 또한 간과할 수 없는 사항이다.

KEY POINT

■ 신뢰도

① 하나의 척도를 동일 대상에 여러 번 적용했을 때 일관성 있는 결과를 가져오는 정도

② 측정도구가 얼마나 안정적이고 일관성이 있는지의 정도(도구기준 신뢰도)

■ 신뢰도를 높이는 방법

① 측정항목 세밀화 및 구체화

② 측정항목과 항목의 선택범위 넓힘

③ 기존 신뢰도가 인정된 측정도구 활용

■ 신뢰도 측정방법

종 류	내 용
재검사법	한 번 측정 후 같은 방법으로 같은 대상의 속성을 2회 이상 측정하는 방법
복수양식법	유사한 형태의 복수 측정도구를 동일한 대상에게 차례로 측정, 측정 후의 상관관계 정도
반분법	측정도구를 임의로 둘로 나누어 같은 시간에 독립된 두 개의 척도로 사용하는 방법
내적 일관성 분석	반분법의 오류를 극복하기 위하여 여러 형태로 반분하여 평균값을 측정하는 방법(크론바하 알파계수)(SPSS)(신뢰도가 가장 높다)

■ 신뢰도 · 타당도

① **신뢰도** : 동일한 결과, 일관성, 반복되는 결과, 비슷한 결과 도출 정도

② **타당도** : 측정의 정확성, 적합성, 정확도, 핵심적중, 중심적중 정도

■ 조사설계의 타당도

① **내적 타당도** : 인과관계의 성립조건을 얼마나 충족시키는가에 대한 해답

② **외적 타당도** : 인과관계가 일반화될 수 있는 정도, 다른 대상에 사용 가능

■ 측정의 타당도

종 류	내 용
내용타당도	설문항목이나 관찰항목의 내용이 적절하게 반영되었나?
기준타당도	경험적 기준에 비교하여 연구자의 측정도구가 적합한가?
구성타당도	전문가의 이론 틀에 맞고 경험적 검증에 부합되었나?

■ 신뢰도와 타당도 관계

① 신뢰도가 있어도 타당도는 없을 수 있다.

② 신뢰도가 없으면 타당도도 가질 수 없다.

③ 타당도가 없어도 신뢰도는 가질 수 있다.

④ 타당도가 있으면 반드시 신뢰도가 있다.

■ 실험집단 · 통제집단

연구대상 집단을 두 집단으로 나누어 분리하여 비교 연구 방법

① **실험집단** : 기존 모집단에서 분리하여 통제집단과 비교하기 위하여 실험하는 집단

② **통제집단** : 실험(프로그램 실시) 없이 원래대로 유지될 수 있도록 통제만 하는 집단

실험집단 (실험을 실시한 집단)	**통제집단** (실험을 실시하지 않은 집단)

Chapter 6
표본조사

제1절 표 본

제2절 표본오차와 비표본오차

제3절 표본추출의 방법

제4절 표본의 크기

Chapter 6

표본조사

제1절 표 본

1. 표본의 개념

조사연구에서 연구문제와 가설이 설정된 후, 연구설계와 측정방법이 결정되고 나면, 그 다음 단계에서 자료수집을 하게 된다. 연구자가 관심이 있는 연구대상 전부를 포함하고 있는 집단은 모집단(population)이라고 하며, 이 모집단에서 일정 부분을 추출하여 하나의 표본(a sample)을 구성하는 작업을 표본추출 또는 표집(sampling)이라고 한다. 이에 비해 조사대상 전체 모두를 조사하는 경우를 전수조사라고 한다.

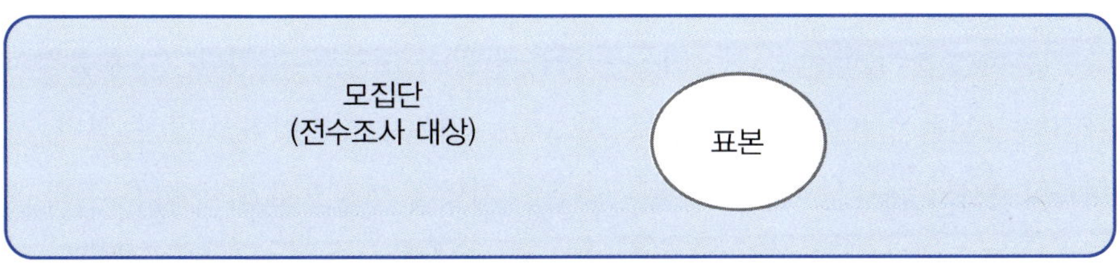

|그림 6-1| 표본

사회조사는 원칙적으로 조사대상 전체를 조사하는 전수조사가 이상적이나 조사대상자의 수가 너무 많아 많은 시간과 노력, 비용이 소요된다. 우리나라에서 5년마다 실시하고 있는 인구센서스 조사와 같이 전수조사를 하는 경우 대체로 엄청난 시간과 경비가 소요되며, 또한 많은 인적 · 물적인 노력을 필요로 하게 된다. 조사연구 과정에서도 다양하고 많은 오류가 개입될 수 있기 때문에 전수조사가 표본조사보다 그 결과에서 반드시 더 정확하다고 볼 수 있는 것만도 아니다. 사회조사는 대부분의 경우 표본조사(sample survey)를 뜻한다. 즉, 연구대상이 되는 모집단(population)에서 표본을 추출하고 이를 분석한 결과로써 모집단의 성격을 추정하게 된다.

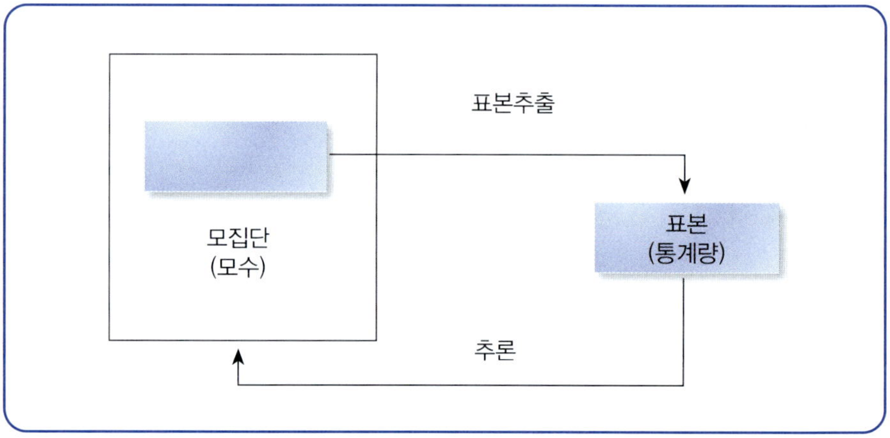

|그림 6-2| 전수조사와 표본조사

사회과학조사에서 연구대상 전체를 대상으로 조사하는 전수조사보다는 표본을 이용하는 조사가 선호되는 이유는 다음과 같이 요약될 수 있다. ① 효율적이다. 즉, 표본을 이용한 조사가 전수조사보다는 훨씬 경제적이라고 할 수 있다. 사회과학조사가 대부분 지리적으로 광범위한 지역을 대상으로 하여 많은 수의 대상을 연구주제로 삼고 있는 것을 고려할 때 표본을 이용해 연구를 진행하는 것이 전수조사에 비해 인적 · 물적 자원을 훨씬 더 절감할 수 있다. ② 정확성을 높

인다. 표본을 사용하여 조사하는 것이 전수조사보다는 훨씬 더 신속하고 정확한 조사를 가능하게 한다. 일반적으로 대규모의 전수조사는 상당히 오랜 기간의 연구를 필요로 한다. 이러한 경우의 문제점은 장기간의 연구기간 동안 연구대상 자체가 변화하거나 혹은 연구대상에 영향을 미칠 수 있는 다른 요인이 개입될 여지가 커짐으로 인해 실제로 연구를 시작할 때의 상황과는 매우 다른 조건에서 자료수집이 이루어지기 때문에 상이한 연구결과를 가져올 수 있다. 특히 조사문제가 미묘한 이슈를 다루거나 응답자들의 저항을 유발할 소지가 있는 경우 소수로 구성된 표본에 대해 심도 있는 자료를 수집하는 것이 더 정확할 수 있다. ③ 사회조사는 연구자가 자신이 관심을 가지고 있는 연구대상 전체를 정확하게 확정하기 힘든 경우가 많다. 노숙자를 대상으로 하는 연구는 연구대상의 위치를 확인할 수 있는 주거가 부정확하다든지, 동성연애자나 범죄집단 구성원 같이 그 존재를 드러내는 것이 사회적으로 바람직하지 못한 평가를 받고 있는 경우, 연구자가 조사하고자 하는 속성을 가진 대상자 전체를 정확하게 확정하는 것이 처음부터 불가능한 경우가 있다. 이런 경우에는 표본을 구성해서 연구를 진행할 수밖에 없다.

많은 실천 조사연구에서는 일반화를 염두에 두지 않는다. 그럼에도 그것이 당면한 실천현장의 필요성에만 국한된 연구가 아니라면 일반적인 실천연구에서도 일반화의 가능성과 확대된 모집단을 염두에 두는 조사과정이 이루어지는 것이 바람직하다.

2. 표본추출의 장 · 단점

1) 장 점

① 경제성 : 전수조사보다 물적 · 인적 자원이 절약된다는 경제성을 가진다.

② 신속성 : 조사시간이 많이 절약되기 때문에 연구가 지체되지 않고 조사기간에 상황이 변할 수 있는 단점을 극복할 수 있다.

③ 가능성 : 모집단 전체를 파악할 수 없는 경우가 있고 수가 너무 많아서 조사가 현실적으로 불가능할 수 있으므로 표본을 사용한다.

④ 정확성 : 유능한 조사자들을 이용하여 조사할 수 있기 때문에 연구대상을 정확하게 파악할 수 있다.

⑤ 응답률 : 응답자로부터 높은 응답률과 협조를 받을 수 있다.

⑥ 조직적 반발의 방지 : 표본을 사용함으로써 많은 사람의 감정을 상하게 하지 않을 수 있으며, 감정이 상한 사람은 똑같은 질문을 접한 다른 응답자의 신원을 모르기 때문에 공통된 관심을 가지고 조직화할 가능성이 적다.

⑦ 신뢰도 : 전수조사를 하기 위해서는 상당수의 면접자 또는 조사자가 필요하기 때문에 조사자 간의 신뢰도 문제가 발생할 가능성이 높다.

2) 단 점

① 모집단을 대표할 수 있는 표본을 찾기 어렵다. 표본은 모집단의 부분집합으로서 대표성을 가져야 하는데 대표하지 못할 경우 일반화 가능성이 낮아진다.

② 모집단의 크기가 작은 경우에는 표집의 큰 의미가 없다. 모집단 자체를 모두 조사하면 되기 때문에 표본을 추출하여 조사를 실시하는 것이 의미가 없다.

③ 표본설계가 복잡한 경우에는 시간과 비용이 더 소요될 수 있고 표본설계가 잘못된 경우에는 오차가 발생할 수 있다.

3. 표본추출과 관련된 용어

표본을 추출하는 방법은 다양하게 이루어진다. 먼저 표본추출의 과정을 이해하기 위해서 기본적으로 사용되는 표본추출의 용어에 대한 이해가 필요하다.

1) 모집단

모집단(population)이란 연구에서 파악하고자 하는 집단의 총체라고 할 수 있다. 일반적으로 모집단은 연구자의 관심이나 이론적 배경에 근거하여 특정한 변수나 특성을 중심으로 조작적으로 정의된다. 그러므로 모집단은 연구자의 조작적 정의에 따라 다소 추상적일 수도 있고 매우 구체적일 수도 있다. 모집단을 정의할 때 자신의 연구목적과 변수의 특성을 고려하여 정의하는 것이 중요하다.

예를 들어, 지역사회에 거주하는 사람들을 지역주민이라고 한다면 지역사회를 지리적인 경계로 볼 것인지 아니면 기능적으로 볼 것인지, 지역사회의 범위를 어느 정도로 잡을 것인지 등을 구체화한다. 이와 같이 한 도시 전체를 지역사회로 볼 수도 있고 그 안에 특정 생활구역이나 행정지역으로 나누어진 것을 지역사회로 볼 수도 있다. 또한 누구를 주민이라고 정의하는지에 대해서도 1년 이상 거주자로 할 것인지, 주민등록부 기재자로 할 것인지를 다양하게 규정할 수 있다. 그러나 때로는 모집단이 관념적인 수준의 집단이라서 그 실체를 정확하게 명시하기 어려울 때가 있다. 이럴 때에는 조사목적을 위해 조작적으로 연구 모집단(survey population)을 규정짓게 된다.

연구 모집단이란 표본이 실제로 추출되는 모집단을 의미하는 것으로, 예를 들어, 우리나라 대학생들을 상대로 직업에 관한 가치관을 조사 · 연구하고자 한다면 모집단은 현재 대학에 학적을 두고 있는 모든 학생(입대, 휴학생 모두 포함)이 되며, 여기에는 2년제 과정으로 전문학사학위를 수여하는 대학, 방송통신대학, 인터넷 교육을 실시하는 온라인 대학 등 교육부에서 학사학위를 인정하는 모든 대학에 재학 중인 학생들도 포함될 것이다. 그러나 조사를 위해 현재 실제로 대학에 다니고 있는 학생들을 모집단으로 규정하고 여기에서 표본을 추출하고자 한다면, 이때의 모집단은 입대 중이거나 휴학 중인 학생들은 제외되기 때문에 더욱 제한적인 연구 모집단이 될 수 있다. 모집단과 연구 모집단 사이에는 일정한 격차가 있는데 될 수 있으면 그 격차를 좁히는 노력이 필요하다. 현실적으로 존재할 수밖에 없는 격차는 명확히 제시되어야 한다.

2) 표본추출의 요소

표본추출의 요소(sampling element)는 조사연구를 통해 정보를 수집하는 기본 단위이자 분석의 기초가 된다. 즉, 측정하고자 하는 집단을 구성하는 가장 작은 단위를 의미하며, 대부분의 사회조사에서 요소는 개인이 된다. 그러나 연구에 따라 다양한 요소가 있을 수 있기 때문에 가족, 부부, 조직, 국가 등도 요소가 될 수 있다.

예를 들어, UN과 같은 국제기구에서 세계의 빈부 정도를 조사하고자 한다면 이때 요소는 각 국가가 된다. 대부분의 사회조사에서 필요한 자료의 수집과 분석은 이와 같은 요소를 기준으로 이루어지기 때문에 요소를 분석단위라고 언급하기도 한다.

3) 표본추출의 단위

모집단이 설정되면 표본추출 단위(sampling unit)를 정해야 한다. 표본추출 단위란 표본추출 과정의 각 단계에서의 표본추출 대상을 지칭한다. 표본추출 단위는 개인일 수도 있다. 광주광역시에 거주하는 시민의 태도를 조사하기 위해 처음에 구를 선정하고, 그 다음에 동을 선정하고, 각 동에서 가구를 선정한 다음 최종적으로 각 가구 내에서 가구주를 추출한다고 했을 때 여기에서 표본추출 단위는 구 · 동 · 가구 · 개인이 된다.

4) 관찰단위와 분석단위

관찰단위(observation unit)는 직접적인 조사대상을 뜻한다. 관찰단위는 연구수행이 실제로 관찰된 단위이며, 분석단위(analysis unit)는 연구결과를 분석할 때 활용된 단위이다. 이 둘은 대개 동일한 경우가 많지만 반드시 일치해야 할 필요는 없다. 만약 조사자가 가구구성원들에 대한 자료를 수집하기 위해서 가구주를 면접한다면 이때 분석단위는 개별가구 구성원들이지만 관찰단위는 가구주가 된다. 분석단위와 관찰단위가 일치할 경우 조사자의 역할은 더욱 쉬울 수 있으나,

그렇지 않을 때에는 실제로 분석단위를 관찰하지 않고서도 그에 대한 적절한 자료를 얻을 수 있도록 유의해야 한다.

5) 표본틀

표본추출은 일반적으로 어떤 목록으로부터 표본틀을 선택함으로써 이루어진다. 예를 들어, 특정 대학교의 학생들을 대상으로 표본조사를 하고자 한다면 아마도 학생들의 이름이나 학번이 적힌 학생명부를 기초로 하여 표본을 추출하게 될 것이다. 이때 학생명부가 표본틀(sampling frame)이 된다. 표본틀은 바로 연구대상 모집단 전체의 목록을 의미한다. 전화번호부, 선거인단 명부, 국민기초생활수급대상 명부 등이 대표적인 표본틀이 될 수 있다.

표본틀을 선정할 때에는 다음과 같은 사항을 고려해서 선정해야 한다.

① 모집단을 대표할 수 있는 대표성이 확보되어야 한다. 즉, 조사를 실시하고자 하는 특정 집단을 대표하는 표본틀이어야 한다.

② 특정 요소가 탈락할 가능성이 어쩔 수 없이 존재하므로 조사자는 이에 유의하고 미리 대비하여야 한다.

③ 요소가 표본틀에서 중복되지 않게 나타나야 한다.

④ 표본틀에서 쉽게 드러나지 않는 규칙성(periodicity)이 있으면 표본추출에 문제가 될 수 있다. 특히 표본추출 방법을 활용할 때 주의를 해야 한다.

6) 모 수

모수(母數, parameter)란 모집단에서 어떤 변수를 가지고 있는 특성을 요약한 수치를 말한다. 즉, 전수조사를 수행했을 경우의 측정치가 모수가 된다. 그러므로 조사연구의 가장 중요한 목적 중의 하나는 표본을 관찰함으로써 이러한 모수들을 추정해 내는 것이다.

7) 통계치

통계치(또는 통계량, statistics)는 표본에서 어떤 변수가 가지고 있는 특성을 요약한 것이다. 대부분의 경우 모수는 정확히 알아내기가 어렵기 때문에 표본조사를 통해 얻은 통계량을 바탕으로 모수를 추정하며 여러 가지 통계적 계산에서도 모수 대신 사용된다.

모수치 : 모집단 특성을 요약한 수치
통계치 : 표본 특성을 요약한 수치

8) 변 수

변수(variable)는 상호 배타적인 속성들(attributes)의 집합을 지칭하는 것으로 성별, 나이, 취업 여부 등을 변수라고 하고, 이들은 구분가능한 속성(남 · 여, ○○세, 취업 · 미취업)을 가지고 있다. 대부분 조사연구의 관심은 모집단에서 특정 변수가 어떤 속성들로 나타나는지를 보려는 것이다. 이를 통해 변수의 분포나 다른 변수와의 관계를 설명하려는 것이다. 변수란 그 정의상 변이성을 내포하고 있다.

만약 모집단의 모든 요소가 한 개념에 대해 동일한 속성을 가진다면 그 속성은 모집단에서 상수(constant, 고정된 값)이지 변수(variable, 변화하는 값)의 한 부분은 아니다. 자료수집의 대상은 요소이지만 분석은 변수를 통해 이루어진다. 변수를 사용해야만 여러 요소에 대한 비교와 분석이 가능해진다. 요소의 집합을 나타내는 표본이나 모집단에 대해 분석한다는 것은 곧 변수들의 속성 분포를 분석하는 것이다. 변수는 분석의 목적에 쓰이며 연구대상의 속성을 구분하는 것이다. 연구대상에는 무수히 많은 속성이 있으며 그것을 구분하는 표식의 지칭이 변수이다.

9) 신뢰수준과 신뢰구간

샘플링(sampling)의 오차를 감안해 통계치에 대한 한계를 설정하는 구체적 방법으로 신뢰수준(confidence level)은 표본에서 얻은 결과로 모수를 추정하려고 할 때 어느 정도로 신뢰할 수 있을지를 확률로 나타낸 것이다.

신뢰구간(confidence interval)은 신뢰수준과 함께 쓰이면서 해당 신뢰수준에서 모수가 추정되는 범위를 말하는 것이다. 동일한 표본결과를 가지고 모수를 추정할 때 신뢰수준과 신뢰구간은 상대적으로 엇갈려 나타난다.

신뢰수준을 높게 잡으면 신뢰구간은 상대적으로 분산되고 신뢰구간을 집중시키면 신뢰수준은 상대적으로 낮아지게 된다. 샘플링 오차와 신뢰수준, 신뢰구간을 더 자세히 알기 위해서는 확률 샘플링에 대한 기본적인 이해가 있어야 한다.

4. 표본추출의 과정

1) 모집단의 명확한 규정

표본추출과정에서 우선되어야 할 것은 특성을 파악하고자 하거나 연구결과를 일반화하고자 하는 모집단을 명확하게 규정하는 것이다. 모집단에 대한 명확한 규정은 연구를 통해 나타내고자 하는 대상에 대한 인식을 바탕으로 이루어져야 한다. 분명하게 확정된 모집단의 개념과 내용은 이후 진행될 표집절차의 방향을 제시하는 역할을 하게 된다. 이를 위해 연구자는 연구의 내용과 범위, 표집단위, 연구기간 등을 분명하게 확정하여야 한다.

2) 표본의 대표성 확인

모집단을 규정했으면 모집단 분포에 대한 정보나 자료를 구해 표본분포와 비슷한지를 비교한다. 이러한 과정을 통해 분포된 차이를 검토하고 필요하다면 조정한다. 이 과정에서 모집단 분포에 대한 가장 최근의 자료를 확보하는 것이 중요하다.

3) 표본추출 방법의 결정

표본추출의 방법은 모집단의 대표성을 확보할 수 있는 방법이어야 한다. 표본추출은 연구의 목적과 표본단위의 특성 및 모집단의 대표성 확보 등을 고려해 선정한다. 연구자는 일단 확률표집과 비확률표집 가운데 어떠한 것이 자신의 연구 및 상황에 가장 적절한 것인가를 선택한 후 다양한 확률표집과 비확률표집 방법 가운데 가장 효과적인 표집방법을 선택하면 된다.

4) 표본의 크기 결정

표본의 크기는 표본이 모집단을 얼마나 적절하게 대표할 수 있는지의 여부에 직접적으로 영향을 미치는 요인이기 때문에 표집절차를 고려하는 과정에서 매우 중요한 결정사항이 된다. 따라서 모집단의 동질성, 시간과 비용, 표본오차 등을 고려하여 결정한다. 만약 모집단이 동질적이면 표본의 크기가 작더라도 대표성을 충분히 확보할 수 있으며 표본오차는 고려하지 않아도 된다.

5) 표본추출 실시

표본을 체계적으로 선정하는 작업으로 표본추출을 시행한다. 어떠한 표본추출 방법을 선정했느냐에 따라 여러 가지 방법으로 이루어질 수 있다.

6) 표본의 확인 및 수정

표본추출과정이 종결된 후 표본의 확인 및 수정작업을 진행해야 한다. 표본분포와 모집단 분포를 비교하고 차이를 검토 및 확인하여 결과의 불일치 정도가 큰 경우에는 추가적인 표본추출이나 조정을 필요로 한다.

제2절 표본오차와 비표본오차

1. 표본오차

표본오차(sampling error)는 모집단의 값과 표본의 값 간의 차이를 의미한다. 실제적인 의미에서는 모집단 전체의 값을 알 수 없기 때문에 표본으로부터 얻어진 값을 토대로 연구자가 정한 일정한 신뢰수준하에서 나타날 수 있는 오차의 범위를 추정하게 된다. 일반적으로 표본오차는 표준오차(standard error of mean)를 계산하여 표준오차에 일정한 신뢰수준에서의 z값(모집단의 표준편차를 알고 있을 때)이나 t값(모집단의 표준편차를 모르고 있을 때)을 곱해서 추정한다.

여론조사 결과에 대한 언론보도에서 "전국의 성인남녀 1,000명에게 조사한 결과 ○○○당에 대한 지지도는 25%인데, 이 조사의 오차는 신뢰수준 95%에서 ±3%이다"라고 발표하는 경우를 볼 수 있다. 이때의 ±3%는 모집단인 국민 전체의 지지율을 가지고 계산하는 것이 아니라 표본값을 가지고 추정한 확률적인 의미로서 모집단과 표본이 차이가 날 가능성을 의미하며 이것을 표본오차라고 할 수 있다.

표본오차를 추정할 때 영향을 주는 요인은 표본의 크기, 신뢰구간 등이다. 신뢰수준을 높게 잡으면 오차가 커지고 표본의 크기가 커지면 표본오차는 작아진다. 표본의 크기에 영향을 주는 요인들은 직간접적으로 표본오차와 관련되어 있다. 즉, 모집단의 동질성 정도, 표집방법 및 조사방법의 유형, 분석범주 및 변수의 수, 이론과 표본설계, 비용 · 시간 · 인력 등도 표본오차와 관련이 되어 있다.

2. 비표본오차

비표본오차는 표본추출과정에서 유발되는 오차가 아니라 설문지나 조사자료의 작성, 또는 인터뷰과정에서 비롯되는 오류, 분석된 자료의 그릇된 해석, 자료 집계나 자료를 분석하는 도중에 발생하는 요인들, 응답자의 불성실한 태도 등에 의해 발생할 수 있는 오차를 의미한다.

모든 조사연구에서의 오류 혹은 편향(bias)은 대부분 비표본오차에서 비롯된다고 할 수 있다. 비표본오차는 대부분 연구 전체의 질과 관련되어 판단된다. 비표본오차의 크기는 대표적으로 다음과 같은 경우에 발생하는 오류의 정도로 이야기할 수 있다.

① 수집자료의 내용이 조사연구의 목적이나 범위 등에 불일치된 경우
② 타당도와 신뢰도가 충분하지 않은 측정도구(예 설문지)를 사용하는 경우
③ 면접조사원들의 특성에 따라 각기 다른 성격의 자료가 수집되는 경우
④ 응답자들의 무응답이나 응답거부, 부실응답 등이 발생하는 경우
⑤ 자료처리의 과정에서 오기, 누락, 중복, 임의적 판단 등의 실수가 발생하는 경우
⑥ 자료의 분석과 발표 과정에서 부정확한 매개수단의 사용으로 연구결과의 의미가 왜곡되는 경우

모든 조사연구에서 비표본오차의 광범위함을 고려할 때 조사연구의 정확성을 높이려는 시도는 대부분 비표본오차를 줄이는 것과 관련이 있다. 연구의 목적과 방법을 일치시키고, 측정개념의 타당도와 신뢰도를 높이고, 자료수집 방법을 적절히 선택해서 실행하고, 정확한 자료 처리와 분석의 방법을 사용하고, 보고서 작성과 전달이 적절하게 이루어져야 하는 등의 노력이 필요하다. 이것은 조사연구의 전반적인 과정에 대한 적절한 이해와 실행이 전체 오류를 줄이는 1차적인 방법임을 나타내는 것이다.

표본오차는 표본의 크기가 커지면 줄어들지만 비표본오차는 표본의 크기가 커지면 늘어나는 경향이 있다. 표본단위들에 대한 조사환경의 불일치함이 점점 커지는 등이 그 이유가 된다. 대규모 조사연구에서는 이와 같은 점 때문에 전수

조사보다는 표본조사를 선호하는 경향까지도 있다. 비표본오차를 줄일 수 있는 표본조사가 전수조사에 비해 조사연구 전체의 오류를 더욱 줄일 수 있다고 보기 때문이다.

제3절 표본추출의 방법

표본추출은 표집이라고도 하는데 여기서는 표집으로 기술한다. 방법으로는 크게 확률표집(probability sampling)과 비확률표집(nonprobability sampling)으로 나뉜다. 두 가지 추출방법을 비교해 보면 다음의 표와 같다.

〈표 6-1〉 확률표집과 비확률표집의 비교

기 준	확률표집	비확률표집
표 집	무작위 표집	인위적(독단적 · 의도적) 표집
모수치 추정가능성	추정가능	추정불가능
오차 측정가능성	측정가능	측정불가능
시간과 비용	많이 소요	절약
모집단의 규모와 성격	명확히 규정	불명확 또는 불가능
종 류	단순무작위표집 층화표집 체계표집 집락표집	임의표집 유의표집 할당표집 누적표집

1. 확률표집

확률표집은 조사자가 대체로 모집단의 규모와 구성원의 특성에 대해 알고 있으며, 모집단의 각 요소가 표본으로 선정될 확률이 동일하다. 이 방법을 이용하게 되면 선택될 확률뿐만 아니라 표집 시 발생하는 오차까지도 객관적으로 추정할 수 있으므로 결론적으로는 모수치의 정확도와 신뢰도까지 평가될 수 있다. 더불어 표집과정에서 조사자의 편견이 배제될 수 있기 때문에 모집단에 대한 표본의 대표성을 높일 수 있다는 주요한 이점을 가진다. 확률표집의 방법에는 단순무작위표집, 층화표집, 체계표집, 집락표집이 있다.

1) 단순무작위표집

단순무작위표집은 무작위 방법을 통해 모집단에서 표본을 추출하는 방법으로서 확률표집 방법 가운데 가장 간단하면서도 기본적이다. 모집단의 각 요소가 표본으로 뽑힐 확률이 동일하다는 원칙이 적용되고 이론적으로 모집단의 특성을 가장 잘 반영해 주는 표집방법이다.

조사과정은 ① 조사하고자 하는 전체 대상의 모집단을 확보한 후 일련번호를 부여한다. ② 모집단으로부터 무작위로 선택하기 위해 난수표를 이용하여 크기가 n인 난수를 선택한다. ③ 해당하는 번호와 일치하는 모집단의 대상을 표본으로 구성한다.

예를 들어, 100명의 사회복지학과 학생 중에서 10명을 무작위로 선정하여 자원봉사자를 뽑을 경우 모든 학생의 학번이나 이름을 종이에 써서 모두 한곳에 넣은 다음 골고루 섞은 후 10개를 뽑는다면 이것이 단순무작위표집이 된다. 이때 각 개인이 자원봉사자로 선택될 확률은 10/100으로 100명 모두 동일하다.

단순무작위표집의 장점은 많은 통계적 검증방법에서 요구되는 통계적 확률의 사용이 가능하다는 것이다. 즉, 손쉽게 표본을 추출할 수 있다는 장점이 있으나 현실적으로는 모집단의 규모가 큰 경우에는 적용하기 힘들다는 단점을 가진다.

또한 모집단의 목록을 만들고 번호를 부여하는 작업을 해야 하는 등의 절차가 필요하므로 현실적으로 많은 노력이 있어야 한다. 그러므로 모집단의 수가 적을 경우에는 효과적으로 사용될 수 있다.

2) 층화표집

층화표집(stratified random sampling)은 조사하고자 하는 사항에 영향을 미칠 수 있는 특성(변수)을 여러 개의 하위집단이나 층(strata)으로 분류한 다음 분류된 각 하위집단이나 층들로부터 일정 크기의 표본을 무작위로 추출하는 방법이다.

층화표집의 특징은 다음과 같다.

① 층별 결과분석으로 층별 비교가 가능하다.

② 조사대상이 되는 표본의 관리가 용이하다.

③ 조사의 정확도가 높아진다.

층화표집을 적용할 것을 결정하면서 먼저 고려해야 할 부분은 다음과 같다.

① 자료를 변수에 따라 층화시킬 수 있는가?

② 층화된 계층들이 모집단 전체를 골고루 포함하고 있는가, 즉 포괄성이 있는가?

③ 각 계층 내에서 동질성을 확보할 수 있는가?

④ 각 계층 간에 서로 중복되지 않아 상호 배타성을 유지하고 있는가?

⑤ 층화시킴으로 인해서 표본크기를 줄이고 자료수집 시간과 비용을 절약시켜 표집효율성을 높일 수 있는가?

층화표집의 절차는 먼저 조사대상 모집단을 상호 배타적이고 포괄적인 계층들로 나눈 후 각 계층이 모집단 내에서 차지하는 상대적인 비율을 정하고 각 계층별로 추출할 표본의 수를 정한다. 그다음 계층별로 단순무작위표집이나 체계적 표집을 사용하여 표본을 추출한다.

층화표집은 중요한 집단을 빼지 않고 표본에 포함할 수 있다는 것과 단순무작위표집보다 지역적으로 더 좁은 지역에서 조사를 집중시킬 수 있기 때문에 시간, 노력, 경비를 절약할 수 있다는 장점을 가진다. 그러나 층화 시 모집단에 대한 지식이 있어야 하며 무엇에 초점을 두어 층화할 것인가에 대한 문제가 제기될 수 있다는 점이 단점으로 해석될 수 있다. 예를 들어, 국민연금에 대한 국민의 반응이나 평가를 알아보기 위해 전체 국민을 대상으로 표본을 추출할 경우 성별, 나이별, 학력별, 소득별, 거주지별 등으로 고른 분포가 되도록 표본을 뽑아야 할 것이다.

층화표집은 다음과 같이 두 가지로 나눌 수 있다.

① 비례층화표집이 있다. 이 표집은 모집단에서 각 계층이 정하는 비례에 따라 각 계층의 크기를 할당하여 표본을 추출하는 방법이다. 다시 말해, 각 하위 집단에서 동일한 표본 단위를 추출하는 것으로 전체의 대표성을 구하려는 목적을 가진다.

② 비비례층화표집이 있다. 이 표집은 각 계층에서 계층의 크기와는 상관없이, 즉 계층의 비율과는 상관없이 같은 수의 표본을 추출하는 방법으로 전체 모집단의 특성보다는 각 계층이 대표하는 부분계층의 특성을 보고자 할 때 주로 사용된다.

3) 체계표집

무작위표집의 장점을 살리면서 모집단에서 일정한 순서에 따라 표본을 추출하는 방법이다. 우선 전체 모집단에서 무작위표집의 표집틀(sampling frame)에 일련번호를 부여하고 전체 모집단을 원하는 표본 수로 나누어 표집비율을 정한다. 이렇게 정해진 표본의 비율에 따라 모집단에서 일정 비율로 표본을 반복적으로 뽑는다.

예를 들어, 가구를 대상으로 표본조사를 할 경우 일정한 행정단위, 구, 동, 통, 반 등 내에서 주민등록표에 의해 첫 번째 가구, 열한 번째 가구, 스물한 번째 가구, 서른한 번째 가구 … 등을 표본으로 추출하는 것은 계통적 표집방법에 해당한다. 이러한 방식은 전국적인 가구별 조사에서 종종 이용되고 있다.

체계표집 방법은 비용은 절약되나 비대표적인 표본이 추출될 기회는 증가한다. 그 이유는 표집의 근거가 되는 목록이 이미 어떤 형태로 조직화되어 있을 수 있기 때문이다. 다시 말해, 체계적 표집방법의 장점은 단순무작위표집 방법에 비해 자원 및 노력을 절약할 수 있으며 표집이 용이하다. 더불어 모집단 전체에 걸쳐 보다 공평하게 표본이 추출되기 때문에 모집단을 잘 대표할 수 있다는 장점을 가진다. 이에 비해 체계적 표집방법의 단점은 모집단의 배열이 일정한 주기성 또는 경향성을 가지고 있기 때문에 편견이 개입되어 대표성이 문제가 될 수 있다는 점이다.

4) 집락표집

집락표집(cluster sampling) 방법은 모집단을 여러 개의 집락 또는 집단들로 구분하여 이들 집락이나 집단 중 일부를 선택하고 선택된 집락 또는 집단 안에서만 표본을 무작위 추출하는 방법으로 '군집표집', '지역표집'이라고도 한다.

이 방법은 주로 대규모의 조사에서는 상위집락에서 하위집락으로 이동하면서 표본단위들을 추출하는 경우가 많고, 행정구역이나 조직체제상 분류된 단위들을 집락으로 많이 사용한다.

이 방법은 단순무작위표집으로만 추출하면 표본에 뽑힌 모집단의 요소들이 지리적으로 분산될 경우가 있기 때문에 몇 개의 대표적인 집락에 집중표집을 하므로 시간과 비용을 절약할 수 있는 능률적인 방법이라고 할 수 있다. 특히 선택될 집락들은 서로 동질적인 성격을 가지나 각 집락의 개별요소들은 이질성이 강할 때 집락표집이 바람직한 방법이 될 수 있다. 그러나 반대로 집락들끼리는 서로 이질적이면서 각 집락들의 개별요소 간에는 동질적인 성격을 띤 상황에서는 편파성을 면하기 어렵다. 이런 경우에는 오히려 이질적인 각 집락을 개별적인 층으로 간주하여 층화표집하는 것이 적절한 방법이 될 것이다.

집락표집은 여러 단계를 거쳐서 집락들을 추출하는 다단계 추출법을 사용하며 층화표집이나 무작위 추출과 같은 다른 방법과 병행하여 이용되는 경우도 많다. 서울시민 1,500명을 추출하기 위해 서울시의 5개의 구(區)를 먼저 선정하고(1단계), 선정된 각 구에서 다시 5개씩의 동(洞)을 추출하고(2단계), 각 동에서 5개씩의 통을 추출한 다음(3단계), 추출된 125개의 각 통에서 12명씩의 주민을 나이대별 · 성별 · 학력별로 고른 분포가 되게 추출한다면 다단계층화집락표집이라고 할 수 있다.

집락표집 방법은 전체 모집단의 목록을 작성하지 않아도 되며 시간과 비용을 절약할 수 있다는 장점을 가진다. 하지만 단순무작위표집 방법보다 특정 집단의 특성을 과대 또는 과소하게 나타낼 위험성이 높은 단점이 있다.

2. 비확률표집

비확률표집(nonprobability sampling)은 모집단에 대해 잘 모르고 있어 확률표집이 불가능하거나 현실적으로 활용하기 어려운 경우에 이용하는 방법으로 모집단이 명료하게 구체화되지 않거나 구체화하는 데 시간과 비용이 많이 들거나 모집단에 대한 지식과 정보가 없는 경우에 이용하게 된다.

비확률표집은 연구자가 관심을 가진 변수와 직 · 간접으로 관련된 수많은 요인들을 표집과정에서 거의 통제할 수 없기 때문에 모집단에 대한 표본추출의 대표성은 매우 낮을 수 밖에 없다.

비확률표집은 확률표집에 비해 표집절차가 복잡하지 않으며 비용이 훨씬 적게 들고 통계의 복잡성이 없을 뿐 아니라, 활용가능한 응답자를 즉석에서 활용할 수 있다는 장점을 가지고 있다. 그러나 어떤 사람이 선택될 확률이 알려지지 않았기 때문에 표본이 모집단을 대표할 수 있다고 말할 수 없으며 연구의 일반화에도 제한점을 가지고 있다. 비확률표집 방법에는 임의표집, 유의표집, 할당표집, 누적표집이 있다.

1) 임의표집

임의표집(accidental sampling)은 시간과 공간을 정해놓고 표본을 우발적으로 선택하는 방법으로 모집단에 대한 정보가 전혀 없는 경우이거나 모집단의 구성요소 간의 차이가 별로 없다고 판단할 때 표본선정의 편리성에 기준을 두고 조사자의 임의대로 확보하기 쉽고 편리한 표집단위를 표본으로 추출하는 방법으로 '편의표집', '우발적 표집', '우연적 표집'이라고도 한다.

임의표집의 예를 들면, 조사자가 30명의 표본을 선정하고자 할 때 거리에 나가 제일 먼저 만나는 사람이나 조사에 쉽게 응해주는 30명을 선정하여 조사하는 것으로 표집이 쉽고 편리하며 비용이나 시간이 효율적이라는 장점을 가지나 표본이 대표성이 없으므로 조사에 대한 일반화에는 한계를 가진다.

2) 유의표집

유의표집은 조사자의 주관적인 판단에 따라 조사의도에 적합한 대상을 표집하는 것으로 '판단적 표집', '의도적 표집'이라고도 한다. 판단적 표집이나 의도적 표집은 본 조사를 시행하기 이전 설문지의 내용 및 수준을 검토하고 타당도를 향상시키기 위해 실시하는 예비조사에서 주로 사용하게 된다.

조사대상은 조사목적을 가장 잘 반영하는 사람들이 된다. 그러나 이렇게 선정된 표본은 모집단의 전형적인 사례는 될 수 있으나, 확률적 표집절차를 따른 것이 아니므로 모집단을 대표할 수 없다.

유의표집의 장점은 조사자가 표본을 선택하는 데 있어서 조사자의 지식을 활용할 수 있으며 비용과 시간이 적게 들기 때문에 경제적이라고 할 수 있다. 그러나 모집단에 대한 상당한 사전지식을 가지고 있어야 하며 표본에 대한 대표성을 확신할 수 없다는 점과 표집오차를 산정하거나 모집단의 분포상에서 표본의 위치를 추정할 수 없다는 단점을 가진다.

3) 할당표집

할당표집(quota sampling)은 모집단을 몇 개의 범주로 구분하고 각 범주에 대해 모집단과 같은 비율로 표본 수를 할당한 다음 각각의 범주별로 조사자의 판단에 따라 할당된 표본 수를 추출하는 방법이다.

할당표집은 비확률표집이지만 가능한 한 모집단을 대표하는 표본을 얻고자 하는 방법이다. 할당표집은 층화표집법과 유사하지만 할당된 표본의 수를 무작위 표집이 아닌 임의표집한다는 점에서 층화표집과 다르다.

할당표집은 객관성을 유지하려는 엄격성보다는 주관적인 융통성과 편리성이 강조되므로 각 범주 내의 요소들이 동질성이 강하기 때문에 무작위 추출을 하거나 판단추출을 하더라도 별다른 차이가 발생하지 않는다면 시간과 경비를 줄일 수 있는 실용적인 방법이라고 할 수 있다. 그러나 조사의 성격에 따라 판단의 기준을 적절히 선정해야 하며 주관적 판단을 고려해 지나친 편의 위주로 흐르는 일이 있어서는 안 된다.

할당표집은 몇 가지 문제점을 가지고 있는데 그 예는 다음과 같다. 할당틀은 정확해야 하나 정확한 할당틀을 수집하는 것은 어려운 부분이다. 왜냐하면 모집단의 모든 변수의 비율을 미리 안다고 하는 것은 현실적으로 어렵기 때문이다.

다음으로는 각각의 셀이 어떤 비율로 정확하게 할당되었다고 해서 그들이 가지고 있는 다양한 속성들까지 같은 것은 아니다. 이것은 할당과정이 확률표집으로 선택된 것이 아니라 비율에 의해 의도적으로 표집되었기 때문에 피할 수 없는 문제이기도 하다.

4) 누적표집

누적표집(snowball sampling)은 눈덩이표집이라고도 하는데, 눈덩이를 굴리는 것과 같이 처음에는 연구에 필요한 특성을 갖춘 소수표본을 찾고 그 표본을 통해서 다른 사람을 소개받아 점차로 표본 수를 늘려가는 방법이다. 이 표집은 모집단에 대한 사전정보가 거의 없어서 탐색적으로 조사해야 할 때 주로 사용하는 방법이다.

예를 들어, 주로 약물중독, 매매춘, 도박 등과 같이 일탈적인 대상을 연구하거나 노숙자, 이주노동자, 불법이민자, 동성연애자 등 모집단의 구성원을 찾기 어려운 대상을 연구하는 경우에 사용된다. 누적 표집도 어느 정도 모집단을 대표할 수 있는 표본을 추출하기 위한 좋은 비확률표집방법이지만 대규모의 사회조사를 실시하기에 다수의 표본을 확보하기 어려울 수 있다. 누적표집은 질적연구의 표본추출방법으로 많이 활용되고 있으나 모집단의 정확한 규모를 파악할 수 없다는 점과 조사자의 편견이 개입될 소지가 많으며 다른 비확률표집과 마찬가지로 표본이 모집단을 대표한다고 보기 어려워 결과를 일반화하기가 어렵다.

〈표 6-2〉 확률표집과 비확률표집 요약

기 준	확률표집	비확률표집
연구 대상으로 추출될 확률	동등함	동등하지 않음
표집(표본추출)	무작위 표집	임의적 표집
모수(치) 추정가능성	가능	불가능
표본(표집)오차 측(추)정	가능	불가능
모집단 대표성	대표성 있음	대표성 없음
조사자의 주관성 배제	가능	불가능(편견 개입 가능)
시간과 비용	많이 소요	절약
연구방법	주로 양적 연구에서 사용	주로 질적 연구에서 사용
종류(유형)	단순무작위표집 계층표집(체계적 표집) 집락표집 층화표집	편의표집(임의표집) 유의표집 할당표집 눈덩이표집

제4절 표본의 크기

표본크기(sample size)는 모집단으로부터 추출한 표집단위의 총수로 표본의 수는 모집단의 크기와 동질성 여부에 따라 좌우된다. 모집단의 크기가 아주 작을 경우에는 전수조사(population study)를 하는 것이 바람직하며 모집단이 동질적인 개체들로 구성된 경우에는 어느 개체를 표본으로 하더라도 대표성을 유지하는 데 큰 어려움이 없을 것이다.

단순무작위표집의 경우 다른 조건이 동일하다면 모집단이 크고 이질적일수록 표본의 수는 커야 한다. 또한 타당한 표본설계에 따라 선정된 표본이라면 그 규모가 반드시 크지 않더라도 모집단을 효율적으로 대표할 수 있다.

표본크기를 결정하는 방법으로는 통계적 기법에 따라 최적의 표본크기를 파악하는 이론적 결정요인(내적 결정요인)과 조사의 적절성과 관련된 표본의 크기를 결정하는 데 고려해야 할 실제적 결정요인(외적 결정요인)이 있다.

표본크기에 관한 결정은 보다 복잡한 어려움을 가지고 있다.

① 얼마의 정확성이 요구되는가의 문제이다. 연구자는 표본결과가 정확성을 얼마나 필요로 하는지를 결정해야 하는데, 이를 위해서는 어느 정도의 표준오차, 신뢰구간, 신뢰수준 등을 감내할 것인지를 사전에 판단해야 한다.

② 표본크기에 관한 결정은 조사결과의 분석방법에 따라 달라진다.

③ 만약 하나 이상의 변수가 연구된다면 한 변수에 대해서는 적절한 수의 표본크기가 다른 변수에 대해서는 부족할 수도 있다. 각 변수는 각기 다른 모집단의 표준편차를 갖고 있기 때문이다.

실제 조사연구 상황에서는 표본의 크기를 결정하는 데 다음과 같은 일반적인 사항을 고려하게 된다.

① 표본의 크기는 클수록 좋다.

② 연구의 깊이에 따라 표본의 크기가 결정된다. 연구가 다루고 있는 개념 및 변수의 수가 많으면 그에 따라 표본의 크기도 늘어나야 한다.

③ 표본의 크기는 처음에 생각했던 것보다 크게 하는 것이 좋다. 연구과정 중에 새로운 통제변수들이 추가로 투입되어야 할 필요성이 흔히 생겨나기 때문이다. 분석에 투입되는 변수들의 수가 늘어나게 되면 그에 따라 표본의 크기도 늘어나야 한다.

④ 사용하려는 통계분석의 성격을 고려해 표본의 크기를 결정한다.

1. 표본크기의 이론적 결정요인

표본크기의 이론적 결정요인은 모집단의 분산(variance)이 알려진 경우에 적용하는 신뢰구간 접근법과 모집단의 분산이 알려져 있지 않은 경우에 적용하는 가설검증 접근법이 있다.

1) 신뢰구간 접근법

신뢰구간의 크기가 표본의 크기와 분산의 정도에 의해 결정되는 점을 역으로 이용하여 표본의 크기를 산정하는 방법이다.

2) 가설검증 접근법

제1종 오류(Type Ⅰ Error)와 제2종 오류(Type Ⅱ Error)의 최대 허용치를 정하고 이를 통해 표본의 수를 결정하는 방법이다. 이 방법은 제1종 오류가 나타날 확률(α)과 제2종 오류가 일어날 확률(β)을 정하고 이에 따른 값을 구하고, 모집단의 표준편차를 추정하여 표본의 크기를 결정하게 된다.

(1) 제1종 오류

영가설이 참(true)인데도 이를 기각하는 오류를 말하며, 이를 비유적으로 말하면 무죄인데 유죄로 판명하는 경우이다.

(2) 제2종 오류

영가설이 거짓(false)인데도 이를 기각하지 않은 오류를 말하며, 이를 비유적으로 말하면 유죄인데 무죄로 판명하는 경우를 말한다.

제1종 오류와 제2종 오류의 관계
제1종 오류를 줄이면 제2종 오류를 범할 확률이 상대적으로 높아진다. 조사문제에 따라 차이가 있겠으나 일반적으로 제1종 오류를 범하지 않는 것이 더 중요하다.

2. 표본크기의 실제적 결정요인

표본크기는 정확하고 믿을 만한 조사결과를 얻는 데 필요한 조사단위의 수로 이야기될 수 있다. 일반적으로 표본의 크기를 크게 하면 모집단에 근접하게 되어 모수와 표본통계치 간의 차이가 줄어들어 모집단에 대한 추정을 보다 정확하게 할 수 있다. 그러나 비용이 많이 들고 비표집 오차가 커지는 문제가 발생한다. 따라서 적절한 표본크기를 결정하는 것이 필요하다. 그러므로 표본크기를 결정하면서 표집방법, 모집단의 성격, 시간과 비용, 연구자나 조사자의 능력 등을 고려하여 결정해야 한다.

KEY POINT

■ 모집단

실제 연구대상이 되는 전체집단, 즉 전수조사의 대상집단

(예 모든 국민이 전수조사 대상이라면 모든 국민이 모집단)

■ 모수치 · 통계치

① **모수치** : 모집단(전수조사)을 조사한 측정치

② **통계치** : 표본조사(일부조사)에 의한 측정치

■ 전수조사 · 표본조사

① **전수조사** : 모집단(연구대상) 전체를 조사

표본오차가 존재하지 않는다(전수조사 측정치가 모수).

파괴 검사 시 경제성이 없다.

② **표본조사** : 모집단의 특성(모수)을 추론하기 위함

표본오차(표집오차, 표준오차)는 반드시 존재한다.

파괴 검사 시 경제성이 있다.

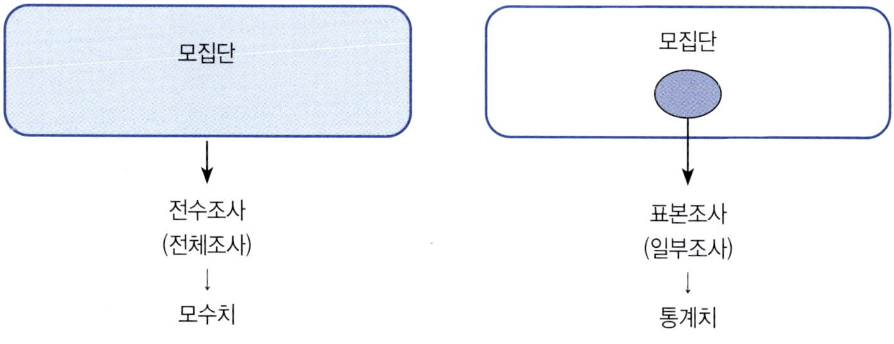

■ 오차 · 편차

① **오차** : 통계치와 모수치와의 차이

② **편차** : 모집단 내의 분포된 정도

■ 확률표집 · 비확률표집

구 분	확률표집	비확률표집
표본추출방법	무작위적(동등)	인위적(차등)
일반화	가능	제약
모수치 추정	가능	불가능
시간과 비용	과다	최소
종 류	단순무작위, 층화, 체계, 집락	편의, 유의, 할당, 누적

■ 귀무(영)가설 · 대립가설

① **귀무(영)가설** : 원인과 결과 간의 관계가 없다는 가설(연구가설 부정)

② **대립가설** : 원인과 결과 간에 서로 관계가 있다는 가설(영가설에 대립)

■ 1종 오류 · 2종 오류(1)

① 1종 오류 : 귀무(영)가설이 사실(참)임에도 불구하고 이를 기각한 경우

② 2종 오류 : 대립가설이 사실인데도 거짓인 귀무(영)가설을 채택한 경우

■ 1종 오류 · 2종 오류(2)

① 제1종 오류 : 복지관을 건설할 필요가 없는데 건설하여 재정을 손실하는 오류(예산낭비)

② 제2종 오류 : 복지관이 건설되어야 함에도 잘못된 조사로 건설되지 않는 오류(이용불편)

Chapter 7
양적 연구와 질적 연구

제1절 양적 연구

제2절 질적 연구

Chapter 7

양적 연구와 질적 연구

제1절 양적 연구

1. 양적 연구의 개념

양적 연구는 양적 조사라고도 하는데 이 연구는 먼저 현상을 설명하고 후에 이를 검증하는 논리실증주의에 바탕을 둔 자료수집 방법이다. 결과를 중시하여 이론에서 가설을 수립하고 이 가설을 자료를 통해서 검증하는 연역적 연구방법을 말한다. 즉, 어떤 현상의 특징과 원인을 알아내는 것이 아니라 그 현상의 결과가 무엇인지를 우선 밝히는 것이며 수집한 자료를 수량화하여 통계분석 등의 방법을 통해 나타난 결과와 연구자가 세운 가설의 인과관계를 규명하는 연구방법을 말한다.

양적 연구는 18세기와 19세기의 자연과학적 패러다임에서 파생되었으며, 정확하게 측정될 수 있고 조사에 의해 발견될 수 있는 법칙에 따라 움직이는 객관적인 '실재(현상)'가 있다는 것을 근거로 한다.

양적 연구는 특히 연구대상의 속성을 수량적으로 표현하고 통계분석을 통하여 밝히는 인구주택 총조사, 여론조사, 두 개 혹은 그 이상의 변수 간의 상관관계, 평가조사 등에 유용하게 쓰이고 있는 연구방법이다.

양적 연구는 질문조사, 구조화된 면접이나 조직적 관찰, 실험, 내용분석, 통계분석 등의 방법을 사용하며 객관적 · 가치중립적 · 합리적 · 경험적 접근에 의해 가설을 수립 · 검증함에 따라 객관성과 보편성이 강조된다.

2. 양적 연구의 특성

양적 연구는 일반적인 것에서 구체적인 것으로 또는 경험적으로 검증가능한 이론으로부터 시작하여 결과지향적이고 신뢰성 있는 자료를 구현하는 연역적 접근방법이다. 계량적인 경험주의를 바탕으로 다양한 표집방법과 통계적 기술들을 동원하여 복수 사례연구나 반복연구를 통하여 연구결과를 일반화하는 데 초점을 둔다.

양적 연구는 연구절차를 엄격하게 함으로써 연구결과의 객관성을 유지할 수 있으며, 같은 조건이라면 다른 연구자들도 동일한 연구결과가 나타날 수 있도록 연구자 교체가 언제든지 가능하고 연구자와 조사대상자 사이의 반응효과도 최소화할 수 있다. 즉, 연구자와 조사대상자 사이의 상호관계는 가급적 절제하고 조사대상자에게 주관이 개입된 개인적 관심을 갖지 말아야 하며, 외부공간과 차단된 실험실 같은 장소에서 조사대상자와는 일정한 거리를 유지하여야 한다.

양적 연구는 강제적이고 통제된 측정방법을 통해 복잡한 사회현상의 사실 · 원인을 탐구하는 논리실증주의에 근거하여 실제적 자료와는 항상 거리가 있기 마련이므로 확인지향적, 확률적, 축소주의적, 추론적, 가설연역적, 결과지향적이다.

양적 연구는 가장 극단적인 조사방법인 실험조사를 비롯하여 질문지, 통계방법 등을 활용하며 연구자가 수집한 자료들을 분석하여 어떠한 패턴이나 상관관계에 대한 그들의 아이디어가 연구에서 나타난 사실에 의해 지지되는지를 확인한다.

양적 연구는 기술(description), 설명(explanation), 예측(prediction), 보고(report)를 목적으로 하고 있으며, 어떤 현상의 묘사나 빈도, 중앙치, 분포 등을 탐색하여 '진리'와 '법칙'을 발견하는 기초로 사용될 수 있다.

3. 양적 연구와 질적 연구의 선택기준

양적 연구나 질적 연구의 선택은 연구전략과 연구성격에 따라 달라진다. 설명적 연구인 경우 양적 연구방법을 사용하고 탐색적 연구는 질적 연구방법을 사용하는 것이 일반적이다. 기술적 연구의 경우에는 결과에 따라서 다르게 선택하거나 동시에 사용할 수도 있다. 질적 연구와 양적 연구의 선택기준의 차이는 단적으로 통계의 이용과 연구자의 분석에 있다.

양적 연구는 주로 큰 표본의 구조화된 질문지로 적은 시간에 숫자로 측정이 가능하거나, 충분한 면접시간 확보가 어려워 상호작용 또는 관찰이 가능하지 않을 경우, 시간과 예산이 제한된 가운데 통계를 이용하여 얻은 연구결과를 일반화하는 데 사용된다고 할 수 있다.

질적 연구는 연구주제를 모르거나 배타적이고 폐쇄적인 작은 표본의 응답자를 대상으로 비구조화된 면접 또는 관찰로 많은 시간을 들여 얻은 연구결과를 어떤 한 개인으로 제한하는 경우에 사용된다고 할 수 있다.

1930년대까지는 질적 연구가 인간발달 연구[1)]에 널리 사용되었으나 20세기 중반부터 실증주의의 양적 패러다임을 강조하게 되어 질적 연구는 점차 감소하게 되었고 통계적 분석방법을 사용한 양적 연구가 주로 사용되었다. 사회복지연구에서도 양적 연구가 주로 사용되고 있으나 인간의 특성을 규명하는 데 많은 한계가 있으며 컴퓨터와 비디오 기술 등의 발달로 질적 연구의 중요성이 더욱 증가하여 최근에는 이 두 가지를 병행하는 추세이다.

1) 인간발달 연구 : 자신의 세 딸의 발달과정을 관찰하고 인간의 지적 발달에 관한 이론을 정립한 피아제가 주로 사용하였던 임상적 연구방법으로 대표적인 질적 연구로 볼 수 있다.

예를 들어, 양적 연구자는 반구조화된 면접을 통해서 수집된 자료를 통계처리(수치화)하고 응답자의 진술을 인용함으로써 통계적 부분을 보완하는 식으로 두 가지 접근법을 선택하는 것이다. 그러나 질적 연구나 양적 연구의 선택은 연구자의 목적과 연구대상 및 연구상황에 따라 적절하게 사용하는 것이 중요하다.

4. 양적 연구와 질적 연구의 비교

〈표 7-1〉 양적 연구와 질적 연구의 비교

구 분	양적 연구	질적 연구
관련이론	• 체제이론, 구조적 기능주의 • 행동주의, 논리실증주의	• 민속지학, 이상주의, 현상학 • 근거이론, 상징적 상호작용이론
주요 개념	• 통계분석, 조작적 정의 • 조작화된 변인, 신뢰도, 타당도	• 의미분석, 일상생활 이해 • 실제적 목적, 사회적 구성
연구성격	• 이론에서 자료를 검증(연역적) • 연구자의 주관성 배제 • 객관적 실재, 양(수), 확정적	• 자료에서 이론을 도출(귀납적) • 연구자와 대상자의 주관성 인정 • 구성된 실재, 질(본성), 제안적
연구방법	• 논리 실증주의적(실험확증적) • 통계적, 축소주의적, 결과지향적 • 논리 경험주의적(확률적), 객관적, 형식적, 질문조사(횡단연구) • 변인에 대한 통제와 측정 가능 • 기계론적 관점, 외부자의 관점(비자료), 연구방법 우선	• 현상학적, 탐색적, 확장주의적 • 과정지향적, 주관적, 직관적 • 해석적, 서술적, 자연주의적, 상호작용, 사례연구(종단연구) • 변인에 대한 통제 불가능 • 인간의 의도 중시, 내부자적 관점(자료), 연구내용 우선
일반화	• 일반화 가능성 높음	• 일반화 가능성 낮음
자료수집	• 구조화된 조사표, 질문지 • 대규모 확률표본 추출 • 계량화를 위한 부호화 • 제한된 체계, 목록, 컴퓨터, 척도	• 비구조화된 참여관찰, 심층면접 • 소규모 임의표본 추출 • 준거적 선택, 의미분석 • 개방적 면접, 녹음기, 현장노트

제2절 질적 연구

1. 질적 연구의 개념

질적 연구는 질적 조사라고도 하는데 이 연구는 엄격하고 체계적인 경험적 탐구로 자료에 근거한 연구(data-based research)이며, 통계절차나 계량화의 수단이 아니라 사회현상과 연구 대상자의 삶과 경험을 심층적이고 종합적으로 이해 및 기술하기 위해 초점을 둔 현실기반이론을 추구하는 과학적인 연구방법이다. 먼저 현상을 탐색하고 후에 이를 설명하는 현상학적 인식론에 바탕을 둔 자료수집 방법이며, 과정을 중시하여 구체적인 관찰(현지조사)로부터 일반적인 이론을 만들어 나가는 귀납적 연구방법이다.

양적 연구에서 해석하기 어려운 복잡한 사회적 현상이나 인간의 문제를 연구자가 연구대상자와 긴밀한 상호작용을 하면서 그림, 언어, 시각 등으로 자연스럽게 나타내는 연구과정이며, 근거이론, 민속지학, 참여관찰, 심층면접, 초점집단면접, 사례연구 등의 방법을 사용한다.

① 양적 연구에서 대부분의 표집은 주로 확률표집이다.
② 질적 연구에서 대부분의 표집은 주로 비확률표집이다.

한편 질적 연구는 대부분 독특하고 다양한 인간의 경험이나 특정 집단을 연구하기 때문에 그 연구결과가 특정한 상황의 이론을 구하는 데 가장 적절한 설명이 될 수는 있을지라도 이를 모든 집단에까지 확대하기에는 어려운 점이 있다.

2. 질적 연구의 유용성

패지트(Padgett)는 질적 연구의 유용성을 다음과 같이 설명하고 있다.

① 새로운 연구주제에 대한 탐구적 접근을 하고자 하는 경우

잘 알려지지 않은 연구대상자의 심층적인 내면을 탐구할 때 질적 연구를 한다.

> 예 에이즈 환자, 동성연애자, 갱년기 여성의 경험 등

② 연구주제가 민감하고 감성적인 경우

구조화된 질문지를 통하여 정보를 얻기가 어려울 때 질적 연구를 활용한다.

> 예 근친상간 경험자, 마약중독자, 조직폭력집단, 매춘 등

③ 연구대상자의 '살아 있는 경험'에 대한 이해와 그 의미를 찾고자 하는 경우

> 예 정신대 할머니의 인생사, 만성적인 환자가 겪는 고통 등

④ 프로그램과 개입이라는 블랙박스의 내면을 이해하고자 하는 경우

프로그램 평가의 과정에서 일어나는 내적 효과를 이해하는 데 유용하다.

> 예 우울증에 대한 인지행동적인 치료과정에서 개입방법에 따른 치료효과

⑤ 양적 연구자로서 자료수집에서나 연구내용을 설명하는 데 곤란한 경우

수량적(통계적) 분석결과로 파악하기 어려운 연구대상자의 심리상태나 태도와 행위 등을 질적 연구로 보충하여 설명할 수 있다.

⑥ 연구와 적극적 활동(사회운동)을 동시에 실시하려고 하는 경우

연구자와 연구대상자의 관계를 중요시하는 데 효과적이다.

> 예 페미니스트 행동주의 연구는 지식창출과 권한부여, 사회적 권익옹호 등의 사회운동과 연구를 병행

3. 질적 연구의 자료 수집방법

질적조사에서 자료수집은 조사 대상자뿐만 아니라 전기, 일기, 인터뷰 기록, 편지, 역사적 기록, 영화, 사진 등의 다양한 기록물을 통해서 이루어진다. 그리고 질적조사는 조사하고자 하는 현상을 파악하기 위하여 조사 참여자와 면담을 하거나 현장에 직접 참여하여 관찰하는 방법도 선택한다.

이와 같이 질적조사는 양적조사와 달리 다양한 출처에서 자료를 수집할 수 있다.

1) 참여관찰

참여관찰(현지조사)은 연구대상자의 생활이나 활동영역에 연구자가 상당 기간 직접 참여하여 관찰하면서 자료를 수집하는 방법이다. 주로 소수의 개인이나 집단, 조직체, 지역공동체들로 제한된 연구대상의 현장에서 직접 자료를 수집하므로, 자료가 세밀하고 정교한 편이며 어린이나 문맹자와 같이 문자해독이 어려운 대상으로부터도 대상자의 보고능력이나 의지 등에 방해받지 않고 자료를 수집할 수 있다. 또한 계량화할 수 없거나 자연스러운 상황에서의 현상(예 지적장애인, 영등포 쪽방 거주자의 생활), 특히 일정 기간에 걸친 사회과정(예 항의시위, 노사 협상, 공청회)을 연구하는 데 효과적이며, 관찰자와 기록할 수 있는 도구로 수행할 수 있으므로 비용이 적게 들 수 있고 언제라도 연구조사 설계를 수정할 수 있는 유연성이 있다.

패튼(Patton)은 잘 알려지지 않은 관심사항이나 참여자가 직접적으로 언급을 회피하는 사건, 즉 참여자가 면담에서 거짓말을 하거나 자신의 삶의 특성을 설명하지 못할 때, 또는 현장의 상황, 활동, 사람, 의미 등을 기술하고자 할 때 참여관찰이 매우 효과적임을 제시하였다. 그러나 참여관찰은 표본의 대표성과 관찰양식을 감안하면 다소 외적 타당도가 떨어지고 연구자의 선입견이나 편견이 개입되거나 관찰자임을 공개하느냐의 여부에 따라 연구대상자의 반응(reactivity)이 달라질 수 있으며, 직접 현장에 참여하므로 시간적 · 공간적 · 물리적 제약을 받게 된다.

또한 연구자의 관찰과 측정이 주관적이거나 포괄적으로 이루어지므로 다른 연구자에 의해 반드시 재현되지 않는 결과가 나올 수 있거나 정밀한 표본추출과 표준화된 측정에 기초한 결과보다 일반화 가능성이 적은 문제점이 있다.

2) 심층면접

심층면접이란 연구자가 응답자와 깊이 있는 대화를 통해 자료를 수집하는 방법을 말한다. 심층면접은 응답의 이유, 의견, 가치, 동기, 경험 등의 정보뿐만 아니라 응답자의 비언어적 반응까지도 관찰이 가능하며, 개인면접과는 달리 면접시간이 길고 그 내용도 깊다. 구조화되어 있지 않고 전적으로 개방형 질문을 사용하므로 매우 상세한 정보를 얻을 수 있을 뿐만 아니라 집단의 속성에 따라서는 심층면접을 통해서만 조사가 가능한 집단도 있다. 그러나 무작위표집을 하지 않고 표본의 수가 적기 때문에 면접의 결과를 일반화하기에 어려움이 있으며, 면접과정에서 면접자의 편견 등 개인적 감정반응으로 인한 오류가 나타날 수 있다.

심층면접에 앞서 연구자는 심층면접의 목적과 내용이 무엇인지를 명확히 하고 대상자에게도 자신이 참여하는 연구의 중요성 등을 이해하고 성심껏 연구에 참여하도록 동기를 부여하며, 그들이 제공하는 정보에 대한 비밀보장에 대해서도 설명해야 한다. 특히 면접상황을 녹음할 때에는 면접대상자의 사전승낙이 꼭 필요하다.

3) 일정 기록과 일지

질적조사에서 활용하는 중요한 1차적 자료에는 시간대나 일정별로 정리한 일정 기록, 어떤 행위의 내용을 구체적으로 정리한 메모 또는 일지를 들 수 있다. 이러한 기록은 조사 대상자의 일상생활을 다양한 상황 속에서 상호작용이 관찰된 것이기에 매우 중요하다.

4) 문헌과 기록물 검토

질적 자료수집의 또 다른 유형으로는 전기, 일기, 편지, 역사적 기록, 필름, 사진, 비디오테이프 등의 서류와 문서 등의 문헌 및 기록물 검토가 있다. 이러한 기록물과 문헌은 직접적인 관찰이나 면접으로 수집할 수 없었던 상황에 대한 정보를 제공해 줄 수 있다. 또한 조사자에게 개개인의 삶, 중요한 사회기관이나 단체의 역사, 더욱 광범위한 사회적인 추세나 경향 등에 관한 귀중한 정보를 제공하는 중요한 정보원으로 사용할 수 있다.

5) 포커스 그룹면접(표적 집단면접, 초점 집단면접)

포커스그룹은 그룹 면담을 통해 기본적으로 사람들의 의견에 귀 기울이고 그들로부터 배우는 방법이다. 사회자와 참여자 그리고 참여자 자신들의 의사 소통 과정에서, 즉 토론 중에 말하는 것이 포커스 그룹에서의 핵심 자료이다. 포커스 그룹면접은 약 6~15명의 응답자 집단에게 핵심 주제에 대하여 토론하게 함으로써 어떤 주제나 현상에 대한 예비적인 정보를 수집하는 방법이다. 주로 개방형 질문을 사용하고 참여자로 하여금 자유롭게 그들의 경험과 정보를 나눌 수 있게 유도하기 위하여, 특히 사회자의 역할이 중요하며 적은 비용으로 여러 개의 표적집단으로부터 동시에 다양한 정보를 들을 수 있는 장점이 있다.

집단상황에서 면접이 이루어지기 때문에 집단역동이 작용하기도 한다. 집단역동이 긍정적인 경우에는 응답자가 처음에는 응답을 꺼리다가도 집단의 상황 속에서 활발한 의견제시를 할 수 있는 반면에, 부정적인 경우에는 집단 안에서 다른 사람들의 영향을 받아 의견이 편중되는 경향을 나타낼 수도 있으므로 응답 결과의 사실 여부를 알기가 힘들다는 단점이 있다.

4. 질적 연구의 유형

질적 연구의 유형이나 방법은 다양한 형태로 나타나지만 여기에서는 일반적으로 활용되는 민속지학 연구(문화 기술지), 근거이론, 현상학적 연구, 역사연구, 참여행동 조사연구, 사례조사연구 등으로 한정한다.

1) 민속지학 연구(문화 기술지)

민속지학 연구는 특정 문화를 공유하는 집단의 행동뿐만 아니라 체계, 신념, 태도, 가치, 역할 및 규범 등에 대하여 기술하는 것으로 문화인류학에 그 기원을 두고 있다. 매일 자연스러운 생활을 관찰하는 자연주의적 연구와 달리 이 연구는 특정 문화를 연구하는 것을 강조하기 위해 민속지학 또는 문화기술적 연구라고도 부른다. 연구자가 그 문화 속의 구성원들과 공감대를 형성하고 장기간에 걸친 현장조사(fieldwork)로 자료를 수집하기 때문에 많은 시간과 노력이 요구된다. 특히 현장이슈(예컨대 반영성, 반응성, 호혜성, 동질화되는 문제, 사적 정보의 누설, 속임수 등)가 제기된다. 문화기술지는 연구의 산물이며 단행본 정도의 분량을 가진 형태로 이루어진다.

민속지학 연구 절차는 ① 일정한 집단에서 공유하는 행동, 신념 또는 언어 양태에 대하여 조사문제를 정하고, ② 그 연구문제에 대한 조사를 실시할 수 있는 문화적 집단을 선정한 후, ③ 6개월에서 1년 정도의 장기간 참여관찰과 대화를 통해 자료를 수집하면서, ④ 수집된 자료에서 문화적 집단이 공유하는 행동, 신념 또는 언어의 형태를 분석한다. 예를 들어, 노숙자나 장애인근로자와 같은 특정 집단의 문화를 장애인이면서 근로자의 관점에서 연구하는 것이다.

2) 근거이론(현실기반이론)

근거이론은 사회학자인 글래서(B. Glasser)와 스트라우스(A. Strauss)에 의해 개발된 것으로, 실제 있는 그대로의 현상에 속한 자료를 수집하고 이를 근거로 귀납적으로 이론을 제시하는 질적 연구방법이며, 근거이론의 목적은 사회 · 심리적 현상에 대한 이론을 제시함으로써 인간행동의 의미와 본질을 이해하는 데 있다.

자료를 통해 존재하는 이론을 검증하는 것이 아니라 경험적 자료에 근거를 두고 지식을 형성한다는 측면에서 기초이론 혹은 현실기반이론이라고도 부른다. 이미 존재하는 이론적 틀이나 선험적 가정에 집착하지 않고 지속적으로 자료를 수집하여 귀납적으로 분석해야 하므로 연구자의 창의력이 필수적인 요소이다. 집단의 행동을 설명하거나 예측하기 위해 어떤 적절한 이론도 존재하지 않을 때 특히 유용하며, 병원 운영이나 공공부조 프로그램 등과 같은 휴먼서비스 분야의 연구 등에 쓰이고 있다.

근거이론에서 연구자는 개념, 가설, 이론 등을 이끌어 내기 위해 우선 이론개발에 적합한 대상자를 인위적으로 선정하고 개방적인 면접과 관찰로써 유사한 자료를 수집하여 이전의 관찰에서 발견된 개념이나 가설을 지속적 비교[2)]의 과정을 거쳐 새로운 개념이나 가설을 도출하는 것이다.

근거이론에서의 연구자가 주의할 점은 ① 새로운 관점에 민감해질 수 있도록 특정 이론에 집착하지 않아야 한다. ② 연구자는 귀납적 과정을 강조할 뿐만 아니라 연역적 과정도 소홀히 해서는 안 된다. 이는 귀납적 관찰을 통해 유형을 발견하고 그 유형에 근거하여 개념과 임시가설을 연역적으로 발전시킬 수 있기 때문이다. ③ 관찰대상이 되는 새로운 사례는 이론적 표본추출 개념에 따라 선정

2) 지속적 비교(constant comparison) : 먼저 발견한 경험적 내용들을 나중에 얻게 되는 새로운 자료와 지속적으로 비교하는 작업이다. 이 작업을 통해 먼저 발견한 내용을 새로운 자료에 맞게 수정해 나간다. 이 과정을 통해 개발되는 개념이나 가정들은 경험적인 세계와 필연적으로 연관성을 갖기에 이런 의미에서 근거이론(grounded)이라는 용어가 나왔다. 즉, 개념과 가설을 설정한 후 추가적인 관찰과 사례를 통해서 또 다른 개념과 가설을 발전시키고 그것을 만들어 간다. 현실기반이론에서 연역과 귀납의 두 과정은 지속적 비교 과정을 통해서 통합된다.

하여야 한다. 이는 기존 사례와 매우 유사한 것을 새롭게 선정한 유사 사례가 연구자에게 새로운 통찰력을 주지 못한다면, 또 다른 사례를 선정하여 위와 같은 과정을 반복해서 진행하여야 하기 때문이다.

3) 현상학적 연구

현상학적 연구란 어떤 현상에 대한 주관적 경험의 본질을 객관적으로 이해하는 질적 연구방법이다. 전기가 단일한 개인의 삶을 보고하는 것이라면, 현상학적 연구는 개인들의 진술로부터 일반적이고 보편적인 개념이나 의미들을 찾는 것이다.

현상학적 연구의 보고서는 독자들에게 "나는 그것을 경험한 사람에게 그것이 어떤 의미를 가지고 있는지를 더 잘 이해한다"는 느낌을 주어야 한다. 주관적 경험에 의해 중재된다고 보는 현상에 대한 객관적 이해란 시각에 따라 현상학자들은 인간의 경험에서 관찰될 수 없는 의식의 구조적 속성을 탐색하기 위하여 먼저 그것의 철학적 관점을 이해할 필요가 있다.

연구자는 현상을 경험한 사람들만으로 구성된 통상 10명에서 25명 정도의 연구참여자(기준표집)와 주로 심층면접을 하면서 면접내용을 녹취하여 원자료로 사용하는 것이 일반적이다. 특히 자료분석에 있어서 현상에 대한 연구자 자신의 선입견을 배제하여야 하는데, 이를 현상학 연구자들은 경험을 괄호치기(bracketing) 혹은 판단중지(epoche)[3]라고 부른다.

현상학적 연구의 주된 관심은 논리실증주의자들이 관심을 가지는 객관적 사실이 아니라 주관적 의미이다. 즉, 사회현상에 대한 관심은 인간이 어떤 것을 어떻게 지각하는가에 따라 달라지므로 현상학적 관점에서의 과학은 논리실증주의

---

3) 판단중지(epoche) : 현상학적 연구에서 연구자가 자신이 연구하고자 하는 현상을 경험하는 동안에 편견을 갖지 않고 자신의 선입견과 판단을 보류하는 것으로, 이는 정보를 제공하는 연구참여자의 경험에 초점을 맞추고 그들의 목소리를 통해 현상의 본질을 이해하기 위한 것이다. 그러나 연구자가 자신의 개인적 경험을 완전히 배제하는 것은 어려우므로, 연구자의 경험을 어떤 방식으로 연구과정이나 해석에 도입할 것인지 숙고하여 결정해야 한다.

적인 과학과는 근본적으로 다른 방법을 제시한다.

현상학에는 몇 가지 세부적인 형태가 있다. ① 자기발견적 탐구이다. 실제 현상을 직접 경험하면서 자신의 편견 없는 자기성찰을 필요로 한다. ② 해석학적 과정이다. 해석을 통하여 매우 복잡하고 구체적인 내용으로부터 일정한 유형을 찾는다. ③ 이해하는 질적 탐구이다. 관찰대상자들의 관점에서 그들에게 주는 특별한 의미를 이해하고자 하며, 이는 사회복지실천 개념인 감정이입과 상당히 유사하다.

4) 역사연구

역사연구는 어떤 현상의 변화, 발전과정을 시간의 흐름에 따라 고찰하면서 사회와 문화 간의 발전적 과정을 비교하는 연구로서 과거의 시대적 상황과 현상과의 관계를 설명하여 그 현상에 대한 이론을 체계화하는 데 목적이 있다. 인물에 관한 전기적 연구(biographical study)를 비롯하여 기관 · 단체제도나 특정 사상에 관한 역사적 연구, 지역별 역사 또는 이들 간의 비교사 연구를 그 예로 들 수 있다.

5) 참여행동 조사연구

참여행동 조사연구는 서로 고립되어 있는 연구 · 교육 · 활동의 과정들을 서로 결합한 것으로, 연구자와 연구대상자가 함께 참여하여 토론과 상호작용을 통해 지역사회의 문제를 인식 · 분석 · 해결하기 위한 조사방법이다. 단순히 지역사회 문제나 현실을 밝히는 데 그치지 않고 현재를 변화시키기 위한 활동을 할 수 있게 하는 것이 사회변화와 임파워먼트의 주요 과제이다.

6) 사례조사연구

사례조사는 개별적인 사례에 관한 정보, 즉 데이터를 체계적으로 조직화하는 연구방법으로 사회과학의 다양한 분야에서 활용되고 있다. 이는 특히 사회복지사에게는 매우 익숙한 것으로 개입을 필요로 하는 임상적인 문제를 밝혀내기 위해 활용되어 왔다. 사례와 관련이 있는 자료를 수집하기 위해서 면접, 사회력 및 개인력 분석, 관찰 등의 방법을 사용하며 주로 대상자(사례)를 중심으로 그를 둘러싸고 있는 사회환경과의 상호작용을 이해하고 심도 있게 묘사하는데 중점을 둔다.

5. 질적 연구와 사회복지실천

질적 연구와 사회복지실천 간에는 다음과 같은 유사점과 차이점이 있다.

1) 유사점

〈표 7-2〉 질적 연구와 사회복지실천의 유사점

구 분	질적 연구	사회복지실천
개 입	귀납적 사고, 문제정의	클라이언트 개별사정
수 집	심층면접, 관찰, 기록 참고	과정기록, 메모, 사례보고
면 담	질적 면담	치료면담(공감, 감정이입)

2) 차이점

〈표 7-3〉 질적 연구와 사회복지실천의 차이점

구 분	질적 연구	사회복지실천
요 소	이론과 모델을 회피, 비규범적	이론과 모델을 중시, 규범적
목 적	지식과 이해의 증진, 학문성	서비스 제공, 원조
종 결	연구자료의 수집	클라이언트의 향상
목 표	학문적 검증	클라이언트의 변화

6. 질적 연구의 과정

질적 연구는 일반적으로 다음의 과정을 거쳐 이루어진다.

1) 연구주제 및 연구절차 결정

연구주제와 관련된 선행연구와 배경이 되는 이론을 파악하고 이에 입각한 연구대상자와 자료수집 및 자료분석의 연구절차를 결정한다. 기존 연구결과에 나타난 자료수집 과정이나 연구대상자 선정의 장애요소 등을 참고하여 구체적으로 계획한다.

2) 자료수집 및 자료분석

질적 연구에서는 문헌고찰을 비롯하여 연구자가 문제해결에 적합한 대상에 접근하여 직접 보고 듣고 느끼는 모든 상황을 자료로 수집하게 된다(표집). 이때 연구자는 주관적인 태도와 편견을 가지고 관찰을 시작하므로 연구대상자와의 적절한 관계를 유지하여 중립성을 지켜나가야 한다(관찰). 또한 연구자는 자료수집기술을 전제로 수집되는 자료를 정리하고 부호화[4]하여 다른 자료와 비교함으로써 개별사례에 의한 잘못된 일반화 또는 해석의 오류를 줄여야 한다(부호화). 부호화된 자료는 그 자료가 어떤 의미를 갖는지 알기 위하여 분류하고, 이 과정에서는 누락된 관찰과 앞으로 해야 할 관찰 등에 대한 정보가 제공된다.

이러한 과정은 관찰이 진행되는 동안 환류를 통하여 반복되면서 이론이 형성된다.

케인(Kahane)은 자료를 분석하는 과정에서 범하기 쉬운 문제들을 다음과 같이 말하고 있다.

---

4) 부호화란 부호지침에 따라 분류구분을 명확히 하기 위해 질문지의 각 항목을 체계적으로 숫자나 기호로 바꾸어 부호지에 옮겨 놓는 것을 말한다. 부호화의 범주는 크게 내용의 실체(주제내용, 방향, 기준, 가치, 방법, 특성, 행위자, 권위, 기원, 표적)와 내용의 형식(커뮤니케이션 형식, 발언형식, 강도)으로 분류된다.

① **편협성**(provincialism)

연구자의 주관성과 편견에 따라 발생하는 오류로서, 특히 비교문화 연구에서 명백하다.

② **원주민화**(going native)

연구자가 연구대상에 너무 몰입(동일시)하게 되면 나타나는 오류로서, 자신의 정체성을 상실하고 분석을 하는 데 있어서 연구대상자의 입장과 견해를 갖게 되는 경우가 있다.

③ **감정적 반응**(emotional reactions)

연구자가 아동학대나 노숙, 아내구타와 같은 강한 개인적인 반응이나 견해를 갖고 있는 이슈들을 조사할 때 연구대상에 대해 감정적인 반응을 일으킬 수 있다.

④ **성급한 결론**(hasty conclusion)

근거자료에 의하여 본질적으로 합당한지를 판단하지 못하고 성급하게 결론을 내리는 오류이다.

⑤ **의심스러운 원인**(questionable cause)

어떤 연구결과에 대한 원인을 잘못 판단하여 내리는 오류이다. 예컨대 경기침체로 인해 유료복지시설이 폐쇄되었음에도 운영미숙의 원인으로 폐쇄되었다고 잘못 결론을 내리는 경우이다.

⑥ **보이지 않는 증거**(suppressed evidence)

연구자가 합당하게 추정한 관찰이나 결론을 언급하지 않음으로써 나타나는 오류이다.

⑦ **잘못된 딜레마**(false dilemma)

잘못된 문제를 제기함으로써 나타나는 오류이다.

3) 보고서 작성 및 결과보고

자료분석의 결과는 보고서로 작성한다. 보고서는 문제의 제기와 기존 이론의 탐색, 연구의 방법 및 분석과 요약으로 구성되는 것이 일반적이다. 양적 연구와 달리 질적 연구는 자료수집과 분석이 동시에 이루어지기 때문에 기술할 때도 자료수집과 분석을 동시에 하여야 하며 분석적 서술(analytic narrative)[5]방법을 많이 활용한다.

7. 질적 연구의 신뢰성

질적 연구에서 신뢰성은 연구자가 기록하는 내용과 실제로 일어나는 상황 간의 일치되는 정도, 즉 자료의 정확성과 포괄성을 말한다.

1) 질적 연구의 신뢰성 저해요인

질적 연구의 신뢰성을 저해하는 요인으로 연구대상의 반응성, 연구자의 편견, 연구대상의 편견 등을 들 수 있다.

① 연구대상의 반응성(reactivity)이란 연구자가 관찰하고 있다는 사실 때문에 나타날 수 있는 왜곡됨을 말하며 관찰자 효과라고도 부른다.

② 연구자의 편견(research bias)이란 연구자가 자신의 선입견이나 주관을 통해 관찰과 해석을 하거나 연구대상에 너무 몰입하여 완전히 소외되는 경우 나타나는 오류의 가능성을 말한다.

③ 연구대상의 편견이란 연구대상이 연구에 지나치게 협조적이어서 연구자가 의도하는 대로 답을 제시해 주기도 하고, 이와는 반대로 사생활 보호를 위해 의도적으로 정보를 감추거나 거짓말을 할 수도 있다는 것을 말한다.

5) 분석적 서술이란 목록부호화와 분석적 메모 및 추상화의 과정에 의하여 제시되는 분류 간의 관계나 형성된 가설 등을 뒷받침하기 위하여 현장기록 가운데 가장 적절한 전형적 자료를 직접 인용하여 사용하는 것이다.

2) 질적 연구의 신뢰성 제고요인

질적 연구의 신뢰성 제고요인으로 장기간에 걸친 관계형성, 다원화, 동료집단의 조언 및 지지, 연구대상을 통한 재확인, 예외적 사례분석, 감사자료 남기기, 질적 연구와 양적 연구의 동시 사용 등을 들 수 있다.

(1) 장기간에 걸친 관계형성(prolonged engagement)

신뢰성을 형성하여 연구대상의 반응성을 줄일 수 있고 어떤 사실을 숨기거나 거짓말을 하는 연구대상의 편견을 막아줄 수도 있다. 그러나 연구자가 지나치게 몰입하는 경우 객관적 관찰과 해석에 오류가 발생하는 연구자의 편견이 나타날 수도 있다.

(2) 다원화(triangulation)

인간의 독특성과 다양성, 사회현상의 복합성 등은 시간의 변화나 경과에 따라 연구결과가 달라지기도 한다. 이러한 이유로 질적 연구를 일반화하기 어려우며, 일반화를 강화하기 위해 다원화 방법(삼각 검증법)을 사용한다. 즉, 이론 다원화, 연구방법 다원화, 관찰자 다원화, 자료 다원화, 학제 간 다원화 등의 방법을 통하여 연구대상의 반응성과 연구자 및 연구대상의 편견을 줄일 수 있다.

(3) 동료집단의 조언 및 지지(peer support group)

연구자가 현장연구나 자료분석 과정에서 겪게 되는 정신적 어려움을 이야기하고 지지를 얻을 수 있으며, 연구자가 편견에 빠지지 않게 하는 감시기제로서의 역할을 하기도 한다.

(4) 연구대상을 통한 재확인(member check)

질적 연구는 수집된 자료를 연구자의 주관에 따라 검증 · 분석하는 귀납법이 사용되므로 연구자의 편견이 자료에 영향을 미치기 쉽다. 특히 연구대상자의 관점이 존중되어야 하는 만큼 연구자는 자료수집 후 자료분석을 하면서도 연구대상자들을 찾아가 자신의 연구결과를 재확인하는 방법으로 연구대상자의 의견이 존중될 뿐만 아니라 연구자의 편견을 줄이거나 새로운 통찰을 얻을 수 있다.

(5) 예외적 사례분석(negative case)

연구자가 자료분석 과정에서 스스로에게 자신의 결점을 찾아내는 역할을 부여하여 연구자의 편견을 줄일 수 있다.

(6) 감사자료 남기기(audit trail)

연구자는 다른 사람이 자신의 연구결과를 살펴볼 수 있도록 현장기록, 면접기록, 일지나 메모 등을 남기고 공개함으로써 연구자의 편견을 줄일 수 있을 뿐만 아니라 연구를 재현할 수 있는 능력을 높여준다.

(7) 질적 연구와 양적 연구의 동시 사용

두 접근은 각기 서로 다른 가정에 근거를 두고 있기 때문에 두 접근을 동시에 사용하기에는 어려움이 따른다. 그러나 최근에는 두 접근을 동시에 사용하여 질적 연구의 단점인 객관성을 보완할 수 있도록 연구를 설계하기도 한다.

8. 질적 연구의 특성

질적 연구는 주로 연구자의 관찰과 통찰 등에 의하여 자료를 수집 · 분석하고, 새로운 설명이나 개념들을 추출해 냄에 따라 구조화된 질문지를 사용하는 양적 연구와 달리 다음과 같은 특성이 있다.

1) 주관적 · 현상학적

질적 연구는 객관적 사실보다는 주관적 관심을 갖고 접근하게 된다. 현상학과 해석학을 바탕으로 연구자의 경험이나 직관 등에 의지하여 현장에 직접 들어가서 연구자와 연구대상자의 주관적인 인지나 느낌, 해석 등을 자료로 수집한다.

2) 기술적 · 탐색적

질적 연구는 현상에 대한 내용을 구체적으로 탐색 · 기술함으로써 인간행동의 이면에 감추어진 관념, 느낌, 동기, 신념 등을 이해한다. 심층면접, 포커스 그룹, 예술품, 사진, 메모, 현장노트 등의 방법을 이용한다.

3) 총체적 · 포괄적

질적 연구는 연구대상자의 행동, 언어, 글, 몸짓, 흔적 및 상호작용과 환경적 요인 등의 상황이나 맥락을 중요시하여 몇몇 특정 범주에 국한되지 않는 다양한 측면을 포괄적으로 심층분석한다.

4) 자연주의적 · 상대적

질적 연구는 연구자와 연구대상자 간에 관계를 맺고 자연스러운 상호작용을 통하여 양적 조사에서 알기 어려운 관행이나 관습, 사회적 상황과 맥락 등을 이해하고 해석할 수 있다.

5) 귀납적 · 과정 중시적

질적 연구는 구체적인 관찰로부터 수집한 경험적 자료들을 근거로 일반적인 이론을 이끌어 내는 귀납적 접근이다. 일반적으로 양적 조사가 산출결과(outcome)를 중시한다면, 질적 조사는 과정(process)에 보다 많은 관심을 두는 것이다.

6) 유연적 · 의도적

질적 연구는 조사절차나 단계를 엄격하게 결정하거나 그것에 구애받지 않고 연구자가 상황에 따라 적절하게 채택하므로 자료수집 및 분석과정이 유연하고 직관적이다. 또한 표본의 크기가 작고 어떤 기준에 의해 의도적으로 선정된다.

7) 일반화의 한계

질적 연구는 특정 집단을 대상으로 연구자의 주관에 의하여 포괄적으로 관찰 및 심층 분석하므로 연구자의 편견이 개입될 수 있고, 시간의 변화나 경과에 따라 연구결과가 달라지기도 하여 일반화의 가능성이 낮다.

〈표 7-4〉 양적 연구 · 질적 연구 비교

양적 연구	질적 연구
객관적 세계	주관적 세계
법칙과 결과에 관심	과정에 관심
표준적 절차 강조	절차의 유연성 강조
연역적 방법	귀납적 방법
일반화 가능성 높음	일반화 가능성 낮음
상황을 통제하고자 함	상황을 반영하고자 함

KEY POINT

■ 양적 조사 · 질적 조사(1)

① 양적 조사

방법론적 일원론 – 일반적 법칙 방법(통계조사 SPSS 의존)

사회과학도 자연과학과 같다.

연구자 객관성, 가치중립, 조작주의, 양화주의, 표준절차, 조사절차 중시, 연역법

② 질적 조사

방법론적 이원론 – 현상학적 해석 주의(개별사례 이해)

사회과학은 자연과학과 다르다.

주관성, 상대성, 연구자 편견개입 가능(가치개입 가능), 조사절차 유연성, 귀납법

■ 양적 조사 · 질적 조사(2)

분 류	양적 조사	질적 조사
연구의 특성	통계(SPSS 등)의 결과 중심	인간행동과 상호작용의 서술
가설 검증	용이	매우 어려움
모집단 추정	확률표집일 경우 가능	매우 어려움

■ 연역법 · 귀납법(1)

① 연역법 : 관찰은 가설을 입증하기 위한 수단(일반 → 특수) (이론 → 관찰)

양적 조사, 표본조사, 전수조사

② 귀납법 : 관찰은 이론을 만들기 위한 기반(특수 → 일반) (관찰 → 이론)

질적 조사, 사례연구, 심층분석

■ 연역법 · 귀납법(2)

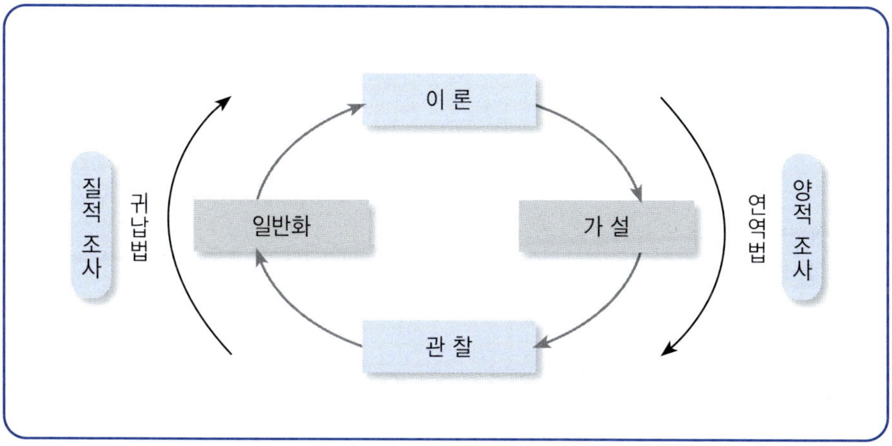

■ 질적 연구 종류

종 류	내 용
민속지학	• 어떤 문화 속에서 생활하는 사람들의 관점에서 문화를 연구 • 인간의 규범, 명명(命名), 언어의 표현 이해에 도움
근거이론	• 귀납적 과정을 거쳐 현실적인 자료에 근거하여 개발 • 경험이나 관찰에 근거하여 완성된 이론
사례연구	• 소수의 사례에 대하여 심층 조사와 다양한 정보 수집 • 단일사례일 수도 있고 집단적 사례일 수도 있음
전기연구	• 한 개인의 경험과 기록 • 종류 – 전기, 자서전, 생애사 등
현상학적 연구	• 사람들의 주관적 경험의 의미를 탐구 · 해석 연구 • 편견 없는 관찰과 자기 성찰이 중요

Chapter 8
질문지법과 관찰법

제1절 질문지법
제2절 관찰법
제3절 사례연구

Chapter 8

질문지법과 관찰법

제1절 질문지법

1. 질문지법의 개념

질문지법이란 조사항목을 체계적으로 배열하여 인쇄한 질문지 양식에 따라 기입하여 자료를 수집하는 방식으로 실태조사에서 가장 많이 쓰이는 방법이다.

광의의 질문지법이란 질문지를 이용하여 자료를 수집하는 방법이고, 협의의 질문지법이란 사전에 인쇄된 질문지에 응답자가 직접 내용을 기입하도록 하는 조사방법이다. 면접도 광의의 질문지법에 포함되나 면접은 응답자에게 직접 질문지가 주어지지 않고 응답자에게 질문을 읽어주고 그 답을 조사자가 기입한다는 점에서 질문지법과 차이가 있다. 한편 질문지법과 면접은 응답자와 언어적 교환을 통해 자료를 얻는다는 점에서 응답자와 그러한 교환을 통하지 않고 자료를 얻는 관찰법이나 내용분석과는 다르다.

질문지는 면접표, 배포조사법, 전화조사법, 우편조사법, 집합조사법, 전자조사법 등에 다양하게 적용될 수 있다.

2. 질문지법의 종류

질문지법은 크게 세 가지로 분류할 수 있다.

첫째, 질문방식에 따라 직접질문법과 간접질문법[1)]이 있다. 직접질문법이 사실에 관한 응답자의 태도나 의견 등을 직접적으로 질문하는 것에 반해, 간접질문법은 그 응답이 응답자의 반감을 일으켜 정확한 응답을 회피할 경우 전혀 다른 질문을 하여 그 질문에 대한 반응으로 필요한 정보를 얻는 방법이다.

둘째, 질문 구성양식에 따라 선택형의 구조적 질문지법과 자유로이 응답할 수 있는 비구조적 질문지법으로 나눈다.

셋째, 자료수집 방법에 따라 자기기입식 질문법과 대인면접 및 전화질문지법으로 나눌 수 있으며, 자기기입식 질문법은 질문지를 배포하는 방식에 따라 우편조사, 배포조사, 집단조사 그리고 인터넷 조사의 형태로 구분할 수 있다.

① 우편조사법

우편조사법은 질문지를 선정된 응답자에게 우송하여 기록하게 한 후 우편으로 회수하는 방법이다. 회수율이 낮고 응답자의 통제가 어려운 문제점이 있으나, 조사자의 편견적 오류를 줄이고 저렴한 비용으로 방대한 지역에 걸친 조사에 가장 일반적으로 이용된다.

② 배포조사법

직장 또는 가정에 질문지를 배부하고 응답자가 직접 기입하게 한 다음 나중에 질

---

1) 간접질문법의 종류 : ① 투사법(응답에 대한 장애요인을 피하기 위해 응답자에게 비조직적인 자극을 주어 우회적으로 응답을 얻어내는 방법), ② 오류선택법(어떤 질문에 대해 틀린 답을 여러 개 써놓고 그것을 선택하게 함으로써 응답자의 태도를 보는 방법), ③ 정보검사법(개인이 가진 정보를 파악하여 문제에 대한 응답자의 태도를 알아보는 방법), ④ 토의완성법(응답자에게 미완성된 토의내용이 적힌 카드를 주고 그것을 빠른 속도로 완성하게 하는 방법으로 태도나 의견조사에 많이 이용), ⑤ 단어완성법(어떤 문제에 대하여 찬성 또는 반대를 표시하는 단어라든가 그림 또는 문장을 나열하여 놓고 체크하게 하는 방법) 등이 있다.

문지를 회수하는 방법이다. 회수율이 높고 비용이 적게 들며 응답자에게 생각할 시간적 여유를 주며 조사대상이 한정된 집단인 경우 가장 많이 활용되는 방법이다.

③ 집단조사법

일정한 장소에 응답자를 모아놓고 질문지를 배포하여 응답자가 기입하는 방식이다. 비용과 시간이 절약되고 조사가 간편하며 면접원의 수를 줄일 수 있으며, 또한 응답자들과 직접 대화할 수 있어 질문지에 대한 오류를 줄일 수 있고 응답조건이 동등해진다.

④ 인터넷 조사

전자서베이라고도 하며 전자메일을 통해 질문지를 주고받는 방법으로 조사를 하거나 혹은 웹을 이용해 방문자들이 질문에 응답하도록 하는 방식 등이 있다. 정부기관의 홈페이지에 접속하면 주요 현안에 대해 국민들의 의견을 조사하는 것을 흔히 볼 수 있다. 인터넷조사법은 저렴한 비용과 시공간의 제약을 받지 않는다는 장점에도 불구하고 모집단의 대표성에 문제가 있으며, 자료검증에 어려움이 있다는 단점이 있다.

3. 질문지법의 작성절차

1) 질문지 작성 목적 및 범위의 확정

질문지를 작성하기 전에 제일 먼저 연구의 목적을 명확히 규정한다. 연구목적이 확인된 후 그 목적에 맞게 질문내용[2)]의 범위를 확정하고 응답대상과 응답방식 및 질문지의 전달방법을 정한다. 질문지의 길이는 연구의 범위, 비용, 면접상황 등에 의하여 보통 시간으로 나타내며 질문지 정보의 양, 내용, 질문방식에 따

2) 질문내용에는 사실 확인, 행동, 의견과 태도, 감정이나 느낌, 지식, 의식적 이유를 묻는 질문 등이 있다.

라 대인면접, 전화면접, 우편조사법, 집단조사법, 배포조사법 등으로 수집방법을 선택할 수 있다.

2) 질문항목의 선정

연구의 목적과 그 내용에 있어서 범위가 확정되면 연구의 내용을 항목별로 분류한다. 먼저 질문목적에 적합한 몇 개의 큰 질문항목(research item)을 선정하고 질문항목별로 세부사항이 선정되어야 한다. 이를 위해 가표(mock table)[3]를 만들어 작성하게 되면 빠뜨리거나 중복되는 문항이 없어 편리하다.

질문항목을 가능하면 적게 하고 질문문항 이외의 다른 곳에서 보다 쉽게 해답을 얻을 수 있는 것은 질문문항에서 제외한다. 응답자들이 대답할 가능성이 없거나 해답을 제공할 가능성이 없는 항목 및 조사목적과 관련이 없는 흥미를 충족시키기 위한 질문문항들은 삭제하도록 한다.

3) 질문의 형태 결정

조사항목과 세부사항이 선정되면 질문의 형태를 결정하고 그 다음에 개별 질문문항을 완성한다. 질문의 형태는 크게 개방형 질문과 폐쇄형 질문으로 나뉘며 기타 여과형 질문(응답자의 일부를 구분하기 위해 사용하는 질문), 수반형 질문(해당하는 응답자의 일부만이 대답하도록 연속되는 그 다음 질문들), 행렬질문(여러 개의 질문들이 동일한 응답범주를 갖고 있는 경우에 사용되는 질문)이 있다.

4) 질문문항의 구성 및 배열

개별문항이 완성되면 질문의 문항 구성과 순서 등을 결정한다. 맨 앞에 전체적인 안내지시문을 두고 각 세부내용이 시작되기 전이나 응답방법이 바뀔 때마다

---

3) 가표란 질문항목 시 해당 범주별로 세부사항을 제시한 표를 말한다. 예를 들어, 인구학적 질문항목의 세부사항을 성별, 연령분포, 결혼상태 및 가구구성, 자녀 유무 등으로 구분한 것이다.

지시문을 두어 보다 분명하고 명확한 응답을 얻을 수 있도록 한다.

첫째, 질문문항 작성 시 유의할 점은 다음과 같다.

① 질문은 간단명료하고 애매모호하지 않으며 하나의 의미를 갖고 있어야 한다.

② 응답자의 지적 능력 등의 특성에 맞추어 이해하기 쉬운 단어나 표현을 사용하도록 하고 은어나 속어, 특히 전문용어의 사용을 피한다.

③ 개념이 불분명하거나 응답자의 자의적인 해석에 따라 의미가 달라지는 단어는 가급적 사용하지 않는다.

④ 과거 경험이나 미래의 기대에 관한 특별한 경우를 제외하고는 현재형으로 작성되어야 한다.

⑤ 질문은 가치중립적이어야 하며 이중부정의 표현이나 유도질문, 겹치기 질문, 부정적이고 위협적인 질문을 피하며 찬반선택의 수가 균형이 있게 해야 한다.

⑥ 질문과 설명은 구별하고 객관식 질문과 긍정형의 질문을 하도록 한다.

둘째, 질문의 순서는 응답률[4]과 응답의 편의에 중요한 영향을 줄 뿐만 아니라 자료수집활동을 좌우할 수도 있다. 일반적으로 문항배열에 있어 고려해야 할 사항은 다음과 같다.

① 흥미 있거나 간단한 항목에서 민감하거나 복잡한 항목 순으로(흥미를 묻는 질문이 없다면 견해를 묻는 질문을 먼저), 객관적인 사실에서 주관적인 것으로, 일반적인 것에서 특수한 것으로, 구체적이고 신속한 것에서 추상적이고 생소한 것으로 배열한다.

---

4) 응답률은 질문조사에서 가장 중요하게 고려되어야 할 사항이며, 응답률에 영향을 미치는 요인들로 질문 표지 · 보상 · 반송절차 및 추적 질문지 우송 등을 들 수 있다. 질문 표지는 질문지의 내용 소개와 설명을 위한 것으로 우편조사의 경우 더욱 중요하다. 보상은 현금이나 상품권 제공 등의 형태로 할 수 있고, 최초로 질문지를 보낼 때 보상을 제공하는 것이 효과적이다. 반송절차는 우편봉투에 우표를 붙여 발송하는 것이 바람직하다. 추적 질문지는 처음 보낸 질문지의 회수율이 감소하는 시점에 보내며, 이때 질문지를 다시 동봉하는 것이 바람직하다.

② 시간의 흐름에 따라 배열하고 하나의 내용이 끝난 후에 다음으로 넘어가도록 해야 한다.

③ 일정한 유형의 응답경향[5]이 조성되지 않도록 배열해야 한다. 동질적인 내용의 질문을 계속 반복하거나 같은 형식의 문항을 한데 모아두지 않도록 해야 한다.

④ 신뢰도 측정문항은 가능한 한 멀리 떨어져 있어야 한다. 긍정적인 문항과 부정적인 문항을 서로 분리하여 배치하는 것이 좋다.

⑤ 길이와 유형에 따라 여과질문(filter question)과 응답범주를 적절히 배열하고 상호 배타적이며 포괄적으로 배치하여야 한다.

5) 사전검사 및 질문표지 작성

사전검사(pretest) 또는 시험검사란, 질문지의 초안을 작성한 후에 질문지 작성의 타당성과 신뢰성 검증을 목적으로 하는 조직적 · 공식적 조사를 말한다. 질문지의 문항이나 배열 등이 전반적으로 잘 되어 있는지 여부를 검토하기 위하여 사전검사가 요구되며 가능한 한 사전검사는 여러 번 시행하는 것이 바람직하다.

본 조사에 앞서 본 조사와 동일한 절차와 방법으로 일정한 수(대체로 20~50명)의 사람들을 대상으로 시험해 보는 것이며, 사전조사를 통해 질문지 초안의 질문내용, 언어구성, 응답형태 및 문항배열에 있어서 오류나 응답의 편중 등 문제점이 있는지를 검증하고 작성 소요시간과 비용, 면접수행 시 애로점 등의 정보를 획득할 수 있게 된다. 또는 사전검사는 예비조사와 차이가 있다. 예비조사는 질문지 작성 전에 실시되는 조사로 문제영역은 결정되었으나 문제의 핵심사항을 찾아내기 위한 조사로서 연구문제와 가설의 명백화, 조사표 작성의 기초 마련을 목적으로 하는 비조직적 · 탐색적 조사이다.

질문문항이 작성되고 배열이 결정되면 질문지 작성의 마지막 단계로 표지안

5) 응답경향은 응답자들이 질문내용에 상관없이 특정한 방향으로 질문에 응답하는 경향을 말한다. 응답경향은 언어구성보다 질문의 순서를 조절하여 바로잡아야 한다.

내문을 작성한다. 표지안내문에는 연구자의 신분을 밝히고 조사의 중요성과 유용성 및 응답의 이유와 비밀보장 약속을 설명하여야 한다. 또한 고유번호, 연구제목, 소개문 그리고 면접 시에는 면접일자, 시간, 면접자의 이름 등이 포함되어야 한다.

6) 편집 및 인쇄

이와 같이 작성된 질문지는 응답자에게 호감을 주고 중요한 것이라는 인식이 들도록 질문지의 표지, 용지, 활자, 크기, 공간 등을 고려한 후 인쇄해야 한다. 이때 응답자와 조사기관의 익명 · 기명 여부, 조사표 식별란, 응답자 식별란 등을 고려하여 필요할 경우 포함시키도록 한다.

4. 질문지법의 구성요소

질문지법은 크게 질문표지, 식별자료, 지시문, 정보획득 문항, 응답자의 분류를 위한 문항으로 구성된다.

① 질문표지에는 연구자와 연구기관의 소개, 연구의 목적, 취지, 내용, 조사 협조요청, 비밀보장 등의 내용이 포함되도록 한다.

② 식별자료에는 일련번호와 면접일시, 면접자의 이름, 응답자의 이름 등이 기재되도록 한다.

③ 지시문에는 응답방법이나 응답의 순서 등을 기재한다.

④ 정보획득을 위한 문항은 질문항목의 세부내용으로 질문지 작성에서 가장 중요한 부분이다.

⑤ 응답자의 분류를 위한 문항으로 인구통계학적 자료질문 등이 포함되도록 한다.

5. 질문지법의 용도

질문지법은 주로 사실질문과 견해질문의 두 가지 질문에 대한 답을 구하기 위한 용도로 사용된다. ① 사실질문은 응답자의 생활배경, 경험, 연령, 직업, 가족 수 등의 객관적 정보를 얻어내기 위한 질문이며, ② 견해질문은 어떤 사실에 대한 응답자의 의견, 태도, 판단, 감정 등과 같은 주관적 정보를 얻어내기 위한 질문을 말한다.

6. 질문지법의 장 · 단점

질문지법의 장 · 단점은 다음과 같다.

1) 장 점

① 대규모의 다양한 자료를 적은 비용으로 신속하게 수집할 수 있다.
② 광범위한 자료를 수집할 수 있어서 연구결과의 일반화 가능성이 매우 높다.
③ 면접자 편견의 개입이 없다.
④ 응답자가 충분한 시간을 가지고 응답에 임할 수 있다.
⑤ 익명성이 보장되므로 질문지를 통해서만 접근이 가능한 응답자에게 유용하다.
⑥ 동일한 내용을 동일한 방법으로 질문함으로써 측정의 오류를 최소화할 수 있어서 결과의 비교가능성이 높게 나타난다.
⑦ 현장 연구원이 필요 없고 비대면이므로 비교적 객관적이고 솔직한 응답을 구할 수 있다.

2) 단 점

① 응답자의 내면변화를 거의 파악할 수 없어 피상적인 결과가 나올 수 있다.

② 일회성 조사가 많으므로 인과관계의 규명에서 내적 타당성이 결여될 수 있다.

③ 무응답의 가능성이 많다.

④ 응답률이 낮은 경우 추가비용이 들고 연구가 지연될 수 있다.

⑤ 질문지에 대한 통제가 어렵다.

⑥ 생략된 부분의 보충설명이 곤란하다.

⑦ 응답해야 할 사람이 응답했는지가 의문시된다.

7. 폐쇄형 질문

1) 폐쇄형 질문의 개념

폐쇄형 질문(closed ended question)은 정해진 응답범주에 따라 응답이 이루어지는 질문으로 대규모 조사에 적합하며, 주로 비교의 목적으로 사용된다. 폐쇄형 질문의 응답항목은 항목 간에 상호 배타성(중복금지)[6]과 포괄성(총망라성)[7]이 있도록 구성되어야 하고 응답의 선택항목이 빠지지 않도록 하며, 다른 응답이 있다고 생각될 경우 기타 항목의 (　) 안에 기입하게 해야 한다.

2) 폐쇄형 질문의 유형

① 이분형 질문(찬반식 질문)

오직 Yes, No 등과 같이 두 개의 응답항목 가운데 하나를 선택하도록 하는 질

6) 상호 배타성은 응답항목들 간에는 내용이나 범주가 중복되어서는 안 되며, 한 응답자가 반드시 하나의 항목만을 선택하도록 해야 한다는 것이다.

7) 포괄성(총망라성)은 다지선다형 응답에서는 가능한 응답을 모두 제시해 주어야 한다는 것이다.

문형식이다. 제3의 대답이 가능한지 여부를 주의하여야 하며, 오로지 논리적으로 Yes, No(○, ×)만 가능할 때에 적용할 수 있다.

② 체크리스트[8)]

일종의 다항선택식 질문으로 여러 개의 응답내용 중 응답자가 원하는 사항에 체크하도록 하는 질문형태이다.

③ 선다형 질문(다항선택식 질문)

응답자가 3개 이상의 카테고리 가운데 몇 개를 선택하도록 하는 방법이다. 체크리스트와 비슷하나 체크리스트는 어떤 단어에 대한 선택이나 다항선택식 질문이 문장 또는 구절의 선택인 경우가 보통이고 응답의 수도 체크리스트보다 적다.

④ 서열형 질문[9)]

어떤 질문에 대해 가능한 대답을 열거해 놓고 중요한 순서, 좋아하는 순서, 싫어하는 순서 등으로 가려 놓으라고 하는 것이다.

⑤ 리커트 척도식 질문[10)]

한 사건 또는 현상을 서로 연관된 여러 개의 문항에 의해 측정하는 질문으로 추상적 개념의 측정에 적합하다. 질문항목들에 대하여 동일한 가치를 부여한다.

---

8) 체크리스트의 예 : 다음 중 귀하의 동네에 있는 것을 체크하시오. ( ) 장애인복지관, ( ) 경로당, ( ) 마을회관, ( ) 노인복지회관, ( ) 어린이집, ( ) 단기보호시설

9) 서열형 질문의 예 : 다음 보기에서 귀하가 배우자를 선택할 때 중요하다고 생각하는 순서대로 번호를 기입해 주세요. ① 재산– ② 건강– ③ 용모– ④ 성격– ⑤ 직업– ⑥ 학력– ⑦ 가문– ⑧ 지능–

10) 리커트 척도식 질문의 예 : (사회복지관의 서비스 정도 평가) 1. 필요한 것을 얻는 데 도움이 됐다– 2. 문제해결에 도움이 됐다– 3. 기대했던 것을 충족했다– 4. 도움받지 못했다– 5. 실망감을 줬다–(① 전혀 아니다, ② 아니다, ③ 그저 그렇다, ④ 그렇다, ⑤ 매우 그렇다).

⑥ **순위평가 질문(평정식 질문)**[11)]

질문에 대한 응답의 강도를 요구하는 질문이다. 이때 응답항목은 종류가 상이한 것이 아니라 한 개의 종류에 대한 강도가 다를 뿐이다. 리커트 척도식 질문이라 할 수 있으며, 순위를 평가하도록 하는 질문으로 가장 많이 쓰인다.

⑦ **누적척도식 질문**[12)]

강한 개념을 가진 문항들은 약한 개념을 가진 문항들을 포함하도록 의미상 서열을 이루고 있는 질문형태이다.

3) 폐쇄형 질문의 장 · 단점

폐쇄형 질문의 장 · 단점은 다음과 같다.

(1) 장점

① 채점과 코딩이 간편하다.

② 응답항목이 명확하고 신속한 응답을 가능케 해준다.

③ 응답자가 질문지를 완성하여 회신할 가능성이 훨씬 높아진다.

④ 조사자의 편견개입이 방지될 수 있다.

⑤ 민감한 질문에도 응답률이 높다.

⑥ 응답자의 학력과 거의 상관없다.

⑦ 복제가 가능하다.

⑧ 계측에 통일성이 있어 신뢰도를 높일 수 있다.

⑨ 응답의 해석이 쉽다.

---

11) 평정식 질문의 예 : 업무에 대한 책임성은? 매우 높다. 높다. 보통이다. 낮다. 매우 낮다 (매우 높다에 5점, 높다에 4점, 보통이다에 3점, 낮다에 2점, 매우 낮다에 1점으로 계량화할 수 있다)

12) 누적척도식 질문의 예 : 1. 귀하의 동에 어린이집 설립을 찬성하십니까? 예, 아니요 2. 귀하의 마을에 어린이집 설립을 찬성하십니까? 예, 아니요 3. 귀하의 집 옆에 어린이집 설립을 찬성하십니까? 예, 아니요

(2) 단점

① 연구자가 응답을 구성하면서 주요한 응답을 간과할 경우 치명적인 오류가 발생할 수 있다.
② 연구자가 적절한 응답자들을 제시하기가 어렵다.
③ 몇 개의 한정된 응답의 선택으로 응답자의 의견이 충분히 반영되기 어렵다.
④ 중요하거나 세부적인 응답범주를 파악하기 어렵다.
⑤ 편의의 발생으로 응답자의 태도 측정에 이용되기 어렵다.

8. 개방형 질문

1) 개방형 질문의 개념

개방형 질문(open ended question)은 응답자가 자기 주관대로 응답의 형태에 제약을 받지 않고 자유롭게 응답할 수 있도록 설계된 자유응답형 질문을 말한다. 주로 예비조사나 탐색적 조사 등의 기초조사에 많이 사용되며, 소규모의 조사에 용이하다. 개방형 질문은 응답자들의 대답을 범주화하며 연구자는 코딩(coding) 과정에서 자신의 편견이 개입되지 않도록 해야 한다. 개방형 질문에는 일정한 주제에 관하여 자유롭게 대화하는 자유회화식 질문과 일정한 사례를 제시하고 그 반응을 알아보는 사례식 질문이 있다.

2) 개방형 질문의 장 · 단점

개방형 질문의 장 · 단점은 다음과 같다.

(1) 장점

① 가치관, 태도, 기분 등과 같은 심층적인 분석연구에 적합하다.

② 강제성이 없고 다양한 응답이 가능하여 새롭고 많은 연구주제를 얻을 수 있다.
③ 질문 자체에 융통성이 있고 응답자의 사고과정이나 논리를 파악할 수 있다.
④ 특정한 집단의 형태에 대한 통찰력을 얻는 데 도움이 될 수 있다.

(2) 단점

① 적극적 응답을 유도하기 위한 동기부여가 쉽지 않다.
② 편견의 개입 및 표현상의 차이로 해석이 상이할 수 있다.
③ 통계적 분석 및 해석에 많은 시간이 걸린다.
④ 응답을 회피하거나 성의 없는 답변으로 응답률과 타당도가 낮을 수 있다.
⑤ 응답에 쓰인 문자 그대로 해석해야 한다.
⑥ 표현능력이 부족한 응답자에게 문제가 될 수 있으며, 응답을 통제할 수 없다.

제2절 관찰법

1. 관찰법의 개념

관찰법은 인간의 감각기관을 통해 사회현상을 인식하는 질적 연구방법으로 연구대상을 통제하지 않고 일정한 시간에 걸쳐서 연구대상의 행태를 지켜보고 들으며 관찰결과를 기록하는 방법이다. 주로 현장에서 사용하기 때문에 현장연구(field research)라고도 불린다.

관찰은 사물의 현상이나 인간의 행위[13]와 같은 외면적 조사에는 적절할 수 있

13) 행위에는 비언어적 행위, 공간적 행위(사람 간의 공간의 양을 통제하는 것과 구조화하려는 시도), 언어적 행위, 초언어적 행위(말의 속도, 음의 고저, 말 끊기의 성향 등)가 있다.

으나, 인간의 심리상태나 행동의 동기와 같은 내면적 조사에는 부족한 점이 있다. 관찰은 언어적 · 비언어적 행동 및 조사대상의 특성 등을 구조화된 관찰틀을 가지고 관찰할 수 있다. 일상적인 관찰에 비하여 과학적 관찰이 되기 위해서는 체계적으로 관찰내용이 계획되고 관찰결과를 기록하며, 관찰의 타당도와 신뢰도를 높이기 위한 검증과 통제가 가능해야 한다.

2. 관찰법의 과정

관찰의 과정은 목표의 설정, 대상집단과 관찰의 유형 결정, 관찰대상 집단으로부터 관찰승인, 라포(rapport)형성, 관찰 및 필드 노트 작성, 위기상황 대처, 종료, 자료분석, 보고서 작성 순으로 이루어진다.

① 관찰의 목표를 설정한다. 연구의 목적과 조사문제를 고려하여 무엇을 관찰할 것인지를 결정한다.

② 대상집단과 관찰의 유형을 결정한다. 연구목적에 적합한 대상집단은 무엇인지, 그 대상집단에 대한 구조화의 정도, 참여 정도에 따라 어떤 관찰방법이 적절한지를 결정한다.

③ 관찰대상 집단으로부터 관찰승인을 얻는다. 관찰의 대상이 결정되면 1차적으로 대상집단으로부터 관찰을 수행해도 좋다는 승인을 얻어야 한다.

④ 라포를 형성한다. 관찰대상 집단과의 유대를 형성하는 과정이다. 언어장벽의 극복, 관습의 숙지, 관찰자에 대한 오해를 불식시키는 것 등이 포함된다.

⑤ 관찰 및 필드 노트를 작성한다. 요점에 대한 사실관계의 기술 및 관찰자의 감정과 느낌을 기록하거나 녹취방법을 쓴다.

⑥ 위기상황에 대처한다. 가급적 힘이나 권위의 사용은 억제하고 피관찰자와 긴밀한 협조관계를 구축해 놓는다.

⑦ 관찰을 종료한다. 관찰이 끝나면 그냥 나오지 말고 종료를 선언하는 의식을 의도적으로 수행하도록 한다.

⑧ 수집된 자료를 분석한다. 수집된 자료를 가지고 연구대상 개념에 대한 명목 범주를 만들거나 분류 혹은 유형화를 시도한다.

⑨ 보고서를 작성한다. 피관찰자의 신분과 행동에 대해 어느 정도로 비밀을 유지해야 하는지에 주의를 기울인다.

3. 관찰법의 장 · 단점

관찰법의 장 · 단점은 다음과 같다.

1) 장 점

① 직접 현장에서 즉시 어떠한 사실을 진실되게 포착할 수 있다.

② 관찰대상자가 언어적 표현이 힘든 특수계층이거나 조사에 비협조적이고 거부하는 경우에도 관찰이 가능하다.

③ 자연스러운 상황에서 진행되므로 장기간에 걸친 종단분석이 가능하고, 인위적 상황에 따른 해석 차이의 문제를 줄일 수 있다.

④ 비언어적 사실이나 개인 · 집단의 행동 및 복잡하고 이해하기 어려운 사회현상 조사에 효과적이다(귀납적 자료수집).

⑤ 면접이나 질문지법으로 얻을 수 없는 관찰대상자의 무의식적인 행동의 경우에도 관찰을 통해서 자료수집이 가능하다.

2) 단 점

① 상황 발생시점을 기다리거나 현장을 찾아가는 데 시간과 경비가 많이 소요된다.

② 관찰대상의 표본이 적어 조사결과의 일반화와 계량화가 어렵다.

③ 인간 내면의식의 파악이 곤란하다.

④ 자료수집 과정의 통제가 어려워 일관성이 떨어질 수 있다.

⑤ 관찰자의 선택적 관찰과 주관적 해설에 의해 객관성이 저하될 수 있다.

⑥ 익명성의 결여로 민감한 문제에 대한 조사가 어렵다.

〈표 8-1〉 관찰법의 장 · 단점 요약

장 점	단 점
• 현장에서 사실 포착 • 구두 표현 능력이 없는 경우도 가능 • 조사에 비협조적이거나 거부할 경우 용이 • 일상생활 관찰 가능 • 장기간의 종단분석	• 현장 포착의 어려움 • 외부로 표현되지 않는 것은 관찰의 한계 • 대규모 조사에 어려움 • 피관찰자나 집단에 접근이 어려움 • 시간, 비용, 노력이 많이 듦

4. 관찰법의 유형

관찰방식이 얼마나 직접적인가? 관찰대상자가 자신이 관찰되고 있다는 사실을 알고 있는가? 관찰상황이 인위적인가? 얼마나 체계적인가? 어떤 도구를 사용하는가?에 따라 관찰법을 구분할 수 있다.

1) 직접관찰과 간접관찰

직접관찰은 대상자의 행동을 직접 보고 관찰하는 방법으로 행위가 일어나기까지 기다려야 하는 불편함이 있고 시간과 비용이 많이 든다. 반면 간접관찰은 행동이 일어난 후에 흔적이나 관련문헌 등을 관찰하는 방법으로 적은 비용으로 손쉽게 자료를 수집할 수 있다.

2) 공개관찰과 비공개 관찰

공개관찰은 대상자가 자신이 관찰되고 있다는 사실을 아는 상태에서 관찰하는 방법으로 관찰자 효과가 나타날 수 있다. 비공개 관찰은 대상자가 자신이 관찰되고 있는 사실을 모르는 상태에서 관찰하는 방법으로 자연스러운 상태에서 조사할 수 있으나 윤리적인 문제가 발생할 수 있다.

3) 조직적 관찰과 비조직적 관찰

관찰방법의 구조화 및 체계화 정도에 따른 유형이다. 조직적 관찰(체계적 관찰)은 관찰대상을 사전에 명백히 정하여 표준화된 관찰조건에 따라 일상적인 환경에서 자연스럽게 관찰하는 방법으로 조사결과의 일반화가 가능하지만 행동이 일어나는 시점까지 기다려야 하는 단점이 있다.

비조직적 관찰(비체계적 관찰)은 관찰의 대상이나 도구를 명확히 규정하지 않고 인위적으로 행동을 유발시켜 관찰하는 방법으로 기계 등을 사용하는 실험효과의 측정이 가능하며 시간절약의 장점이 있다. 주로 탐색적 연구에 사용된다.

4) 인간의 관찰과 기계의 관찰

연구대상의 특성이나 상황에 따라 관찰도구가 달라질 수 있다. 고도의 정확도가 필요하거나 비용절약을 위하여, 또한 사람이 관찰하기 어려운 경우 기계를 이용하여 관찰하기도 한다.

5) 참여관찰 · 준참여 관찰 · 비참여 관찰

관찰자의 참여 정도에 따른 유형이다. 참여관찰은 관찰자가 자신의 신분을 밝히지 않고 관찰대상의 구성원으로 참여하면서 가장 자연스러운 상태에서 관찰하는 방법으로 타당도가 높은 반면에 신뢰도는 낮으며 대상의 자연성과 유기적 전체성을 보장한다.

준참여 관찰은 관찰대상의 생활에 일부만 참여해 관찰하는 방법이며, 비참여 관찰은 조사자가 신분을 밝히고 제3자의 입장에서 관찰하는 방법으로 신뢰도가 높은 반면에 타당도가 낮으며 주로 조직적인 관찰에 사용된다.

특히 참여관찰은 관찰자의 참여(역할담당) 여부와 공개 여부에 따라 완전관찰자, 참여관찰자, 관찰참여자, 완전참여자의 네 가지 유형으로 구분된다.

〈표 8-2〉 참여관찰의 유형

구 분	공개 여부	참여 여부
완전참여자	비공개	참여
관찰참여자	공개	참여
참여관찰자	공개	비참여
완전관찰자	비공개	비참여

(1) 완전참여자

어떤 경우에든 연구자가 아니라 참여자로 보이도록 하면서 관찰대상의 어떤 생활영역이든 관심을 갖고 영향을 미치게 될 것이다. 내부자로서 상세한 정보 획득이 가능하나 활동과 질문에 제약을 받고 기록노트 없이 기억에 의존해야 하며 윤리적 갈등의 문제가 있다.

(2) 관찰참여자

연구조사자는 연구집단에 완전히 참여하지만 자신이 연구조사를 하고 있다는 것을 분명히 밝힌다. 연구자는 조사대상 집단의 일원으로 활동하면서 집단동료에게 자신이 무엇을 하고 있는지를 알린다. 역할의식의 가능성이 전혀 없고 기록이 가능하며 질문과 활동에 제약을 받지 않으나 외부자라는 지위 때문에 정보획득이 제한될 수 있다.

(3) 참여관찰자

참여관찰자는 자신을 연구자로 신분을 밝히고 사회과정에서 참여자들과 상호작용을 하지만 실제로 전혀 참여자인 것처럼 언행을 하지는 않는다. 즉, 노숙자들을 면담하고 그들이 생활하는 곳을 방문하고 숙식하는 것을 보며, 병든 노숙자들을 병원에 동행하면서 필요한 정보를 얻는다. 그러나 조사대상 집단에 완전히 참여하지는 않는다. 윤리적 문제나 역할의식의 가능성이 없고 관찰기록이 가능하며, 질문에 제한을 받지 않으나 반복질문과 관찰이 어려우며 정보의 완전성과 상세함이 부족하다.

(4) 완전관찰자

연구조사자의 신분을 밝히지 않고 어떤 방식으로든 사회과정의 일부가 되지 않으면서 사회과정을 관찰한다. 완전참여자보다 연구대상에 영향을 미칠 가능성이 적은 반면, 연구대상을 완전히 이해하게 될 가능성도 적다.

관찰은 피상적이고 일시적이 될 수 있다. 관찰기록이 가능하고 역할의식이 전혀 없으나 윤리적 문제가 크며 반복적 관찰과 상세한 정보획득이 어렵다.

6) 통제관찰과 비통제 관찰

관찰상황에 대한 통제 여부에 따른 유형이다. 통제관찰은 관찰조건을 인위적으로 통제한 상황에서 관찰이 이루어지는 방식이다. 실험실이나 현지실험의 상황에서 조사목적에 맞게 기획된 카테고리를 관찰하고 관찰기록은 관찰표를 이용해 부호로 기록한다.

비통제 관찰(자연적 관찰)은 관찰조건을 표준화하지 않고 자연적 상황에서 행동이 일어나는 시점까지 기다려 관찰이 이루어지는 방식이다. 관찰내용에 통제가 없어 방대해질 수 있으므로 인적 상황, 배경, 목적, 동기, 관찰대상의 행위, 그 행위의 시간과 빈도에 유의한다. 조사목적에 이용할 수 있는 자료가 된다면 다양하게 관찰하는 방법으로서 이는 탐색적 조사에 많이 사용된다.

제3절 사례연구

1. 사례연구의 개념

사례연구(case study)란 어떤 특정한 사례를 시간과 장소가 제한된 범위에서 면접과 관찰, 조사를 통하여 새로운 해석과 의미를 얻어내기 위한 조사방법을 말한다. 어떤 현상이 사례로 규정되기 위해서는 시간과 장소에 의해 명확한 경계가 이루어져야 하며, 사례의 경계가 명확해야 그 사례에 해당하는 자료와 그렇지 않은 자료를 구분하여 수집할 수 있기 때문에 사례연구를 경계지어진 체계(bounded system)라고 한다. 여기서 사례는 개인이나 가족, 집단, 지역사회, 조직, 사건, 프로그램, 의사결정 등의 단위가 될 수 있다.

사례연구는 한 사례에 대한 깊이 있는 분석을 통해 같은 상황 속에 있는 다른 사례들을 이해하고 도움이 될 수 있는 방법을 찾을 수 있다. 특정 사례가 갖는 여러 속성을 연결하여 포괄적인 인간관계를 깊이 있게 조사할 수 있으므로 복잡한 인간행동과 사회적 환경을 이해하는 데 유용하게 사용된다. 사례연구는 현상에 대한 심층적 이해를 목적으로 한다는 점에서 대부분 질적 연구로 간주하지만 부분적으로 양적 연구를 병행하는 종합적 조사방법이다.

사례연구는 기존 명제나 가설을 검증하기보다는 새로운 관계를 귀납적 추론을 통해 찾아내고자 할 때 사용되며, 오직 연구대상에 대한 기술과 탐구를 주된 목적으로 하는 예비조사와 같은 성격을 지니고 있다. 이러한 사례연구는 위인의 생애를 조사연구하는 것으로부터 행정문제에 대한 정책결정에 이르기까지 중요한 조사방법이 되고 있다.

2. 사례연구의 용도

사례연구는 다음과 같은 조건이 충족될 때에 적절히 활용될 수 있다.

① 사회상황을 문화적 배경과 관련시켜 상세히 연구하는 경우
② 어느 대상, 사람, 상황의 자연적 발전이나 생활사를 연구하는 경우
③ 전체적인 사회상황과 연관되어 있는 복합적 관계를 기술하는 경우
④ 인간의 내적 상황이나 사회적 욕구, 동기, 배경하에 연구하는 경우
⑤ 주제에 관한 조사연구가 이미 상당 부분 되어 있는 경우
⑥ 주제가 불법의 성향이거나 사회적으로 지지받을 수 없는 행위가 포함될 경우
⑦ 연구대상자를 대표할 수 있는 표본을 뽑을 수 없을 경우

한편 사례연구에서는 과거의 사실이나 바람직하지 않은 문제사례의 요인, 타인의 경험에 지나친 비중을 두지 않도록 주의하여야 한다.

3. 사례연구의 장 · 단점

사례연구는 다음과 같은 장 · 단점을 가지고 있다.

1) 장 점

① 어느 인간, 상황의 자연적 발전이나 특성, 생활사 연구에 유용하다.
② 소수사례의 집중적 · 종합적 연구로 전면적인 인과관계를 파악할 수 있다.
③ 연구대상 사례의 동태적인 변화나 기능적 관계를 규명하는 데 적합하다.
④ 설명적 조사연구를 위한 예비조사나 탐색적 조사로 사용될 수 있다.
⑤ 가설에 대한 신뢰도를 높여준다.
⑥ 통계조사에 대해 보완적 자료를 제공할 수 있다.
⑦ 양적 연구가 불가능한 내용에 대한 통찰력을 얻는다.

2) 단 점

① 연구대상의 수가 적어 관찰할 변수의 폭과 깊이가 불분명하다.

② 연구대상의 대표성 문제로 다른 사례와 비교가 불가능하다.

③ 연구자의 가치 · 주관 등이 개입되어 학술적인 일반화 가능성이 낮다.

④ 변수에 대한 관찰과 반복적 연구가 어려워 자료의 신뢰성에 문제가 있다.

⑤ 결정적 정보나 지식을 생성하는 데 한계가 있다.

⑥ 대체로 시간과 비용이 많이 든다.

3) 사례연구 단점의 시정방법

사례연구 단점의 시정방법은 과학적 조사절차의 원칙을 지키는 것이라 할 수 있다. 그 방법을 살펴보면 다음과 같다.

① 사례연구의 목적과 방법을 분명히 한다.

② 객관적인 사례의 수집과 자료의 통계적 처리로 객관성을 높인다.

③ 명백한 용어의 표준화된 조사표를 통한 표준화된 관찰을 한다.

④ 조사된 사례를 기술적으로 재구성해 보고 이론적 · 경험적으로 분석한다.

⑤ 사례연구를 통계조사와 상호 배타적인 관계로 이해하기보다는 보완적 관계를 유지하도록 하여야 한다.

4. 사례연구의 유형

사례연구는 어떤 사례에 대한 충분한 이해를 목적으로 수행되기도 하고 어떤 사회문제에 대한 이해를 돕고 이론을 보완하기 위해 수행되기도 하는데, 이렇게 목적에 따라서 사례연구를 내재적 사례연구와 도구적 사례연구, 집합적 사례연구로 구분할 수 있다.

1) 내재적 사례연구

내재적 사례연구(본질적 사례연구)란 단순히 개별사례를 더 잘 이해하기 위해 실시하는 것으로 내재적 사례연구의 1차적인 목적은 이론형성에 도움을 주거나 광범위한 사회적 이슈를 다루는 데 있지 않고, 연구되는 사례 자체가 독특하고 중요하기 때문에 탐구적 목적을 가지고 특정 사례에 대하여 보다 깊이 있게 묘사하고 이해하는 데 있다. 현장실천적 연구자는 보통 이러한 내재적 사례연구를 수행한다.

2) 도구적 사례연구

도구적 사례연구란 일반 연구의 목적을 더욱 발전시키기 위해 실시하는 것으로 도구적 사례연구의 목적은 해당 사례 자체를 깊이 있게 이해하려는 데 있지 않고, 연구문제를 해결하거나 이론 형성과 다른 사례에 대한 이해를 돕는 데 있다. 사례연구를 도구로 활용하기 때문에 도구적 사례연구라고 부른다.

예를 들어, 청소년 비행이나 노숙자 문제 등과 같은 사회적 이슈를 이해하고 이론을 개발하기 위한 연구목적을 두고 있을 때 특정 사례를 채택하여 사례연구를 수행하는 것이다.

학술적 목적의 연구자는 보통 이러한 도구적 사례연구를 수행한다.

3) 집합적 사례연구

집합적 사례연구란 사회적 이슈나 한 집단의 사람들에 대한 이해를 넓히기 위하여 실시하는 것으로, 집합적 사례연구의 1차적인 목적은 개별사례에 대한 관심에 있지 않고 어떤 집단 내부에 있는 개별사례의 특징을 연구하여 사회적 이슈나 연구되는 현상의 모집단을 이해하는 데 있다. 즉, 사례들 간에 혹은 개념 간에 비교가 가능할 수 있도록 개별사례를 선택하여 사례연구를 진행하면서 모집단에 대한 이론의 확대나 유효성의 검증 등에 있다고 할 수 있다.

예를 들어, 북한주민들의 심리상태를 연구하려면 탈북주민들을 대상으로 다수의 집합적 사례연구를 실시한 후 그 결과를 가지고 북한주민들의 심리상태를 이해할 수 있을 것이다.

또한 사례연구는 연구가 갖는 총체적 의도에 따라 서술적 사례연구(심층적 서술목적), 해석적 사례연구(이론지향적 목적), 평가적 사례연구(성과평가적 목적)로 구분하며, 연구대상에 따라 개인에 관한 사례연구,[14] 집단에 대한 사례연구, 정책형성 및 그 시행효과에 관한 사례연구로 나눌 수 있다.

---

14) 개인에 관한 사례연구는 문화적 배경 및 사회환경이 개인의 인격형성이나 의사결정에 미치는 영향을 파악하는 데에 주 목적이 있는 것이다. ① 개인의 생활사적 연구(개인이 다른 목적으로 자신의 사생활에 대하여 기술한 편지 · 일기 등의 생활사적 자료를 연구 · 검토하여 간접적으로 조사하는 방법), ② 임상적 연구방법(개인의 사적 생활 또는 사적 경험에 대해 조사원이 면접 · 관찰 등의 방법으로 직접 조사하는 것) 등이 있다.

KEY POINT

■ 질문지 구성의 고려사항

① 연구목적과의 관련성

② 개별문항들의 기여성

③ 문항작성의 적절성

■ 질문항목 작성의 유의점

① 질문과 설명의 구분

② 주관식 질문과 객관식 질문 구분

③ 질문의 명확성

④ 이중 질문의 지양

⑤ 응답자의 능력을 고려

⑥ 짧은 질문이 더 효과적

⑦ 편견이 섞인 용어나 항목들의 회피

⑧ 서술의 간결 명확성

■ 질문항목의 배치순서

① 민감한 문제나 주관식 문제들은 질문지의 뒤에 배치한다.

② 개연성 질문은 그에 적합한 순서대로 정한다.

③ 고정반응을 막기 위해 항목들을 적절하게 배치한다.

④ 질문항목들의 길이와 유형들을 다양하게 한다.

■ 관찰조사

① 장점 : 비언어적 상황, 탐색적 조사에 유리(종단적 조사, 질적 조사, 귀납법)

② 단점 : 주관적, 편견가능, 양적 연구에 한계, 피조사자에 대한 통제 불가능

■ 관찰의 종류

① 참여관찰 : 외부사람인 관찰자가 임시적으로 관찰대상 집단의 내부 사람이 되어 관찰하는 방법이다.

② 비참여 관찰 : 관찰자가 제3자의 입장에서 대상자의 자연스럽고 정상적인 행동을 관찰하는 방법이다.

③ 준참여 관찰 : 생활의 일부에만 참여하여 관찰하는 방법이다. 그 예로 교생실습이 이에 해당된다.

■ 관찰에 따른 내용

① 관찰내용의 기록 : 녹음기, 촬영기, 노트북 등을 이용한다.

② 관찰내용의 신뢰도 : 전문가에 의한 관찰이 요구된다.

③ 관찰자와 피험자 간의 관계 : 도덕적 책임관계가 성립된다.

■ 사례연구

① 통계적 방법에 의한 양적 측정의 어려움을 해결하기 위한 질적 연구 방법이다.

② 1960년대부터 임상사회사업 등에 과학적 입증 연구방법으로 더욱 발전되었다.

③ 사회현상의 내부를 조사 연구한다는 점에서 통계조사와는 보완적 관계에 있다.

■ 사례연구 서비스

① 간접서비스 : 지역자원 연결과 조정(서비스 체계 중심)(주된 기능)

② 직접서비스 : 현장상담 및 직접 해결(클라이언트 체계 중심)

Chapter 9

면접 및 내용분석

제1절 면 접

제2절 내용분석

Chapter 9

면접 및 내용분석

제1절 면 접

1. 면접의 개념

면접은 연구자와 응답자 간 면대면(face to face)의 상호작용을 통하여 인간의 특정한 현상, 즉 행동, 태도, 감정, 신념 등에 관한 정보를 수집하는 방법으로 직접 대면면접 또는 자기기입법이라고도 부른다.

사회복지실천에서의 면접은 전문적 관계에 바탕을 두고 정보수집, 과업수행, 클라이언트의 문제나 욕구해결 등과 같은 목적을 수행하는 시간제한적인 의사소통으로서 사회복지 개입의 주요 도구이며, 면접을 통해 인간이 특정한 현상을 어떻게 경험하고 느끼는지 알 수 있거나 이를 정확하게 측정할 수 있다. 조사대상자의 입장에서 '읽고 쓰기' 대신에 '듣고 말하기'로 응답을 하는 것이다.

면접은 지식 · 교육수준을 불문하고 사용이 가능하며 질문지보다 공정한 표본이 확보될 수 있고 개별적 상황에 높은 융통성과 적응성을 갖는다.

면접은 자료수집의 도구로 사용되기도 하지만 연구문제의 설정이나 가설의 정립, 질문지의 사전조사에도 활용된다.

2. 면접의 특성

면접의 특성은 ① 변수를 확인하고 가설을 도출하기 위한 탐색적 조사에 사용될 수 있고(일반적 조사도구), ② 질문과 응답이라는 형식을 통해 자료를 수집할 수 있으며(자료수집도구), ③ 관찰이나 질문 등의 다른 조사방법에 의해 수집된 자료의 타당성 여부를 검토할 수 있다는 점이다(보충성).

3. 면접의 종류

면접은 면접상황에 따라 개인면접, 전화면접, 집단면접, 패널면접, 집중면접, 비지시면접으로 나누며 구조화 정도에 따라 구조화 면접, 반구조화 면접, 비구조화 면접으로 나눈다.

1) 면접상황에 따른 분류

(1) 개인면접

면접자와 응답자가 일대일로 직접 대면하여 자료를 수집하는 방법으로 면접시간이 한 시간 이상 소요될 경우에 주로 사용되며, 사진이나 그림과 같은 시청각 자료를 이용할 수 있는 장점이 있다.

(2) 전화면접

전화면접은 면접자와 응답자가 전화상으로 통화하여 자료를 수집하는 방법으로 통화시간은 20분 이상을 넘지 않도록 하는 것이 보편적이다. 비용이 적게 들고 면접원에 의한 편의가 발생할 가능성을 줄일 수 있는 장점이 있으나, 복잡하고 시간이 많이 걸리거나 정치적 견해 등과 같은 질문에 대해 자신의 의견을 표현하는 데 익숙하지 않은 경우가 많다.

(3) 집단면접

의도적으로 조성된 집단에서 발생하는 역동성을 통하여 집단구성원들이 보여주는 다양한 모습들에 관해 자료를 수집하는 과정이다. 일반적으로 10명 내외의 응답자로 구성되며 집단의 역학관계를 이용하여 토론을 유도하여야 한다. 비구조화된 면접조사방법을 주로 사용하며 면접대상자들을 한자리에 불러 모아 놓고 응답요령을 알려준 후 질문하고 응답하도록 한다. 구조화된 개인면접에 비해 면접과정이 유연하고 비용이 적게 든다는 장점이 있으나 결과를 일반화하거나 자료를 해석하고 분석하는 것이 어려운 단점이 있다.

(4) 패널(반복적)면접

일정한 시간을 두고 동일한 질문을 반복하거나 그 면접기간에 동일한 응답자에게 반복적으로 면접하는 방법이다. 응답자가 같기 때문에 응답자의 변화나 추이 등 동적 분석에는 적합하나 반복할 때마다 응답자의 수가 감소하는 것이 문제가 된다.

(5) 집중면접

응답자들에게 그대로 질문을 하기보다는 응답자들이 자기들에게 영향을 주는 요소 및 자극이 어떤 것이고, 그것들이 그들의 상태에 어떠한 결과를 가져오게 되는가를 스스로 밝히도록 그 응답자를 도와주는 방법이다.

(6) 비지시면접

면접자가 어떤 지정된 방법 및 절차에 의하여 응답자를 면접하는 것이 아니고, 응답자로 하여금 어떠한 응답을 하든지 공포감을 갖지 않고 자유스럽게 응답할 수 있는 분위기를 마련해 준 다음 면접을 하는 방법이다.

2) 구조화 정도에 따른 분류

면접과정에서 면접원의 자율성과 구조화[1]에 따라 구조화의 정도가 높은 순으로 열거하면 다음과 같다.

(1) 구조화 면접(표준화 면접, 지시적 면접)

구조화 면접(structured interview)은 엄격히 정해진 면접조사표에 의하여 그대로 면접을 하는 것으로서 가장 구조화(표준화)된 형태의 면접이다. 대부분 폐쇄형 질문이며 많은 면접원을 필요로 하는 대규모 조사에서 선호되는 조사방법이다.

구조화 면접은 면접자 행동의 통일성에 의해 질문의 내용과 언어표현, 순서 등에서 오는 오류를 줄일 수 있고 반복적 연구가 가능하다. 일관성 있는 질문으로 신뢰성이 높고 계량화 측정이 용이하며, 정보의 비교가 가능하나 새로운 사실 및 아이디어의 발견 가능성이 낮고 융통성과 타당성은 떨어지며 특정 분야의 깊이 있는 탐색적 연구에서는 부적절할 수 있다.

(2) 반구조화 면접(면접지침 접근법)

반구조화 면접(focused interview)은 일정한 수의 중요한 질문만 구조화하고 그 외의 질문은 비구조화하는 면접방식으로, 구조화의 정도가 구조화 면접보다 약한 것이다. 즉, 중요사항은 면접일정에 따르고 부수사항은 면접지침서에 의한다.

응답자는 주어진 질문에 자유롭게 표현할 수 있어서 응답자의 개별화된 반응과 감정을 관찰할 수 있으나, 면접자의 주관이 개입될 여지가 있고 즉흥적인 질문에 의하여 신뢰성이 결여될 수 있다. 일관성이 문제가 되는 상황에서보다 주로 소규모의 질적 연구에서 선택된다.

---

1) 질문순서, 응답형식 등을 미리 규정해 둔 행동양식

반구조화 면접으로 초점면접[2)]과 임상면접[3)]을 들 수 있다.

(3) 비구조화 면접(비공식 대화면접, 비지시적 면접)

비구조화 면접(unstructured interview)은 면접표도 없고 질문의 형식이나 순서의 지정 없이 면접원에 따라 질문의 내용과 프로빙(probing)의 기술이 달라지는 자유응답식 면접방식으로 구조화의 정도가 가장 약한 면접이다. 가장 개방적인 면접방법으로서 응답자와의 라포(rapport)형성이 용이하고 면접화술의 조정으로 융통성과 타당성이 매우 높아 탐색적 연구에 적합하다. 그러나 면접자의 주관이 개입될 우려가 가장 크고 질문의 일관성이 낮아 면접원의 전문지식과 통찰력 및 객관성의 확보가 매우 중요한 수준 높은 조사연구에서는 사용되기 힘들다. 특히 대규모의 조사에서는 활용할 수 없다.

4. 면접의 과정

성공적인 면접을 위해 고려해야 할 사항들을 살펴본다.

1) 응답자의 확보

무엇보다도 먼저 고려할 사항은 응답자를 선정하고 응답자와 신뢰감을 형성하는 일이다. 면접 전에 추천이나 허가, 승낙을 받고 사전에 방문한다는 사실을

2) 초점면접은 구체적으로 질문문항은 작성하지 않지만 면접의 목적과 얻고자 하는 정보가 분명한 경우에 사용되는 방법으로 연구목적과 관련된 경험자에게 집중적으로 질문하는 방법이다.

3) 임상면접은 개별사회사업이나 상담에서 주로 사용되는 방법으로 면접의 전반적인 관심은 면접원이 제시하나, 구체적인 응답의 방향이나 강도는 클라이언트가 결정하는 것이 초점면접과 다른 점이다.

알리고 가는 것이 좋으며, 면접거절을 줄이기 위해 전화보다는 편지로 면접약속을 하고 면접 시간을 선정하는 일이 중요하다.

2) 초기 접근

먼저 면접원은 자기소개를 하고 연구의 목적과 유용성, 비밀보장, 면접 진행시간, 응답자로 하여금 연구주제가 가치 있다고 여기도록 말해준다. 응답자와 유사한 의상이나 말씨, 표정, 태도, 응답에 대하여 중립적이고 공평해야 하며, 친절하고 진지한 태도로 응답자와 정서적 유대를 빨리 맺는 것이 중요하다.

3) 면접기술

응답자로부터 면접을 허락받게 되면 본격적인 면접을 실시한다. 가급적 편안한 분위기에서 초기에는 간단한 질문을 시작으로 각 문항은 질문지에 있는 그대로 질문하여야 하며, 특정 응답을 유도하거나 답변을 시사하는 일이 없도록 해야 한다. 질문의 표현과 순서 등 질문지에 익숙해져야 하고 부적절하거나 애매모호한 응답에 대하여는 중립적이고 비지시적인 심층규명[4]으로 분명하게 해야 한다.

4) 프로빙 기술

프로빙(probing) 기술이란 응답자의 응답이 불충분하거나 정확하지 못할 경우 자료의 타당도를 높이기 위한 목적으로 사용하는 캐묻기식 추가질문을 말한다.

프로빙 기술은 ① 완성형 질문("더 추가하실 말씀은?"), ② 명료화 질문("그 점에 대해 한 번만 더 설명해 주세요"), ③ 경로형 질문("누구로부터 들으신 이야기입니까?"), ④ 무언의 암시 등을 통해 응답자로 하여금 더 많은 정보를 말하도록 하는 방법이다.

---

4) 심층규명은 명확 · 간결하게, 편의가 없게, 개방적 · 탐색적으로, 폐쇄형 질문과 개방형 질문을 섞어서, 중립적 · 구체적으로, 논리적 순서에 따라 규명하며, 민감한 질문이나 너무 많은 질문을 하지 않도록 한다.

5) 응답기록

응답기록은 면접자의 주요 역할 중의 하나로 응답의 내용을 기록하는 것이다. 응답내용을 기록하는 방법에는 ① 응답내용을 미리 특정 범주로 분류하여 기록하는 방법(폐쇄형 질문의 경우), ② 응답내용의 핵심을 요약하여 기록하는 방법(비표준화 면접의 경우), ③ 응답내용을 그대로 옮겨 적는 방법, ④ 녹음기나 비디오테이프로 응답내용을 녹화하는 방법 등이 있다.

6) 면접의 종료 및 정리

면접자는 면접이 끝날 경우 응답자와 좋은 관계를 맺고 면접을 종료함으로써 미래에 보충적인 질문이 필요할 경우 다시 면접할 수 있는 여지를 남겨두어야 한다. 또한 면접 시간, 응답자의 태도, 협조 정도, 이해도와 같은 정보를 질문지의 여백에 남겨 슈퍼바이저(supervisor)로 하여금 슈퍼비전이나 교육적 도구로 활용하는 것도 중요하다.

7) 면접원 감독

면접대상을 제대로 면접하는지를 감독하여야 하며, 개별 면접원별로 수행한 과업의 양, 적절성, 슈퍼비전 시간, 거절된 면접 건수 및 지급된 비용 등의 자료를 기록해 둔다.

면접원과 정기모임을 통해 면접원의 고립감을 방지하고 면접 기술 및 동기를 고무시키도록 한다.

5. 면접의 장 · 단점

면접의 장 · 단점은 다음과 같다.

1) 장 점

① 응답자의 성격과 관련하여 응답률이 매우 높고 표본의 편의를 줄일 수 있으며, 표본의 폭을 넓힐 수 있다.
② 자료수집과 관련하여 제3자 개입오류를 최소화할 수 있으며, 라포형성과 면접환경 및 질문순서의 통제가 가능하고 면접형태의 조절로 장기간에 걸쳐 상세하게 조사할 수 있다. 캐어묻기(probing) 등의 기술로 심층규명을 함으로써 충실한 응답을 얻을 수 있다.
③ 자료의 성격과 관련하여 면접자의 태도, 기술 여하에 따라 복잡하거나 민감한 부분의 질문이 가능하고 비언어적 행위나 표정, 우발적인 반응이나 사건 등을 통해 추가정보를 얻을 수 있으며 무응답, 무정보, 확인 불가의 자료를 감소시킬 수 있어 누락자료를 최소화할 수 있다.

2) 단 점

① 시간, 비용이 많이 들고 응답자의 신원이 노출되며 표본의 확대가 어렵다.
② 면접원의 편의문제로 신뢰도와 타당성에 영향을 미치고 면접원의 통제가 어려우며 표준화된 자료수집이 사실상 불가능하다. 특수층의 사람, 즉 고위정부관리, 일용 근로자 등은 면접을 실시하기 어렵다.
③ 응답의 성격과 관련하여 응답자의 익명성이 결여되어 민감한 내용을 도출하기 어렵고 즉각적인 응답의 부담으로 정책이나 제도에 대한 대안 등 충분한 생각을 필요로 하는 질문에 부적합하다. 상호 이해가 부족한 경우 오류가 개입될 가능성이 있다.

6. 면접원의 선발과 훈련

면접에서 면접원은 질문지의 내용을 동일한 의미로 전달하도록 중립적인 역할을 수행하는 것이다.

이러한 기본원칙 하에 면접원은 조사대상자와 면담하여 조사에 참여할 것을 독려하고 협조해 줄 것을 요청하여야 하며, 응답자가 면접과정에서 적극적으로 정보를 제공할 수 있도록 유도하고, 면접원은 응답내용을 사실 그대로 객관적이고 표준화된 방식으로 기록하여야 한다.

1) 면접원의 선발

먼저 면접원의 수를 결정한다. 소요경비, 조사대상자의 수, 면접당 소요되는 시간 및 면접기간 등을 고려하여 조사에 참여하는 면접원의 수는 가급적 20명 이내로 하는 것이 바람직하다.

면접원의 수가 결정되면 면접요원을 모집할 기관을 정한다. 일반적으로 전문조사기관, 조사 후원기관, 자원봉사조직, 지역사회대학 등으로부터 모집하는 경우가 많다.

모집할 기관이 정해지면 정해진 기준에 의해 면접원을 선발하여야 한다. 일반적인 면접원의 선정기준은 성, 연령, 언어능력이나 외모와 같은 외형적 요인들과 성격, 태도, 지식 정도 등의 내면적 요인들을 포함한다. 가급적 면접원은 정직하고 성실하며 논리적인 사고를 체계적이고 정확하게 전달할 수 있어야 한다. 또한 기록할 수 있는 능력을 갖추거나 정서적으로 안정되고 인내력이 있으며 특정 쟁점에 편향된 태도나 의견을 갖지 않아야 한다.

2) 면접원의 훈련

면접원의 훈련과정은 크게 사전준비, 일반교육, 심화교육 그리고 모의연습(역할놀이)의 네 단계로 구분된다. 사전준비로 훈련일정표, 면접지침서, 질문지 등을 훈련 시작 전에 나누어 주고 질문지의 구체적 내용에 대한 교육, 즉 조사목적이나 과정에 대한 일반교육과 질문지의 모든 문항을 한 줄씩 살펴보면서 함께 토론을 진행하는 심화교육을 실시한다.

교육이 끝난 이후에 면접요원들은 2명씩 짝을 지어 전체 면접원 앞에서 2~3회 정도 가상적인 면접을 실시한 다음 실제 면접에서 사용될 자료를 가지고 응답자를 찾아가서 약 다섯 번 정도의 직접면접을 해보도록 한다.

3) 면접오류

면접원 또는 면접진행 과정에서 오류가 발생할 수 있다. 면접원의 외모나 태도, 유도질문, 응답자의 의견속단 등에 의해서 면접오류가 발생하며 면접진행 과정에서는 질문문항이나 순서, 비지시적 질문, 응답에 대한 면접자의 편견 등에 의해서 오류가 발생할 수 있다.

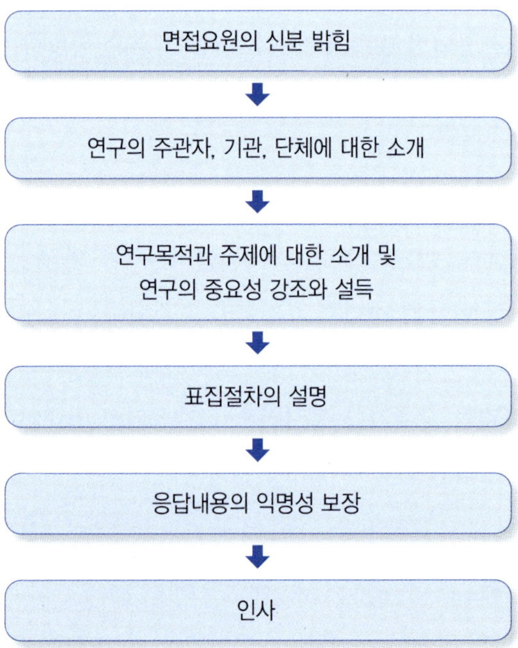

|그림 9-1| 면접조사 개시 순서

제2절 내용분석

1. 내용분석의 개념

내용분석(content analysis)이란 신문, 서적, 문헌자료 등 의사소통 기록물의 현재적 및 잠재적 내용을 수집 · 분석하여 의미를 찾고, 이를 객관적 · 체계적 · 계량적 방법으로 양적 자료화하는 기술을 말한다. 내용분석은 의사전달의 특징과 원인 및 효과에 대한 추론을 하거나 질적 내용을 수량적으로 분류하는 것을 목적으로 한다.

관찰법이 인간의 행동을 관찰하는 방법이라면 내용분석은 인간이 만든 자료를 관찰하는 방법으로 어떤 주제에 관한 정보를 얻거나 가설을 검증하고자 하며 사회복지 분야에서 사회문제 분석, 정책여론 분석, 사회사업방법론 분석 등에 유용하게 이용될 수 있다.

① 사회복지사 1급 국가시험이 1회부터 10회까지 아동 관련 이슈를 얼마나 다루었는지를 분석하고자 한다.
② 보편적 복지에 대한 한국사회의 인식변화를 알아보고자 과거 10년간 한국의 주요 일간지 보도 자료를 분석하고자 한다.

2. 내용분석의 장 · 단점

내용분석의 가장 큰 장점은 2차 자료를 이용하기 때문에 비용과 시간이 적게 든다는 경제성이다.

내용분석은 분석의 오류를 전체가 아닌 일부분만 쉽게 수정할 수 있어 안전성이 있으며, 소급조사가 가능하므로 장기간에 걸쳐 발생한 역사적 연구에 적합하고 비관여적 연구조사로 연구대상자에게 영향을 미치지 않는다는 점이다.

이 외에 가치, 태도 등 심리적 변화를 효과적으로 측정할 수 있으며, 현지조사로 불가능한 자료의 수집이 가능하고 측정방법의 타당성 여부에 대한 조사에 적합하다. 반면 내용분석의 단점은 기록되지 않은 자료로부터는 정보를 얻을 수 없다는 점이다. 과거에 기록된 내용에 기초하여 추상적 개념을 측정해야 하기 때문에 타당도를 확보하기가 어렵고 잠재적 의미를 분석범주로 할 경우에는 기록자 간에 차이가 발생할 가능성이 높아 신뢰성이 낮아질 수 있다.

특히 역사적 기록물인 경우 그 이면에 숨어 있는 올바른 내용을 분석하기가 쉽지 않을 수 있다는 점이다.

3. 내용분석의 적용대상

내용분석은 ① 연구대상자에의 접근이 어렵고 자료가 문헌으로 존재할 때, ② 연구대상자의 언어 · 문체 등을 연구할 때, ③ 실증적 자료의 보완적 연구가 필요할 때, ④ 분석자료가 방대할 때, ⑤ 매스미디어의 내용의 경향 변천, 논조의 분석, 주제의 분석 등을 연구할 때 적합하다.

4. 내용분석의 절차

내용분석은 연구문제와 가설의 설정, 모집단 선정 및 표본추출, 범주의 설정, 분석단위의 결정, 자료의 분석 및 해석, 연구보고서 작성의 순서를 거쳐 진행된다.

1) 연구문제와 가설의 설정

내용분석 연구를 시작하려면 먼저 연구자 자신이 연구문제를 결정해야 하는데, 연구문제는 내용분석법이 아니고는 탐구할 수 없거나 다른 연구방법보다 더 효율적이 될 수 있는 주제를 선정하여 명확하게 의문문 형식으로 기술하여야 한다.

그 다음, 연구자는 기존의 연구에 대한 검토를 바탕으로 연구가설을 설정해야 한다.

2) 모집단 선정 및 표본추출

가설이 설정되면 이를 검증하기 위한 내용분석에 앞서 내용분석을 하고자 하는 자료의 선정으로 모집단과 표본을 추출하여야 한다.

모집단이란 분석대상 전체의 문헌을 말하고 모집단에서 선택된 일부가 표본(sample)이며 표본을 선택하는 과정을 표본추출(sampling)[5)]이라고 한다.

이 경우 수집한 자료의 처리결과는 모집단을 대상으로 일반화(generalization)할 수 있거나 전체대상의 특성을 대표할 수 있는지의 여부, 즉 표본의 대표성을 가져야 한다.

3) 범주의 설정(부호화)

범주의 설정이란 표본추출이 끝난 후 분석하고자 하는 내용의 모집단을 분석하는 기준 또는 그 분석항목을 결정하는 것을 말한다. 특히 분류 구분을 명확히 하기 위해 부호지침에 따라 부호기(coder)가 질문지의 각 항목을 체계적으로 숫자나 기호로 바꾸어 부호지에 옮겨놓는 것을 부호화라 하는데, 내용분석은 본질적으로 이와 같은 부호화의 작업이다. 즉, 내용분석은 부호화의 성패에 좌우된다고 볼 수 있다.

부호화의 예를 들면, 일련번호는 PN01, 성별은 PN02, 나이는 PN03 등으로 지정해 주는 것이다.

---

5) 표본추출과정으로는 첫째, 타이틀의 선정, 즉 어느 신문, 방송국, 잡지를 선정할 것인가, 둘째, 어떤 호나 날짜를 선정할 것인가, 셋째, 호나 날짜 내에서 어떤 내용을 선정할 것인가이다. 표본의 크기는 연구주제의 성격과 범주설정에 따라 달라질 수 있다. 표본추출은 확률표본추출과 비확률표본추출을 이용할 수 있으며 체계적 오류에 주의해야 한다.

범주의 내용은 크게 형식적인 내용과 실체적인 내용으로 구분할 수 있다. 두 가지 방법이 모두 동일한 특성을 보여주면 타당도와 신뢰도가 높지만 큰 차이를 나타낸다면 이론적 개념화를 다시 생각해야 할 것이다.

예를 들어, 어느 한 정책이 복지지향적인지를 평가하기 위하여 '복지'의 사용 횟수를 세어보거나(표면적인 내용), 그 정책의 저의에 '복지'의 내용이 얼마나 함축되어 있는지(숨어 있는 내용)를 측정할 수 있는 것이다.

범주의 설정원칙은 ① 범주는 연구목적과 연구주제에 적합하여야 하고(타당성), ② 어떤 문헌자료도 동시에 두 가지 이상의 범주에 귀속될 수 없으며(상호 배타성), ③ 분석대상이 된 어떤 문헌자료도 범주항목들 중 하나에 해당되어야 하고(포괄성), ④ 상호 독립적으로 이루어져야 한다는 점이다.

한편 범주의 수는 일반적으로 적은 것보다는 많은 것이 유리하며 예상되는 통계적 분석과 사례 수에 따라서도 결정된다.

부호화의 종류는 다음과 같다.

① 연속코드

코딩될 항목이나 대상을 일정한 기준에 따라 배열해 놓고 이들에 대하여 1에서부터 순차적으로 일련번호를 부여하는 것으로 가장 간단한 코드방법이다.

② 블록코드

일련의 연속되는 부호 또는 숫자를 몇 개의 블록으로 분류하고 각 블록을 다시 공통된 특징을 갖는 일단의 항목으로 이루어지도록 하여 각 블록별 또는 항목별로 부호를 부여하는 방법이다.

③ 유의수코드

코드로 부여되는 부호 또는 숫자의 전부 또는 일부가 코드의 대상이나 대상항목이 갖는 특성을 그대로 표시하는 것이다. 중량, 면적, 용량, 거리, 광노 등의 물리적 수치를 그대로 부호로 사용할 수도 있다는 특징을 가진다.

④ **집단분류코드**

항목의 성격에 따라 대분류, 중분류, 소분류로 하고, 각 분류에 따라 부호행수를 증가시켜 각 수치가 소속되는 집단을 명확히 하는 방법이다.

예 대분류(01, 02, ...), 중분류(0101, 0102, ...), 소분류(010101, 010102, ...)

⑤ **식별코드**

수집된 자료에서 각 변수와 사례를 식별하여 분석의 편의를 도모하기 위하여 그들의 각각에 부여되는 일정한 부호 또는 숫자를 말한다.

⑥ **니모닉(mnemonic)코드**

숫자나 문자 또는 양자의 조합으로써 기억하기 쉽도록 부호를 매기는 방법이다. 즉, 기계어로 된 일련의 숫자를 알아보기 쉬운 언어형태로 바꾸어 준 것을 말하며 니모닉을 정하여 일련의 명령어를 나타낸 것이 어셈블리어이다.

예 더하기(ADD), 초등학생(E1, E2, ...), 중학생(M1, M2, ...), 고등학생(H1, H2, ...)

4) 분석단위의 결정

일단 범주가 정의되면 그 다음 단계로 실제 내용의 분석작업이 시작되는데, 이에 앞서 결정해야 하는 것이 분석단위이다.

분석단위란 연구문제와 관련해서 기술적 또는 설명적 문장을 제시하고자 하는 대상, 즉 주어진 카테고리에 넣어서 집계할 수 있는 대상이 되는 메시지 내용의 최소단위를 말한다. 흔히 사용되는 내용분석의 분석단위로 기록단위와 맥락단위가 있다.

예 '복지 및 사회보장'을 분석할 경우, 기록단위('복지'에 관한 직접적인 표현)와 맥락단위('소득', '주택', '건강' 등과 같은 복지지표)를 연구하는 경우

(1) 기록단위

기록단위는 조사내용의 특정 요소가 존재함을 나타내는 최소단위로 단어, 인물, 문장, 단락, 주제, 항목, 아이템, 공간, 시간 등이 있다.

① 단어

내용분석에 있어서 최소한의 단위로서 복합단위도 포함된다. 단위 간에 명백한 구분이 뚜렷하다는 장점이 있으나 표본이 방대하면 맥락의 의미를 알기 힘들게 되는 단점이 있다.

② 인물

의사소통에 등장하는 개인이나 집단을 말하며 소설이나 전기, 연극 같은 것을 분석할 때 또는 TV 드라마 같은 극작물 등의 분석에 가장 적합하다. 기록단위는 특정한 사람이며 범주들의 각각에 해당하는 사람의 수가 기록된다.

③ 문장이나 단락

기술적으로 구분은 쉬우나 한 단위 속에 상반된 주제나 내용이 포함될 경우 부호화에 어려움이 있어 분석단위로 잘 이용되지 않는다.

④ 주제

어떤 내용의 중심제목 또는 문제를 의미한다. 단어에 비해 자료수집의 양은 줄어드나 주제를 구분하는 경계를 정하기 어렵고 더 중요한 주제를 구별하는 데 주관적 판단이 개입될 여지가 많아진다. 대하소설 같은 대량의 자료나 선전물, 태도, 가치 등을 분석하는 데 유용하다.

⑤ 항목 또는 아이템

항목은 어떤 의사소통 전체의 단위를 말한다. 내용분석에서 가장 많이 이용되는 것으로 논문 한 편, 책 한 권, 영화 한 편 등 아주 방대한 분량의 문헌기록을 비교할 때 효과적이다. 그러나 항목 같은 큰 기록단위를 사용하려면 각 항목 내의 내용변화 정도가 약하고 큰 의미가 없어야 한다는 점에 유념할 필요가 있다.

⑥ 공간이나 시간

항목보다 세분한 단위로 항목에 의한 분석이 아니라 그것이 인쇄물의 경우라면 지면 · 행수 · 절에 의하여, 영화라면 필름의 길이, 라디오라면 할당시간 등에 의하여 분류 · 연구할 수 있다.

(2) 맥락단위

맥락단위는 기록단위가 들어 있는 상위단위로 기록단위의 의미를 파악하는 데 사용한다. 즉 단어를 기록단위로 했을 때 그 단어가 쓰인 문장이나 문단을 단위로 분석하는 것이다. 분석내용 속에 특정 요소의 출현 여부나 출현 빈도만으로 내용파악이 어려운 경우 기록단위의 특성을 더 정확하게 파악하고자 할 때 사용할 수 있다. 기록단위를 분석할 때 맥락단위를 함께 분석하면 기록단위만으로 파악하기 어려운 내용도 분석이 가능할 수 있으나, 주관적이라서 분류하기가 어렵고 시간도 많이 걸리며 단위가 커지면 객관성과 신뢰성이 감소된다는 단점이 있다.

5) 실제의 내용분석 및 해석

내용의 범주화와 분석단위가 결정되면 실제로 자료의 내용을 분석하게 되는데 이를 코딩이라고 부른다. 어떤 개념적 틀에 따라 의사전달을 코딩하거나 분류하는 것으로 내용분석은 본질적으로 코딩작업이라 할 수 있다. 그러나 코딩작업에 들어가기에 앞서 또 한 가지 결정할 것은 자료의 계량화 체계(집계체계)이다. 이는 자료의 분석을 위해 분석단위가 출현하는 횟수나 강도를 계산하는 것을 말하며 분석단위의 특성에 따라 출현체계, 빈도체계, 시간 및 공간체계, 강도체계 등으로 구분할 수 있다.[6)]

코딩작업이 끝나면 결과를 분석해서 주어진 연구문제에 대한 해답을 제시해야 한다. 즉, 분석이란 주어진 연구문제에 대한 해답을 얻기 위하여 코딩한 자료를 정리, 분류, 배열, 종합하고 그것을 해석하는 것이다.

6) 내용분석의 연구보고서

내용분석의 연구보고서는 서론 부분, 연구방법, 연구결과 논의, 결론의 순서로 작성된다.

① 서론 부분에서 우선 연구의 동기 또는 문제를 제기하고 그 다음 기존 연구의 결과를 요약 · 제시하며, 이를 바탕으로 연구문제와 검증하고자 하는 가설을 기술한 후 가설에 나오는 중요한 개념이나 술어를 정의한다.

② 연구방법에서는 내용분석의 절차에 따라 분석자료의 표집방법, 분석방법, 분석단위, 집계체계 방법, 신뢰도 검토방법, 실제 코딩방법 등을 단계별로 설명한다.

---

6) 출현체계는 분석내용이 있는지 없는지만을 기록하여 수량화하는 것이고, 빈도체계는 조사하고자 하는 분석단위가 몇 번 나타나는지를 기록하는 것이다. 시간 및 공간체계는 방송시간이나 지면의 크기 등을 통해 분석단위를 계산하는 것이고, 강도체계는 주로 태도나 가치 등을 다룰 때 이용되는 것이다(예 ① 매우 개선, ② 개선, ③ 현재와 같음, ④ 개악, ⑤ 매우 개악 등으로 구성).

③ 연구결과 논의에서는 먼저 신뢰도와 타당도의 검토결과를 세시한 후에 연구문제 또는 가설별로 그 연구결과에 대한 해석 또는 논의를 함께 병행한다. 그리고 연구상의 제한점도 제시하는 것이 좋다.

④ 결론에서는 먼저 연구내용 전체를 간단히 요약한 후에 연구결과를 정리해서 연구문제에 대한 결론을 제시[7)]해야 한다. 마지막으로 타 연구를 위한 제언을 하면 연구는 완성된다.

5. 내용분석의 용도

내용분석의 용도는 내용의 특성 · 내용의 효과에 따른 용도와 전달을 받는 사람에 따른 용도, 내용의 산출자에 따른 용도로 구분된다.

① 내용의 특성에 따른 용도는 내용의 실체와 내용의 형식에 관한 용도로 나뉘는데, 전자는 학문발전의 발자취를 더듬기 위하여 매스컴의 경향을 기술 · 대조하거나 커뮤니케이션의 기준을 구성하고 운용하기 위하여 기술적인 조사조작을 돕기 위하여 이용한다. 후자는 선전기술을 폭로하거나 인쇄물이 얼마나 읽기 용이한가를 측정하기 위하여 또는 문제의 특징을 발견하기 위하여 이용한다.

② 내용의 효과에 따른 용도는 관심의 초점을 확실히 하기 위하여 이용하거나 커뮤니케이션에 대한 태도 및 행동상의 반응을 검토하기 위하여 이용한다.

③ 전달을 받는 사람에 따른 용도는 대중의 태도나 관심 또는 가치를 파악하기 위하여 이용한다.

---

7) 결론은 보통 다음과 같은 비교를 통해 제시하도록 한다. ① 경향비교로서 카테고리의 출현빈도의 시간적 변화에 대해 결론을 내는 경우, ② 내용의 상이성 비교로서 신문과 라디오의 비교, 신문과 텔레비전의 비교, 진보와 보수 등을 비교하여 결론을 내는 경우, ③ 특성 및 기법 비교로서 시대별 또는 집단별로 사용하는 특성, 기법 등을 비교하여 결론을 내는 경우, ④ 내용과 기준의 비교로서 내용과 그 내용의 준거가 되는 기준을 비교하여 결론을 내는 경우이다.

④ 내용의 산출자에 따른 용도는 전달자의 의도와 기타의 특징을 연결시키거나 개인과 집단의 심리상태를 결정하기 위하여 선전의 존재를 밝히거나 정치 · 군사의 정보활동을 확인하기 위하여 이용한다.

6. 내용분석의 특성

내용분석의 특성은 다음과 같다.

① 문헌연구의 일종으로 의사전달의 내용이나 메시지를 분석대상으로 한다.

② 메시지의 현재적 내용뿐만 아니라 잠재적 내용도 분석대상으로 한다.

③ 내용분석은 객관성 · 체계성 · 일반성을 그 요건[8)]으로 한다.

④ 내용분석은 양적 분석방법뿐만 아니라 질적 분석방법을 모두 사용하고 있다는 점이다.

⑤ 내용분석은 전달이 되는 특정 형태의 내용이 발생하는 것을 코드화하고 표로 만드는 것으로 주로 이루어진다.

⑥ 내용분석은 의사전달의 연구, 특히 "누가, 무엇을, 누구에게, 왜, 어떻게, 어떤 말을 하는가?"라는 질문에 잘 맞는다.

⑦ 내용분석은 관찰양식으로서 '무엇'을 중요하게 다루어야 하며, '왜', '어떤 영향을 가지고'라는 문제들을 제기한다는 점이다.

---

8) 내용분석의 요건에서 객관성이란 연구과정이 사전에 설정된 원칙과 절차에 따라 시행됨으로써 연구자의 주관을 최소화하여 배제시키는 것이며, 체계성이란 분석내용은 명백하고 일관성 있게 적용되는 카테고리에 의하여 분석되는 것이고, 일반성이란 단순한 기술에 그치는 것이 아니라 연구결과가 이론적인 관계성을 가져야 하는 것을 말한다.

KEY POINT

면접의 절차

① 초기단계

면접자와 피면접자 간의 인간적이고 심리적인 친근감을 발전시키고 유지한다.

② 본면접단계

질문하고 응답을 경청 및 확인하여 진행으로 얻어진 정보를 기록하고 해석한다.

③ 종결단계

누락된 것이 없는지 확인하고 협조에 감사하는 것으로 면접을 종결한다.

면접법의 주요 장점

① 교육 정도와 관계없이 적용 가능

② 모집단 대표성 확보(질문지는 응답자만 분석)

③ 개별 상황에 융통성 – 추가질문 가능

④ 복잡한 질문 가능 – 응답자의 정확한 의도 파악

⑤ 제3자의 영향력 배제 용이

⑥ 응답자의 사적 행위에 대한 정보 획득

면접법의 주요 단점

① 비용과 시간이 많이 든다.

② 면접자 편의(interviewer bias)가 발생할 수 있다.

③ 응답자가 어떤 기록이나 자료를 참고할 기회가 없다.

④ 익명성이 부족하다.

⑤ 표준화된 질문어법이 부족하다.

⑥ 지역적 한계 문제

■ 내용분석을 사용하는 경우

① 조사대상에 대한 직접적인 접근이 어렵거나 상실된 경우

② 실증적 자료에 대한 보충적 연구가 필요한 경우

③ 조사대상자의 언어를 분석하고자 하는 경우

■ 내용분석의 장점

① 기존 자료를 다시 검토하면 되기 때문에 실수를 쉽게 보완할 수 있다.

② 장기간에 걸쳐 일어난 과정을 연구할 수 있다.

③ 개방형 질문의 응답을 처리하는 데 도움이 된다.

■ 내용분석의 단점

① 능력있는 코더(coder)를 구하기 힘들다.

② 일단 기록된 자료에만 의존해야 하는 한계가 있다.

③ 타당도 확보가 어렵다.

■ 자료수집의 유형

구 분	질문지법	면접법	관찰법
회수율	적다	많다	많다
융통성	없다	많다	–
편견개입	불가능	가능	가능
익명성	높다	낮다	낮다
오기, 불기	많다	적다	적다
응답 능력	있어야 가능	있어야 가능	관계없음
자료의 질	왜곡 없다	왜곡	왜곡

Chapter 10

단일사례조사

제1절 단일사례조사의 개념

제2절 단일사례조사의 과정

제3절 단일사례조사의 유형

제4절 단일사례조사 결과의 분석방법

Chapter 10

단일사례조사

제1절 단일사례조사의 개념

1. 단일사례조사의 의의

단일사례조사는 한 개인이나 가족, 소집단을 대상으로 문제를 해결하기 위해 표적 행동에 대한 개입의 효과를 과학적으로 입증하는 것이다. 개입이란 문제가 되는 조사대상자의 표적 행동을 변화시키기 위한 프로그램의 자극, 환경변화, 행사 등을 의미한다. 개입은 독립변수, 실험변수, 실험자극에 해당되고, 조사대상의 표적 행동은 종속변수 또는 결과변수이고 양적 연구에 해당한다.

사회복지 분야에서 단일사례조사는 개입의 효과를 객관적이고 계량적으로 입증하고 심리사회적 기능을 유지하거나 향상시키고 실천이론을 발전시키는 데 사용된다. 단일사례조사는 단일사례실험, 단일대상설계 등으로서 단순함이라는 장점이 있다. 단일사례조사에서 표본의 크기, 분석단위, 표집요소 등은 모두 '1'이다.

단일사례조사는 복잡한 준비과정 없이 개입할 수 있으며, 사회복지실천 개입 전후의 변동을 그림과 숫자, 그래프 등으로 정확하게 나타나게 할 수 있고, 특정 문제에 집중함으로써 개입효과가 명확하게 파악된다. 또한 사회복지사와 클라이언트 간의 치료과정에서 피드백이 지속적으로 이루어질 수 있다. 그러나 사회복지사의 여건에 따라서 개입이 중단될 수도 있고 개입하는 상황에 따라 소요되는 시간이 일정하지 않다.

단일사례조사는 외적 타당도가 낮고 일반화시킬 수 있는 가능성이 낮은 것이 단점이다.

단일사례조사 요약
장점 : 단순함. 복잡한 준비과정 없이 곧바로 실행에 옮길 수 있음 **단점** : 소수의 임의의 클라이언트를 대상으로 하므로 일반화 곤란

2. 단일사례조사의 특성

기존의 사례조사들은 보통 조사과정에서 사용되기 힘들고 개입이 끝난 후에 그 결과를 두고 평가하게 되지만, 단일사례조사는 개입이 계획되고 실행되는 모든 과정에서 개입의 효과성에 대해 지속적인 피드백을 받을 수 있다.

단일사례조사는 시계열설계의 논리를 단일대상에서 적용한 것이라 할 수 있으며, 사례조사의 과정과 실천과정이 통합될 수 있다.

1) 개입의 효과성 검증

단일사례조사는 표적 행동에 대한 개입의 효과를 관찰하여 분석하는 것으로 변수 간의 인과관계 검증보다 개입방법의 효과를 검증하는 데 초점을 두고 있어서 외적 타당도가 낮고 일반화하기 어렵다. 따라서 클라이언트의 문제들은 표적행동으로 명확히 규정하는 것이 필요하다.

2) 반복측정

단일사례조사는 실험집단만 있고 통제집단이 없으며 경향과 변화를 알 수 있도록 반복 측정 및 분석하는 것이다. 하나의 사례를 대상으로 반복되는 측정을 통해 종속변수(변화시키고자 하는 표적) 값의 변화를 관찰하여 개입이라는 독립변수의 효과를 파악한다. 반복측정을 통해 자료를 수집하는 것은 통제집단을 대신한다는 점에서 좋은 대안이기는 하지만 반복측정 자체에서 야기되는 조사대상자의 반응성과 같은 문제들이 발생할 수 있으므로 유의해야 한다.

3) 개입방법의 즉각적인 수정 가능

단일사례조사는 개입 도중에 자료를 검토할 수 있으며, 개입방법을 수정하여 효과적으로 개입하고 반복적으로 측정함으로써 개입의 지속 또는 사후 계획을 효과적인 방법으로 선택할 수 있다.

4) 개인, 가족, 집단 모두 적용 가능

단일사례조사는 개인, 가족, 특정 집단, 지역사회 모두 단일사례가 될 수 있고 사례 수는 '1'이라는 특징을 지닌다. 가족, 집단, 지역사회가 하나의 사례가 되는 경우, 구성원들 각각의 개별적인 정보들은 평균이나 전체빈도 등으로 요약되어 단일사례로 취급된다.

5) 실험집단과 통제집단의 동일

단일사례조사는 개입 전의 경향을 통제적인 상태로 보고 개입 중 또는 개입 후의 상태를 실험처치 후의 상태로 보아 실험설계의 통제집단 사후검사설계와 같은 논리를 추구한다. 개입 전의 일상적인 상태를 알 수 있을 정도로 여러 번의 관찰을 한다면 이것은 동일한 통제집단을 설정하는 것과 같은 효과를 얻을 수 있다.

3. 단일사례조사 설계와 집단조사 설계의 비교

단일사례조사 설계와 집단조사 설계는 상호 보완적 관계로서 집단조사 설계는 확률표본을 이용하여 가설을 검증하고, 이론의 일반화에 기여하지만 개별적인 행태는 간과하게 된다. 단일사례조사는 가설검증이나 이론형성에는 기여하지 않지만 개인이나 소집단의 개별적인 속성을 심리적인 측면에서 깊이 연구할 수 있다.

〈표 10-1〉 단일사례조사 설계와 집단조사 설계의 비교

구 분	단일사례조사 설계	집단조사 설계
연구대상	개인, 가족, 소집단	모집단으로부터 무작위 표본추출
연구목적	표적 행동에 대한 개입의 효과 규명	가설의 검증
실험처치	하나의 사례를 반복측정함으로써 실험집단과 통제집단 같은 집단비교의 효과를 갖는다.	실험집단과 통제집단으로 나누어 사전 · 사후검사 값을 비교하여 실험처치의 효과를 평가한다.

제2절 단일사례조사의 과정

1. 문제의 확인 및 규정

단일사례조사를 수행하기 위한 첫 단계로 문제를 파악하고 규정함으로써 이후에 경험적으로 인식할 수 있는 변수를 선정하고, 이 과정에서 조사대상자의 주요 문제는 자신이 직접 확인하거나 아니면 가족 또는 이웃 등에 의해서 확인할 수 있어야 한다. 해결해야 할 문제가 복잡하거나 다양한 경우, 우선적으로 하나

또는 두 가지 정도에 초점을 맞추는 것이 좋다.

해결되어야 할 문제가 확인되고 나면, 그 문제는 구체적이고 명확히 규정되어야 한다. 문제가 구체적이고 명확하게 정의되지 못하면, 개입 목표를 정확히 설정할 수 없고 문제해결의 과정이 성공적으로 이루어질 수 없다.

2. 사정 및 진단

확인된 문제가 무엇과 관련되어 있는가를 이론적 측면에서 검토해야 한다. 문헌연구를 활용한 개입방법과 연구대상자가 지닌 문제 사이의 관계에 대해 기술한다. 개입의 효과성을 높이기 위해서는 조사대상자의 문제해결에 적합한 개입을 제공하는 것이 매우 중요하며, 선택한 개입방법이 조사대상자의 문제해결에 효과적인 방법인지를 선행조사 등을 통해 조사해야 한다.

3. 변수의 선정

단일사례조사를 수행하기 위한 문제를 파악하고 규정한 이후에는 경험적으로 인식할 수 있는 변수를 선정하고 조작적인 정의를 내려야 한다. 이때 측정이 가능하도록 매우 구체적인 조작적 정의를 내리고 측정가능한 변수도 선정해야 한다.

변수란 현상을 설명하는 구성개념이 조작적 정의를 통해 측정가능한 상태로 된 것을 말한다. 이때 변수는 개념적 · 조작적 정의를 합리적으로 대표할 수 있는 타당한 지표여야 한다. 변수는 하나 이상의 수준이나 값을 가진 측정가능한 실체로 정의되며, 변수의 수준 혹은 범주를 속성이라 한다. 예를 들어, '성별'은 두 수준을 가진 변수이고 남자 혹은 여자는 성별이라는 변수의 속성이다.

변수는 변화하는 특성을 가지고 있다. 즉, 현상에 대한 구성개념을 조작적으로 정의함에 따라 하나의 측정가능한 실체가 된다. 이는 질적인 상태 혹은 강도나 양에 있어서의 개념적 변화를 포함한다. 이러한 변화는 물론 측정을 전제하는 것이다.

4. 측정대상

단일사례조사는 개입과 표적 행동 사이의 관계를 파악하는 조사이기 때문에 개입에 따른 측정대상을 필요로 한다. 이때 측정대상의 표적 행동 모든 측면을 관찰하고 측정할 수는 없으므로 선택된 소수의 표적 행동만을 측정대상으로 선택하여 관찰하게 된다.

선택한 표적 행동은 개입을 통해서 조사자가 알고자 하는 사실을 올바르게 알려주는 것이어야 한다. 즉, 선택한 표적 행동의 속성은 문제와 변수를 대표할 수 있는 적절한 지표여야 한다는 것이다. 그리고 측정대상에 표적 행동의 속성이나 지표는 반복적으로 측정이 가능한 자주 발생하는 것이어야 한다.

측정방법에는 횟수나 빈도, 지속기간, 강도를 직접 관찰하거나 척도를 활용하는 방법이 있다. 측정자는 클라이언트 자신 또는 주변사람, 독립적인 평가자, 사회복지사가 있다.

5. 개입목표의 설정

측정대상이 선정되면 문제해결을 위해서 어떤 개입을 할 것이며, 개입을 통해서 알고자 하는 것이 무엇인가를 정해야 한다. 개입의 궁극적인 목표는 문제의 해결이겠지만, 비행청소년 문제와 같이 문제의 특성상 완전한 해결이 불가능한 것도 있기 때문에 특정 행동의 발생빈도나 일반인의 비행청소년에 대한 부정적 인식을 줄이는 일 등도 목표가 될 수 있다.

이 단계에서는 개입의 목표를 구체적이고 명확하게 정해서 개입 전후 표적행동 변화의 차이를 쉽게 파악할 수 있어야 한다.

6. 조사설계

이 단계에서는 문제해결을 위한 구체적인 조사설계를 만들어야 한다. 다음에 설명할 AB 또는 ABAB 등의 설계형태, 개입 이전과 이후 관찰이나 면접의 측정방법과 측정빈도, 기타 자료수집 방법과 자료기록 방법 등에 관한 계획과 전략을 수립한다. 이때 누가 측정하고 기록할 것인가? 행동을 조사자가 직접 관찰할 것인가? 조사대상자가 스스로 모니터링(self-monitoring)하고 스스로 보고(self-reporting)할 것인가? 측정도구로는 어떤 것을 사용할 것이며 그것은 신뢰도가 확보된 것인가? 등에 대하여 고려해야 한다.

7. 조사실시

선택한 구체적인 조사설계 방법에 따라 개입을 실시하고 필요한 관찰, 면접, 측정, 기록 등을 통하여 자료를 수집한다. 수집된 자료는 도표나 그래프로 표시하고 자료의 변화 경향을 검토해야 한다.

검토 결과 변화가 없는 것으로 판명되면 개입의 계획 또는 방법 등을 수정할 수 있다.

8. 개입의 평가 및 자료분석

필요한 자료를 수집하고 나면 완성된 도표나 그래프를 통해 1차적으로 도표에 나타난 변화의 파동, 경향, 수준 등을 분석하여 시각적으로 판단할 수 있다. 또한 개입효과의 유의미성을 판단하기 위하여 후속적으로 시각적 변화분석, 통계적 분석, 그리고 임상적 관점에서의 실질적 분석 등 통계기법을 활용한 개입의 평가를 할 수 있다.

표적행동의 선정	개입대상이 되는 클라이언트의 문제행동(표적행동)을 선정
↓	
기초선 관찰	개입 후의 변화와 비교할 수 있는 개입 전의 상황(기초선)에 대한 관찰
↓	
개입단계 관찰	개입 이후 클라이언트의 변화를 관찰
↓	
적합한 연구유형의 선정	B, AB, ABAB, ABCD, 복수기초선조사 등 여러 관찰방법 중 하나를 선정

|그림 10-1| 단일사례조사의 과정

제3절 단일사례조사의 유형

1. AB 조사(단일사례조사의 기본)

AB 조사는 하나의 기초선단계(A)와 개입단계(B)로 구성되는 가장 간단한 단일 설계이다. 또한 준실험설계의 시계열설계를 단일대상에 적용한 기본 단일사례 조사 설계라고 한다.

AB 조사는 A, B의 순서로 이루어진 설계구조를 가지며, A단계에서는 단순히 표적 행동의 빈도 등에 관한 관찰만 이루어지고, B단계에서는 표적 행동에 대한 개입활동과 변화에 대한 관찰이 이루어진다.

AB 조사는 설계의 단순함과 시행의 간편함 때문에 여러 유형의 문제에 적용하기 쉽고 다양한 상황에서 실시할 수 있다. 즉, 설계가 단순하기 때문에 언제 어디서나 쉽게 사용할 수 있다는 것이 최대의 장점이다. 반면 개입기간 중 표적 행동에 영향을 미칠 수 있는 외생변수의 영향을 통제할 수 없다는 것이 단점이다. 따라서 조사자가 개입을 실시하는 기간 중에 '우연한 사건'이 발생하여 개입단계의 표적 행동에 영향을 줄 수도 있는데, 이 조사법은 문제를 해결하기가 쉽지 않다. 즉, 외생변수에 대한 통제가 없으므로 개입이 표적 행동에 미치는 효과에 대한 신뢰도가 낮다.

한편 일반적으로 대부분의 단일사례조사에서 개입은 기초선에서 일정한 경향이 나타남을 확인한 후에만 실행된다. 어떤 경향을 나타내기 위해서는 적어도 셋 이상의 기록점이 필요하며, 기록시점 간에 변화가 심한 행동일수록 보다 많은 기록점이 필요하다. 많은 기록점은 기초선과 개입 이후의 경향이 명확히 비교되기 때문이다.

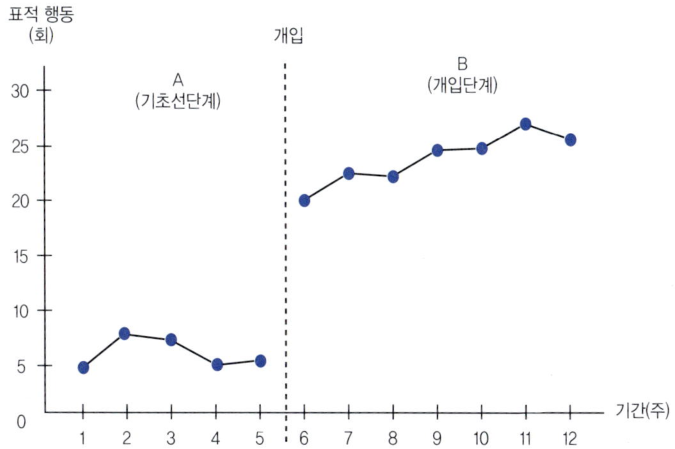

|그림 10-2| AB 설계

2. ABA 조사

ABA 조사는 표적 행동을 첫 번째 기초선단계(A)에서 개입단계(B)로 그리고 개입을 종료한 후 일정 기간 동안 표적 행동을 관찰하는 형태로 AB 조사 개입 이후 또 하나의 기초선 A를 추가한 설계를 말한다.

첫 번째 A에서 표적 행동의 빈도가 높았는데 B에서 빈도가 낮았다가 개입을 종료한 후 다시 A를 관찰했을 때 빈도가 높아지면 개입이 효과적이었다고 추정할 수 있다. 이때 두 번째 기초선 기간을 반전기간 또는 제2의 기초선이라고 한다.

ABA 조사의 장점은 제2기초선을 추가함으로써 AB 조사의 신뢰도가 낮은 문제점을 해결한다는 것이다. 반면 단점은 개입의 효과를 평가하기 위하여 개입을 중단하는 것에 윤리적 문제가 있을 수 있으며, 제2기초선단계에서 문제가 악화되지 않았을 때 이것이 개입 이외의 다른 외적 요인들의 영향 때문인지 아니면 개입의 효과가 지속되고 있기 때문인지 알 수 없다.

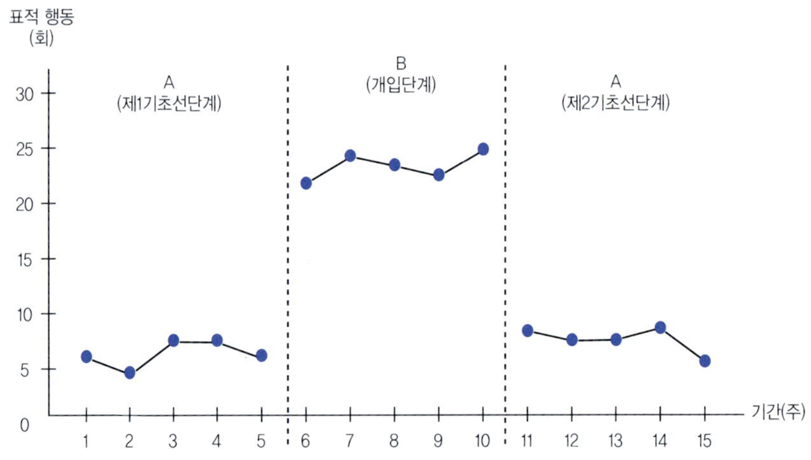

|그림 10-3| ABA 설계

3. ABAB 조사

ABAB 조사는 AB 조사에 또 하나의 AB를 추가한 것으로서 기초선(A) → 개입(B) → 개입중단(A) → 재개입(B) 과정으로 이루어진 것이다.

이것은 외생변수를 보다 효과적으로 통제하기 위하여 제2기초선과 제2개입단계를 추가한 것으로 제2기초선단계에서의 표적 행동이 제1기초선단계에서의 표적 행동과 유사하면 개입이 효과가 있다고 추정할 수 있다.

두 번째 개입 이후의 표적 행동이 제2기초선단계와 비교했을 때 큰 차이를 보이면 개입의 효과를 더욱 확신할 수 있다.

ABAB 조사의 장점은 AB 과정을 한 번 더 반복함으로써 AB 조사나 ABA 조사의 단점인 개입 전후 시점에서의 외적 사건의 영향, 즉 외생변수의 영향을 통제하고 확인해 볼 수 있다는 점이다.

제2기초선단계에서 표적 행동이 개입 이전의 상태로 복귀한다면 개입효과가 있다는 것을 명확히 확인할 수 있다. 두 번째 B단계에서 또다시 표적 행동이 변화를 보인다면 외적 사건으로 인한 효과가 반복해서 우연히 나타났기 때문이라고 보기는 어렵다. 이 조사는 개입의 효과를 가장 확신할 수 있기 때문에 실천현장에서 유용하다.

ABAB 조사의 문제점은 첫 번째 개입단계에서 개입의 효과가 있음에도 불구하고 연구목적을 위하여 개입을 중단하고 일정 기간 관찰 후 다시 개입하는 인위적인 통제를 하는 것에 윤리적인 문제가 있을 수 있으며, 제2기초선단계와 제2개입단계의 표적 행동이 매우 유사한 경우에 그 원인을 찾는 데 어려움이 있다. |그림 10-4|와 같이 첫 번째 개입 이후에 표적 행동이 변화하고, 개입을 중단했을 때 원상태로 돌아갔다가, 다시 개입하면 표적 행동이 다시 변화한 경우에, 개입이 단지 일시적인 효과만 있을 뿐이고 지속적인 효과가 없다는 것을 나타내는 것으로 해석할 수도 있다.

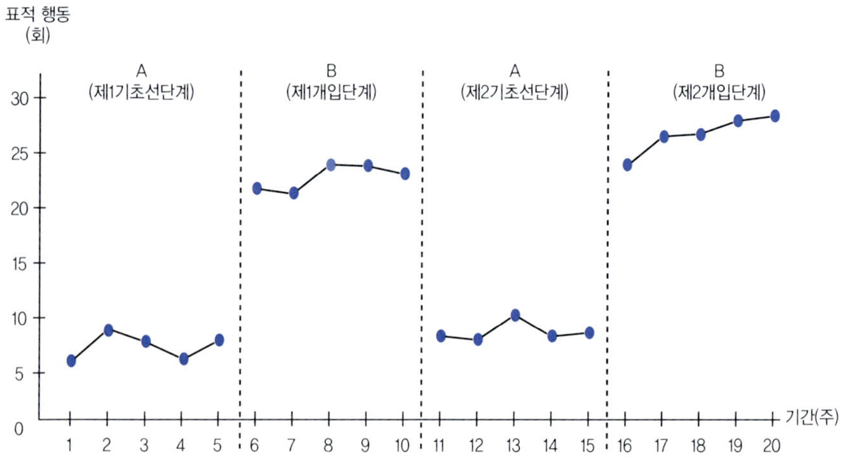

|그림 10-4| ABAB 설계

4. BAB 조사

BAB 조사는 처음에 기초선 기간을 설정하지 않고 바로 개입단계인 B로 들어가는 조사이다. 다시 개입을 중단하는 기초선단계 A를 가진 후 다시 개입을 재개하는 단계인 B를 도입한다. 이 조사의 장점은 기초선 설정을 할 시간적 여유 없이 개입해야 하는 사례에 적절한 설계라는 것이다.

즉, BAB 조사는 |그림 10-5|에서처럼 기초선 없이 바로 개입단계에 들어감으로써 조속한 개입이 필요할 때 사용된다. 예를 들어, 클라이언트가 위기상황에 있어서 즉각적인 개입이 필요한 경우에 사용하면 유용하다. 그리고 반복된 개입을 통하여 개입의 효과를 유발할 수 있다.

반면 단점은 외생변수를 통제하기 어렵다는 점과 개입의 효과가 지속되는 경우에 기초선단계와 제2개입단계에서의 표적 행동이 유사하므로 개입의 효과를 판단하기 어렵다는 것이다.

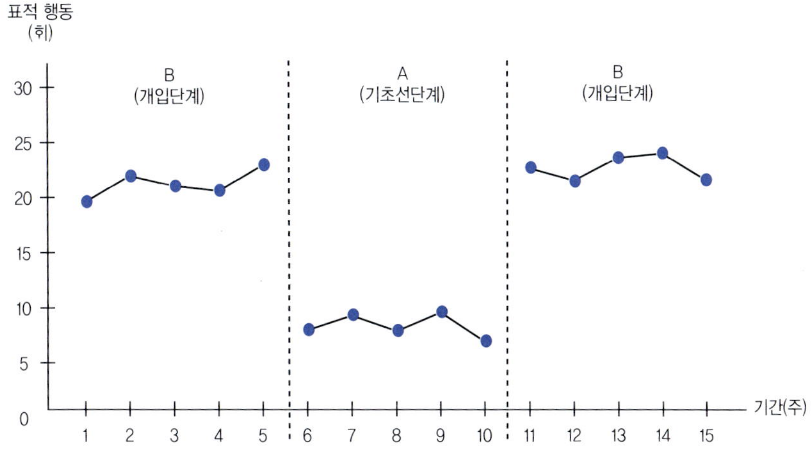

|그림 10-5| BAB 설계

5. ABCD 조사(복수요소 조사)

ABCD 조사는 하나의 기초선 자료에 대해서 여러 개의 각기 다른 방법(BCD)을 개입하는 것으로 다중요소 조사 또는 복수요소 설계조사라고 한다. 클라이언트에게 도움이 되지 않는 개입을 수정하거나 실제로 표적 문제에 변화를 가져오는지에 대해 설명하고자 할 때 유용하다. 또한 서로 다른 사회복지 프로그램이나 서비스의 효과를 측정하는 데 매우 실용적이고 하나의 기초선만으로도 |그림 10-6|에서처럼 각기 다른 방법에 대한 비교가 가능하기 때문에 사회복지실천가들이 자주 사용하는 방법이다.

ABCD 조사의 장점은 각기 다른 개입방법에 대한 비교가 각각에 대한 기초선 없이 가능하므로 각기 다른 개입방법들의 효과를 동시에 측정할 수 있으며, ABC, ABCDE 등 융통적인 설계가 가능하여 연속적인 단계에서 옳다고 입증된 대로 개입계획을 변경할 수 있다는 점이다.

ABCD 조사의 문제점은 C와 D단계에서의 개입효과가 이전의 개입으로 인한 선행효과와 섞여서 나타난다는 점이다. B단계의 개입이 C단계에, B와 C단계의 개입이 D단계에 영향을 미칠 수 있는데 이에 대한 통제가 어렵다.

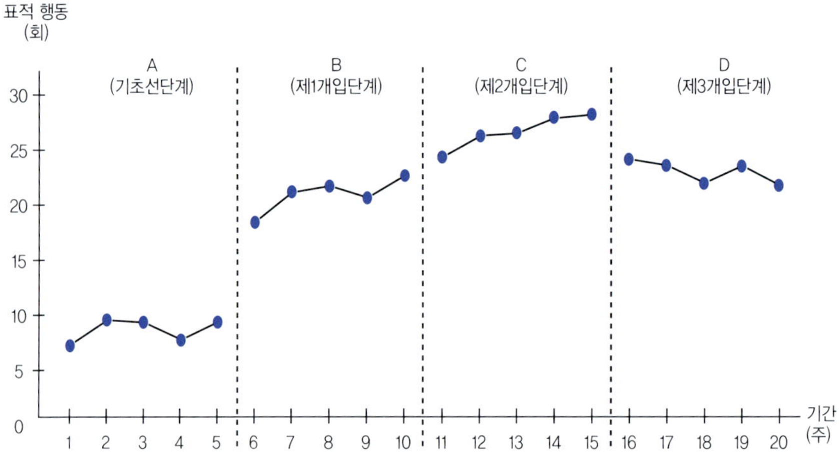

|그림 10-6| ABCD 설계

6. 복수기초선 조사

복수기초선 조사는 몇 개의 AB 조사들로 이루어진 것으로서 하나의 동일한 개입방법을 둘 이상의 표적 행동이나 다른 대상(사례)들 혹은 다른 상황들에 적용하는 것이다. 여기서는 둘 이상의 기초선과 둘 이상의 개입단계를 사용하며 개입은 각 기초선의 서로 다른 시점에서 도입된다. 만약 각각의 개입이 이루어진 후에 표적 행동에 변화가 없다면 이는 개입효과가 없다는 것을 의미한다. 또 표적 행동의 변화가 개입한 시점과 다른 곳에서 발생했다면, 이는 외적 사건에 의한 변화로 간주될 수 있다.

복수기초선 조사는 문제 간 복수기초선 조사, 상황 간 복수기초선 조사, 대상자 간 복수기초선 조사로 구분할 수 있다.

① 문제 간 복수기초선 조사는 하나의 개입방법이 같은 상황에서 같은 대상자가 가진 다른 문제의 해결에 효과가 있는지를 평가하기 위한 것이다.

② 상황 간 복수기초선 조사는 하나의 개입방법이 같은 대상자가 가진 동일한 문제를 둘 이상의 다른 상황에서 해결하는 데 효과가 있는지를 평가하기 위한 것이다.

③ 대상자 간 복수기초선 조사는 하나의 개입방법이 같은 상황에서 동일한 문제를 가진 둘 이상의 서로 다른 대상자들에게 효과가 있는지를 평가하기 위한 것이다.

이를 요약하면, 기초선이 복수로 설정되어 대상자 간 그리고 상황 간 또는 문제 간에 기초선이 각각 다르게 설정되는 것을 특징으로 하는 조사를 복수기초선 조사라 한다.

따라서 복수기초선조사의 장점으로는 ABAB처럼 개입 도중에 개입을 중단하고 다시 개입하는 등 인위적인 조작으로 인해 발생하는 윤리적인 문제가 없으며, 복수의 행동들에 대한 개입의 효과를 한 번에 보여줄 수 있어 효율적이고 다양한 조건에서 개입의 효과를 평가할 수 있기 때문에 일반화 가능성이 있다.

단점으로는 동일한 개입방법을 여러 사례에 적용한 후 표적 행동의 변화를 비교하는 것이므로 사례 간에 상호작용이 없어야 하는데 종종 상호작용이 일어난다.

그리고 개입이 진행되는 표적행동, 상황 등의 사례에만 적용되어야 하는 개입효과가 기초선 상태에 있는 두 번째 사례에도 적용되는 효과의 일반화라는 문제로 개입의 효과를 파악하기 곤란할 수 있다.

|그림 10-7|에서 사례 1, 2, 3은 각기 다른 시점에서 개입이 이루어졌는데, 이는 특정 시점에서 우연한 외적 사건으로 인하여 변화가 발생했을 가능성을 확인하기 위한 것이다.

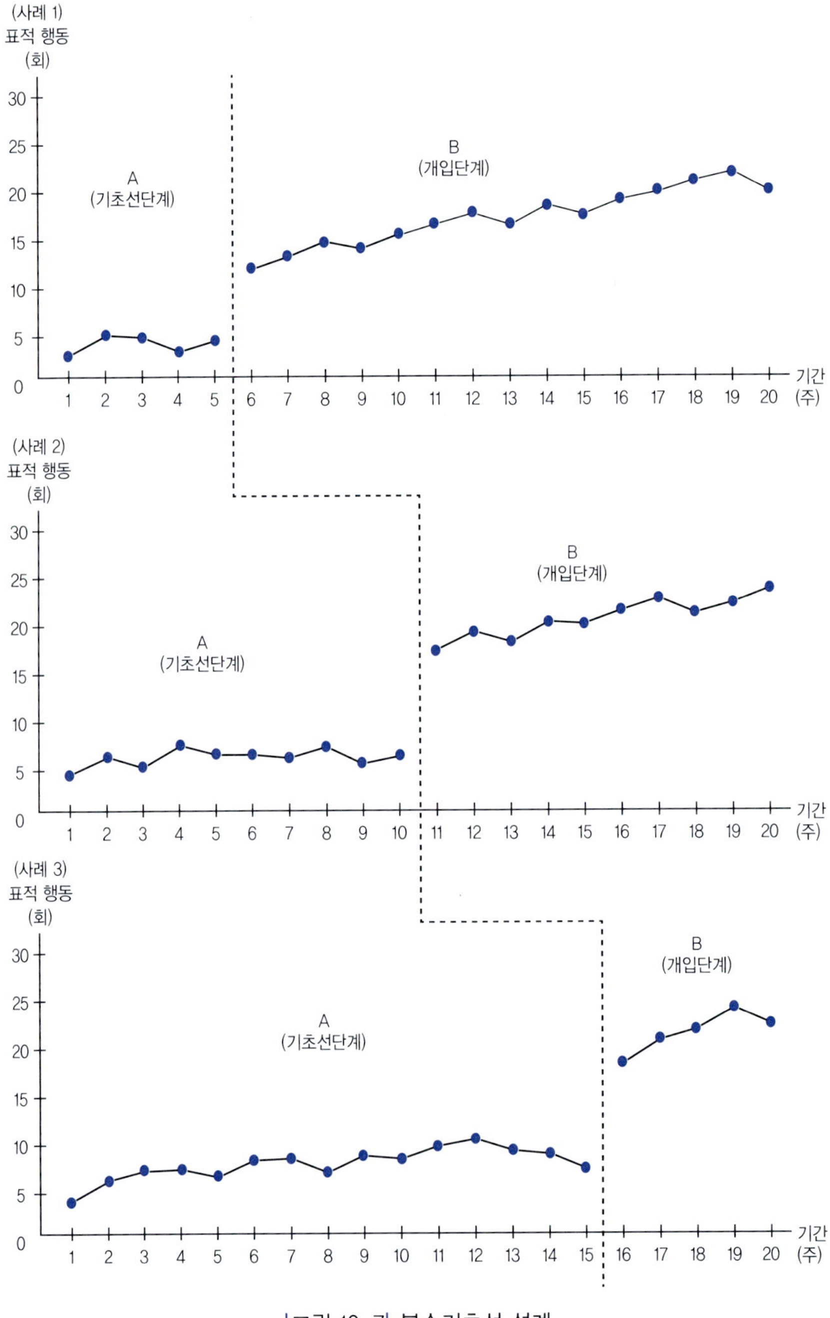

|그림 10-7| 복수기초선 설계

제4절 단일사례조사 결과의 분석방법

1. 시각적 분석

시각적 분석은 기초선단계와 개입단계를 그려놓은 도표나 그래프를 보면서 개입 이전보다 개입 이후에 표적 행동에서 눈에 띌 만한 변화가 있었는지를 시각적으로 분석하는 방법이다.

그래프 등 시각적 자료를 바탕으로 1차적 경향과 수준의 변화를 해석하는 시각적 분석은 변화의 경향, 변화의 파동, 변화의 수준을 분석해서 살펴본다.

1) 변화의 경향

기초선의 변화경향을 개입기간의 변화경향과 연결시켜 검토하는 것을 말한다.

기초선단계와 개입단계 동안에 점진적인 증가나 감소가 일어날 수 있는데, 이러한 경우 경향의 방향이 일치하면 개입의 영향을 판단하기 어렵지만 서로 상반되면 판단하기가 쉽다.

2) 변화의 파동

관찰된 표적 행동의 특성이 시간의 경과에 따라 파동을 일으켜 변화되는 정도를 의미한다. 변화의 파동이 심한 경우에는 관찰의 횟수가 많아야 변화의 일정한 유형을 판단할 수 있다.

설계의 각 국면 내에서 변화의 파동이 적을수록 그리고 관찰의 횟수가 많을수록 개입의 효과를 확실히 판단할 수 있다.

3) 변화의 수준

관찰된 표적 행동의 특성이 나타내는 점수의 위치를 말하는 것으로, 기초선단계의 수준과 개입단계의 수준 사이에 차이가 클수록 개입의 효과에 대한 확신이 높아진다.

2. 통계학적 분석

통계학적 분석은 시각적 분석으로는 명확한 해석을 하기 곤란할 경우 좀 더 객관적인 방법으로 활용되는 것으로, 자료에서 나타나는 변화들이 통계학적으로 의미 있는 것인지 아닌지를 판단하는 분석방법이다.

개입단계에서 나타나는 변화들이 기초선단계에서의 경향에 근거해서 볼 때 우연히 나타날 수 있는 정도인지 아닌지를 판단하는 것이다.

1) 평균 비교

기초선이 비교적 안정적일 경우 기초선과 개입단계에 나타난 표적 문제의 평균값을 비교하여 파악하는 방법이다. 기초선단계의 평균을 기준으로 개입단계의 평균이 기초선의 평균으로부터 어느 정도만큼 벗어나 있으며 그것이 통계학적으로 의미가 있는지를 판단하는 것이다.

대체적으로 개입단계의 평균이 기초선단계의 평균에서 ±표준편차의 2배 이상 벗어난다면 통계적으로 유의미함을 평가할 수 있다. 또한 간과해서 안 될 점은 기초선이 안정적일 경우에 평균 비교가 사용가능하다는 점이다.

2) 경향성 접근 비교

평균 비교가 단순한 통계학적 기법을 제시해 주지만 기초선단계가 불안정하게 이루어져 있어서 일종의 경향성을 가지고 있을 때 단순 평균 비교는 어렵다.

이런 경우에는 경향성 접근 비교를 이용해야 한다.

사용하는 접근방법으로 기초선단계의 측정점들을 반으로 나누어 각 그룹의 평균을 구한 후 이 두 평균을 연결하여 단순한 평균 비교가 어려울 때 경향선 접근 비교로 분석한다. 이 방법도 평균 비교와 마찬가지로 기초선단계의 정보를 토대로 개입단계와의 차이를 평가하는 것이지만, 경향선은 변화의 폭과 기울기까지를 동시에 고려할 수 있다는 장점을 가지고 있다.

3. 실용적 분석

실용적 분석이란 변화의 크기를 임상적인 기준에서 판단해 보는 것이다. 즉, 개입 이후 변화가 발생했다면 그러한 변화들이 과연 실질적인 문제에서 얼마만큼의 비중을 갖는 변화인지를 판단하는 것이다. 시각적 변화 분석이나 통계학적 분석을 통하여 개입에 의해 변화가 발생하였다는 것을 확인할지라도 그것이 실질적으로 어떤 가치를 지니고 있는지 분석해야 한다.

시각적 · 통계학적 변화가 클라이언트에게 의미 있는 변화를 가져왔는지를 여러 가지 현실적인 문제들을 고려하여 개입의 변화를 파악하는 것이 필요하다.

KEY POINT

■ 단일사례연구

① 실험집단만 존재한다(통제집단이 없다).

② 시계열적인 관찰로 중간에 수정, 새로운 개입 가능

③ 집단단일사례연구 : 단일사례연구와 같다(통제집단이 없다).

■ 집단연구

통제집단, 실험집단 분리 연구

(집단단일사례연구와 다르게 통제집단이 있다)

■ 단일사례연구 · 집단연구

	단일사례연구	집단연구
연구대상	개인, 소집단 등을 대상으로 개입의 효과성을 연구(시계열적 연구)	모집단으로부터 표본을 추출하여 실험집단과 통제집단으로 나누어 연구
목 적	개입 효과성의 검증	가설검증, 인과관계 검증

■ 단일사례조사의 과정

① 표적행동의 선정

② 기초선 관찰

③ 개입단계 관찰

④ 적합한 조사 유형의 선정

■ 단일사례조사 장 · 단점

장 점	단 점
• 실천현장 및 임상적 환경에 쉽게 적용 • 통계적 지식이나 이론적 배경 없이도 시작 • 시각화에 유리함 • 치료과정에서 지속적인 피드백이 가능	• 일반화하기 어려움 • 개입의 각 단계마다 불일치로 적용 문제 • 특정 단계에서 고의로 개입 철회 가능 • 윤리적 문제 발생 가능

■ 측정방법

① 직접관찰 : 횟수 또는 빈도, 지속시간, 강도

② 척도의 활용

③ 측정자(클라이언트 자신, 클라이언트 주변사람, 독립적인 평가자, 사회복지사)

■ 단일사례조사의 유형

AB 조사	기초선 → 개입
ABA 조사	기초선 → 개입 → 제2기초선
ABAB 조사	기초선 → 개입 → 제2기초선 → 개입
BAB 조사	개입 → 기초선 → 개입
ABCD 조사	복수요소 조사(여러 방법 적용)
복수기초선 조사	복수문제 · 상황 · 대상자(사례) 조사

■ 단일사례조사의 결과 분석

① 시각적 분석

② 통계적 분석

③ 실용적 분석

Chapter 11

실험설계

제1절 실험과 실험조사설계

제2절 실험조사설계의 요건

제3절 실험조사설계의 타당도

제4절 실험조사설계의 유형

Chapter 11
실험설계

제1절 실험과 실험조사설계

1. 실험의 목적

실험이란 이론이나 현상을 관찰하고 측정하는 방법을 말한다. 실험은 앞으로 일어날 변수관계에 대한 파악으로서 미래 지향적이며, 문헌조사, 경험조사, 사례조사 등과 같은 사후조사와는 구별된다. 사후조사는 이미 발생한 변수관계를 파악하는 것으로 과거 지향적이며, 변수를 조작할 수 없다. 실험은 자연과학의 주요 조사수단으로 자연과학에서의 실험은 현상의 재현가능성을 매우 중요시하며, 자연현상을 인위적인 조건으로 실험실 안에 재현해 놓은 것을 말한다.

현상을 인위적으로 일으키는 것을 '실험'이라고 한다면, 자연에서 발생하는 사물이나 현상을 주의하여 살펴보는 것을 '관찰'이라고 한다. 하지만 실험실 안에서도 관찰이 이루어지고 있으며, 실험이 관찰의 한 수단이라는 점에서 양자를 엄격히 구별하기는 어렵다.

실험은 효율적이고 효과적으로 변수를 조작하고 통제하기 위한 수단이다. 실험은 여러 변수 간의 인과관계를 파악하고자 하는 것으로 독립변수의 분산을 최대화하며 외생변수를 통제하고 오차분산을 최소화하기 위한 조사이다. 실험은 독립변수를 의식적으로 조작하고 보다 체계적이고 정밀하게 인과관계를 파악한다는 특징을 가지고 있다.

실험을 통해 순수하게 통제된 조건에서 독립변수(X)와 종속변수(Y) 간의 관계를 파악하고자 한다. 또한 기존의 이론이나 조사결과로부터 도출된 명제나 가설에 대한 검증을 시도하며 이론체계를 정립하는 데 궁극적인 목적이 있다. 따라서 새로운 가설이나 조사문제를 발견하는 데 기여한다.

실 험	• 이론이나 현상을 관찰하고 측정하는 방법으로 인위적으로 원하는 조건을 만들어 기대했던 현상이 일어나는지를 조사하는 것 • 사회복지 분야의 실험 : 사회복지실천의 효과를 검증하기 위해 사회복지실천 치료를 받은 집단(실험집단)과 그렇지 않은 집단(통제집단)을 비교 · 분석하는 것
실험조사설계	• 하나 또는 그 이상의 독립변수를 조작하고 독립변수의 영향을 받을 것으로 생각되는 종속변수를 관찰 또는 측정할 수 있는 방안의 설계 • 실험집단과 통제집단을 구성해 실험을 실시하고 그 결과를 비교(비교조사설계)하는 일련의 과정의 설계

2. 실험조사설계의 의의

실험조사설계란 실험을 통하여 자료를 수집하고 분석하는 조사를 말한다. 조사설계란 실험변수의 노출시기 및 대상의 통제 정도와 실험결과의 측정시기 및 대상선정의 무작위화에 따라 실험조사설계, 유사실험조사 설계, 선실험조사 설계로 구분할 수 있다.

실험조사설계에서는 실험변수의 노출시기 및 대상이나 실험결과의 측정시기 및 대상의 통제가 조사자의 의도에 따라 가능하다. 즉, 실험대상자는 누가 되며, 언제 실험변수에 노출이 되고, 언제 누구를 측정할 것인가를 조사자의 임의대로 할 수 있다. 그러나 유사실험조사 설계에서는 실험결과의 측정 시기 및 대상에 대한 통제는 가능하나 실험변수의 노출 시기 및 대상은 조사자의 임의대로 안 되는 경우가 있다. 선실험조사 설계에서는 조사자의 실험변수의 노출 시기 및 대상이나 실험결과의 측정 시기 및 대상에 대한 통제가 거의 불가능하다.

가능한 한 다른 변수들이 영향을 끼치지 않는 환경을 만들어 그 속에서 독립변수와 종속변수의 인과관계를 알고자 하는 것이 대표적인 실험이다.

자연과학에서의 실험은 주로 실험실 내에서 이루어지지만 사회과학은 실험실 내 실험보다 자연적인 상황에서 이루어지는 현지실험인 경우가 더 많다. 사회과학에서의 실험도 자연과학의 원리를 적용하여 그와 유사한 논리로 진행된다.

사회과학이나 의학, 약학 등에서 이루어지는 실험은 일반적으로 두 집단으로 나누어 한 집단에는 독립변수를 도입하고(실험집단), 다른 집단(통제집단)에는 독립변수를 도입하지 않은 상태에서 두 집단 사이를 비교함으로써 독립변수가 종속변수에게 주는 효과를 평가한다. 이때 실험에서 실험집단에만 독립변수가 발생하도록 하는 것을 조작이라고 한다.

> 예 행복한 지역사회가 집단응집력에 미치는 영향
> (행복한 지역사회: 독립변수, 집단응집력: 종속변수)

S복지관에서 지역사회 주민 50명을 대상으로 사회사업 프로그램인 '살기 좋은 우리 동네'가 집단응집력에 어떤 영향을 미치는지 알아보려고 한다. 각각 25명씩 실험집단(프로그램 실시)과 통제집단(프로그램을 실시하지 않음)으로 배치하고 조사자는 '살기 좋은 우리 동네'가 집단응집력을 향상시킬 것이라고 예측한다.

제2절 실험조사설계의 요건

실험조사설계는 가능한 내적 타당도를 위협하는 요인들을 제거해서 인과관계를 보다 명확하게 규명하고자 하는 설계방법이다. 실험의 기본적인 구상은 실험대상을 실험집단과 통제집단에 무작위 할당하고, 독립변수를 실험집단에만 도입하며 실험집단과 통제집단이 종속변수에서 보이는 변화를 비교하는 것이다.

1. 종속변수의 비교

비교란 실험집단과 통제집단 간의 종속변수를 비교하거나 실험 전후에 검사를 통해서 종속변수에 차이가 있는지 알아보는 것이다. 종속변수의 비교란 비교의 방법을 통하여 두 변수가 공변관계(상관관계)가 있는지를 알 수 있는 방법이다. 프로그램 등의 독립변수가 종속변수에 어떤 영향을 미치는지를 알아보기 위해 실험개입이 끝난 후에 실험집단과 통제집단에서 각기 종속변수를 측정하여 두 집단의 차이를 비교한다.

2. 독립변수(실험변수)의 조작

독립변수가 먼저 발생하고 종속변수가 나중에 발생하는 시간상의 차이를 보여야 하는 것을 독립변수의 조작이라고 한다. 즉, 조사자가 의도적으로 어떤 한 집단에는 독립변수를 발생시키고 다른 집단에는 발생하지 않도록 한 후, 독립변수의 조작이 종속변수에 미치는 영향을 관찰하는 것이다. 그러므로 실험조사설계에서는 독립변수의 발생 또는 도입을 의도적으로 적절한 시기에 하여 전 · 후 관계를 확인할 수 있게 해야 한다. 따라서 실험조사설계에서는 독립변수를 종속변수보다 앞서도록 의도적인 조작을 하는 것이 필수요소이다.

3. 외생변수의 통제

외생변수란 종속변수에 영향을 미칠 수 있는 변수로서 이 영향을 제거하지 못하면 독립변수와 종속변수 사이의 인과관계를 정확히 파악하는 데 문제가 생기게 된다. 즉, 종속변수의 변화가 나타나더라도 이것이 제3의 변수들에 의한 것이라면 인과관계를 왜곡해서 이해하게 되므로 두 변수 이외의 변수들의 영향을 제거해야 하는데 이것을 외생변수의 통제라고 하는 것이다. 실험조사설계에서 통제방법은 외부적인 요인을 통제하는 방법과 내부적인 요인을 통제하는 것으로 나뉜다. 외부적 요인들이란 비교대상으로 선택한 집단들이 서로 다른 경우에 나타나며 그로 인해 실험개입의 효과에 대한 설명이 불명확해질 수 있다. 내부적 요인들은 주로 실험 내부의 사건들에 의해 개입효과가 흐려지는 것을 말한다.

4. 실험대상의 무작위화

실험조사설계에서 집단 간 비교를 하기 위해서는 두 집단이 처음부터 동일해야 한다. 독립변수가 도입되기 이전의 두 집단(실험집단과 통제집단)은 가능한 한 집단이 동질적일수록 실험의 내적 타당도가 높아진다. 따라서 연구대상을 두 집단으로 나눌 때는 가능한 한 두 집단의 차이가 적도록 무작위 할당/ 난선화하는 것이 필요하다. 무작위화는 연구대상을 확률표본추출의 방법을 통해서 두 집단으로 나눔으로써 두 집단의 속성을 비슷하게 만들고자 하는 것이다. 연구대상의 크기가 충분히 크다면 무작위화를 통해서 두 집단의 속성은 상당히 비슷해질 가능성이 높다. 연구대상의 특성과 상황에 따라 짝짓기/ 배합의 방법을 사용하여 두 집단의 차이를 줄일 수도 있다. 결국 순수한 개입효과에 방해가 되는 많은 불필요하고 혼란스러운 외생변수와 예기치 않은 영향을 배제할 수 있다.

제3절 실험조사설계의 타당도

1. 타당도의 개념

실험조사설계의 타당도란 측정한 값과 대상의 진정한 값과의 일치 정도를 의미하며, 조사하고자 하는 개념을 얼마나 정확하게 조사해 내는가 하는 것을 말한다.

실험조사설계의 타당도는 특정 척도가 측정하고자 하는 대상과 해당 척도 사이의 일치 여부를 중요시한다는 특성이 있다. 실험조사설계의 타당도 개념은 척도와 측정대상의 관계에 주목하는 것에 비하여 척도의 신뢰도는 척도에 의하여 측정된 측정값들이 얼마나 일관성 있는지에 관심을 가진다. 즉, 신뢰도 개념에서 비교되는 것은 척도와 측정대상이 아니라 척도에 의해 얻어진 측정치들 간에 이루어진다는 것이다. 또한 실험조사설계의 타당도는 특정 척도의 타당도를 정확히 측정할 수 있는 도구가 기본적으로 전문가들의 추정과 합의에 근거할 수밖에 없다는 특징을 가지고 있다. 실험조사설계의 타당도는 해당 척도가 측정하고자 하는 대상과 측정도구와의 일치 정도에 관심을 가지는 것인데, 측정하고자 하는 측정대상이 언제나 조사자에 의해 명확하게 객관적인 관찰을 할 수 없는 경우가 많다는 것이다.

1) 내적 타당도

실험조사설계의 내적 타당도란 측정된 종속변수의 변화가 실제로 독립변수

(또는 실험변수)의 조작에 의해 일어났는지 여부를 의미한다. 예를 들어, 조사사가 실험설계를 할 때 통제하지 못한 요인들이 실험에 작용하였다면 이는 실험조사설계의 내적 타당도를 위협하는 것이 된다. 실험조사설계의 내적 타당도를 높이려면 가능한 한 순수한 실험변수에 의한 효과만을 정확히 추출해 낼 수 있는 실험설계가 필요하며, 이를 위해서는 외생변수들에 대한 철저한 통제가 이루어져야 한다. 그러나 외생변수의 영향을 통제하기 위해 인위적인 상황에서 실험을 수행한다면, 이는 실험조사설계의 내적 타당도를 높일 수 있으나 실험결과의 일반화를 저해할 수 있으므로 주의해야 한다.

2) 외적 타당도

실험조사설계의 외적 타당도란 실험결과를 조사에서 사용된 장면과 피험자 이외의 다른 장면 또는 다른 피험자에게 일반화시킬 수 있는 정도를 말한다. 많은 조사들은 현실적인 문제로 인해 조사대상자들 중에서 일부만을 추출하여 조사하게 되는데, 표본에서 발견된 특정한 사실들이 일반화될 수 있기 위해서는 표본이 모집단을 적절하게 대표할 수 있어야 하며, 조사환경이나 절차 등도 모집단을 대표할 수 있어야 한다. 예를 들어, 조사에 사용된 피험자, 장소, 시기가 보편적이지 않아서 일반화시키기 어려우면 실험조사설계의 외적 타당도가 낮은 실험조사라고 할 수 있다. 한편 내적 타당도는 외적 타당도를 위한 필요조건이지 충분조건은 아니다.

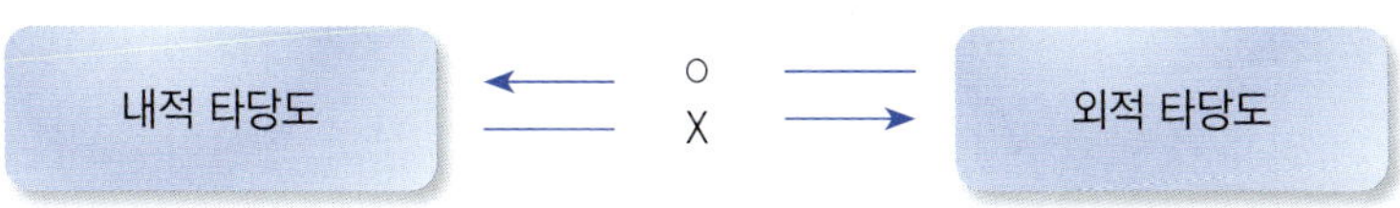

실험조사설계의 외적 타당도를 높이기 위해서는 표본의 대표성을 높이고 조사에 참여하는 대상들이 가능한 한 평소의 상황과 동일하게 행동하고 반응하도록 해야 한다.

2. 내적 타당도 저해요인

1) 성장요인

'성숙' 또는 '시간적 경과'라고 불리기도 하며, 조사기간 또는 사전검사와 사후검사 사이에 조사대상의 특성이 변화함으로써 종속변수에 영향을 미치는 경우를 의미한다. 즉, 개인의 신체적 · 심리적 변화가 조사결과에 영향을 미칠 수 있다. 아동의 경우 빠른 성장의 영향이 있을 수 있으며 노인의 경우에는 급속한 노화가 영향을 미칠 수도 있다. 그러므로 단일집단을 대상으로 한 실험설계를 통해서는 성장효과의 통제가 불가능하므로 실험집단과 통제집단(비교집단)을 동시에 설정하고 조사대상을 무작위로 배치할 필요성이 제기된다.

예를 들어, 자아존중감 향상 프로그램의 효과를 검증하는 조사로 초등학교 졸업반 아동을 대상으로 졸업 전부터 시작해 졸업 후까지 6개월 동안 프로그램을 실시하였다. 프로그램이 끝난 6개월 후 자아존중감 검사를 다시 실시하였는데, 평균적으로 모두 자아존중감이 향상된 것으로 나왔으면 프로그램 효과로 보기 쉽다.

그러나 아동은 6개월 동안 생물학적이나 정신적으로 성장하므로 프로그램의 효과라기보다는 성장에 따른 효과일 가능성이 크다.

2) 상실요인

'실험대상의 변동'으로 부르기도 하는 이 요인은 실험대상으로 선정되었던 일부 대상자가 조사기간 중에 이사, 사망, 질병, 기타 이유 등으로 탈락하는 경우에 나타나는 왜곡현상을 의미한다. 즉, 사전검사 이후 실험을 실시하는 과정에서 조사대상의 일부가 탈락하게 되어 조사대상의 표본 구성과 특성이 조사 초기와 달라지는 경우이다.

예를 들어, 청소년의 금연 프로그램에서 조절실패로 인해 대상자가 실험을 포기하는 경우, 프로그램의 수료자만을 대상으로 조사한 사후조사 결과를 가지고 프로그램의 효과성을 평가하는데, 이 경우 독립변수에 의한 효과인지는 정확하지 않다.

3) 역사요인

'외적 사건' 또는 '우연한 사건' 요인으로 불리기도 하며, 조사자의 의도와 관계없이 발생하여 종속변수에 영향을 미칠 수 있는 외부사건을 의미하고, 독립변수의 영향과 시간적으로 일치하여 조사결과를 저해하는 경우를 말한다. 따라서 조사기간이 길수록 외적 사건의 영향을 받아 조사설계의 내적 타당도에 영향을 줄 가능성이 커진다.

예를 들어, 노인 우울증 치료 프로그램에 참가하는 노인들 중 한 명이 우연하게 노년기를 성공적으로 보내고 있는 어느 노인의 사례가 담긴 영상을 시청하게 되었다. 그 후 이 노인은 자신도 활동적으로 살아야겠다는 다짐으로 우울증에서 벗어나게 된다. 이때 우울증을 벗어난 노인은 우울증 프로그램의 효과라기보다는 우연한 영상시청으로 인한 효과라고 본다.

4) 측정(도구)요인

사전검사와 사후검사에서 종속변수를 측정하기 위해 사용하는 검사도구의 문제로 인해 독립변수가 종속변수에 영향을 미치고 있는 것처럼 결과에 영향을 미치는 현상이다. 사전검사와 사후검사 사이에 검사도구가 바뀌었거나 신뢰도가 낮은 동일검사 도구의 경우에 같은 질문이라도 사전조사와 사후조사에서 각각 다르게 이해하여 응답할 수 있기 때문에 종속변수에 변화가 있더라도 이를 독립변수의 영향으로 단정할 수 없다.

예를 들어, 실험집단에 대한 사전 · 사후검사 결과의 차이가 크게 있는데, 사후검사의 검사도구가 쉬웠다면 그 차이가 실험에 의한 것인지 검사도구의 변화에 의한 차이인지 알 수 없다.

5) 통계적 회귀요인

같은 현상을 반복해서 측정하면 그 값들이 평균값으로 수렴하는 통계학적 특성이 나타나는데, 이처럼 사전검사에서 종속변수의 값이 극단적인 경우에 사후

측정에서 독립변수의 영향과 관계없이 평균값으로 근접하려는 경향을 통계적 회귀라고 한다. 즉, 종속변수의 값이 가장 높거나 가장 낮은 극단적인 사례들을 실험집단으로 선택했을 경우, 실험 이후에 측정한 종속변수의 값들은 평균값으로 회귀하여 독립변수에 의한 효과를 정확하게 평가할 수 없게 만드는 현상이다.

예를 들어, 초등학교에서 방과 후 교실을 학업성적이 매우 낮은 아동들을 대상으로 했다면, 사후검사에서 나타난 학업성적의 향상은 프로그램의 영향일 수도 있지만 더 이상 학업성적이 낮아질 수 없는 극단의 아동들을 대상으로 실험했기 때문일 가능성이 있을 수 있다.

6) 선발요인

표본이 편중되어 발생되는 요인으로 조사대상 집단의 대상자를 선정하는 데 있어서 실험결과에 영향을 미칠 수 있는 요인이 이미 작용한 사람들을 선택하는 경우에 나타날 수 있는 현상으로 '표본선택의 편의'라고 불리기도 한다. 실험집단과 통제집단 구성원을 표집하는 단계에서 상이하게 표집되었기 때문에 나타나는 실험효과의 왜곡현상으로, 조사자의 임의적 판단에 의해 배치했을 경우나 자발적인 참여자로 구성되었을 때 발생할 가능성이 크다.

예를 들어, 조사대상자 자신이 실험집단에 속하게 되었다고 생각하는 경우, 실험대상자는 의식적인 노력을 통해 종속변수의 변화를 가져오는데, 이러한 변화가 독립변수의 영향 때문인지 아니면 실험대상자의 의식적인 노력 때문인지 판단하는 것이 어렵다. 표본의 편중에 의한 내적 타당도 저해를 막기 위해서는 무작위 표본추출을 통한 집단배치가 이루어지도록 설계되어야 한다.

7) 검사요인

검사요인은 사전검사가 사후검사에 영향을 미치게 되어 종속변수의 변화를 초래하는 것을 의미한다. 즉, 측정하고 있는 문제가 전혀 개선되지 않았으면서도 여러 번 검사과정에서 점수가 높아지는 경우이다. 이것은 경험에 의한 영향이라고 할 수 있는데, 실험의 실시 전후에 유사한 검사를 반복하는 경우 프로그램의 참여자들이 사후검사의 측정값에 영향을 미치는 현상이다.

예를 들어, 지능검사를 실시하고 지능개발 프로그램을 가지고 훈련을 시킨 후 다시 지능검사를 하였다. 이때 처음의 지능검사가 기억에서 사라지기 전에 동일한 재검사를 하게 되었을 경우 더 높은 점수가 나온 것은 프로그램의 영향이라기보다는 검사요인에 의한 것으로 판단된다.

3. 내적 타당도를 높이는 방법

내적 타당도를 높이기 위해서는 내적 타당도를 저해하는 요인들이 실험과정에 개입되지 않도록 적절히 통제되어야 한다.

1) 내적 요인 통제방법

내적 타당도를 저해하는 내적 요인들은 대부분 실험집단과 병행해서 통제집단을 설정함으로써 발생할 수 있다. 통제집단을 실험집단과 유사한 속성으로 무작위배정을 하면, 내적 요인의 영향을 두 집단이 비슷하게 받음으로써 역사, 성장, 검사, 도구, 통계적 회귀 등의 영향을 같은 정도로 받게 된다.

2) 외적 요인 통제방법

내적 타당도를 저해하는 외적 요인들을 무작위할당, 배합/ 균형화, 상쇄, 사후에 통계적으로 통제하는 방법 등을 통해 통제할 수 있다.

(1) 무작위할당

어떠한 외생변수들이 작용할지 모르는 경우에는 실험집단과 통제집단을 조사대상 모집단에서 무작위로 추출함으로써 조사자가 조작하는 독립변수 이외의 모든 변수에 대한 영향을 동일하게 만든다.

(2) 배합/ 균형화

통제집단과 실험집단을 동일하게 만들기 위한 방법으로 종속변수에 영향을 미칠 외생변수를 단계별로 적용하여 단계적으로 조사대상자를 분류하고, 이들을 실험집단과 통제집단에 무작위로 배정하는 방법이다.

균형화에는 정밀균형화 방법과 빈도분포균형화 방법이 있다. 정밀균형화 방법은 한 가지 이상의 변수에 있어서는 같은 값을 가지는 조사대상을 둘씩 골라서 하나는 실험집단에, 다른 하나는 통제집단에 배치함으로써 특정 변수의 영향을 같게 하는 것이다. 빈도분포균형화 방법은 통제하려는 변숫값의 평균치를 실험집단과 통제집단에 있어 동일하게 만드는 방법이다.

균형화는 무작위할당과 병행해서 사용될 경우 실험 내적 타당도를 더욱 높일 수 있다.

(3) 상쇄

외생변수가 작용하는 강도가 다른 상황에 대해서 다른 실험을 실시하여 비교함으로써 외생변수의 영향을 제거하는 방법이다.

(4) 통계적 통제

일종의 사후통제 방법으로 실험이 이루어진 후에 통제를 시도한다. 통제해야 할 변수들을 독립변수로 간주하여 실험설계에 포함시키고 실험을 실시한 후 결과를 분석하면서 통계적으로 그 영향을 통제한다.

배합과 무작위할당과는 달리 실험설계에서 통제를 시도하는 것이 아니라 통계적 방법으로 외부요인을 배제하는 방법이다. 실험설계에서는 배합과 무작위할당으로 해결할 수 없는 외부요인들의 가능성을 통계적 방법을 사용하여 통제한다.

4. 외적 타당도 저해요인

실험조사설계의 외적 타당도 저해요인으로 크게 조사표본의 대표성 요인과 실험조사에 대한 반응성 요인, 플라시보 효과가 있다.

1) 조사표본의 대표성 요인

조사표본의 대표성 요인은 조사가 실제 상황에 일반화될 수 있으려면 조사대상은 모집단을 대표할 수 있어야 한다. 표본뿐 아니라 조사의 환경이나 절차들도 모집단의 일반적인 상황과 유사해야 실험결과를 일반화시킬 수 있기 때문이다.

2) 실험조사에 대한 반응성 요인

실험조사에 대한 반응성 요인은 조사대상자가 자신이 실험에 참여하고 있다는 것을 의식해서 평소와 다른 행동과 반응을 보인다면 일반조사에서는 나타나지 않는 결과가 나타날 수 있다. 실험이 수행되는 동안에 피실험자들이 자신에게 기울이는 특별한 관찰과 관심에 대해 반응하는 것을 반응효과/ 반동형성(reactive effects) 또는 호손효과(Hawthorne effect)라 하는데, 이러한 반응성 또한 외적 타당도를 떨어뜨린다.

3) 가실험효과(플라시보 효과)

플라시보 효과 또는 위약효과라고도 하며, 약물실험 등에서 종종 문제가 되는 효과이다. 플라시보 효과는 일종의 조사반응성 효과인데 실제로는 실험처치나 개입이 이루어지지 않았는데도 불구하고 그것을 받은 것과 유사한 효과가 나타나는 경우를 말한다. 이는 조사대상자들이 스스로 조사에 대해 반응하고 있기 때문이다.

• 가짜 약을 진짜 약이라고 믿고 먹으면 마치 진짜 약을 먹은 것처럼 호전되는 경우와 같이 피험자들에게 실험 처치나 개입이 주어지지 않았는데도 '실험 처치를 받고 있다'고 느끼는 믿음으로 인해 마치 실험 처치를 받은 것과 유사한 효과가 나타나는 것을 의미

5. 외적 타당도를 높이는 방법

외적 타당도를 높이기 위해서는 확률표집방법으로 조사대상을 선정하거나 또는 표본의 크기를 크게 함으로써 표본의 대표성을 높이는 방법과 플라시보 효과를 제거하기 위해 가실험통제집단 설계 등의 방법을 사용할 수 있다.

제4절 실험조사설계의 유형

실험조사설계란 실험적 개입, 즉 독립변수의 조작으로 인해 발생할 수 있는 변수 간의 인과관계를 규명하기 위한 조사설계로, 실험조사의 요건을 제대로 구비하고 있는지에 따라 비실험조사 설계, 전실험조사 설계, 유사실험조사 설계, 순수실험조사 설계로 구분할 수 있다.

1. 비실험조사 설계

비실험조사 설계는 실험적인 조사방법을 사용하지 못하는 상황에서 이용되기는 하지만 사전조사나 사후조사 같은 시간적 우선성의 문제도 해결하기 어렵고 외생변수 통제 등도 할 수 없는 설계이다. 따라서 실험조사 설계가 인과관계 규명을 위한 좋은 방법이기는 하지만 실험조사 설계를 사용하기란 쉬운 일은 아니

다. 따라서 실험요소가 개입되지 않은 상황에서는 비실험조사 설계를 사용할 수 밖에 없다. 비실험 설계의 좋은 예는 횡단조사(서베이조사)라고 할 수 있다.

1) 일원적 설계

일원적 설계란 특정 사건이나 현상의 발생, 인구집단의 특성, 개인적 · 집단적 경험 등을 기술할 때 사용되는 설계로 단 한 번의 관찰로써 조사하여 관찰값을 파악하는 데 이용된다.

2) 상관관계 설계

상관관계 설계는 교차분석적 설계라고도 하는데 독립변수로 간주될 수 있는 하나의 변수와 종속변수로 간주될 수 있는 하나의 변수의 속성을 분류하거나 교차시켜 통계적 기법을 통하여 상관관계를 추정하는 방법을 말한다.

3) 종단적 조사설계

앞의 일원적 설계와 상관관계 설계는 한 시점을 관찰하는 횡단적 조사에 속하지만, 경향조사 설계, 동년배집단조사 설계, 패널조사 설계 등은 여러 시점에 걸쳐 관찰하는 종단적 조사설계이다.

2. 전실험조사 설계

전실험조사 설계는 원시실험 설계라고도 한다. 비실험 설계와 마찬가지로 내적 타당성을 충족하는 조건을 거의 갖추지 못하고 있는 설계이다. 조사대상자의 무작위 추출과 배정이 안 되는 원시적인 방법이므로 인과관계나 상관관계를 밝히기 어려운 조사설계이다.

1) 단일집단 사후측정 조사 또는 일회용 사례 조사

단일집단에 실험적 개입을 가하고 그 효과에 대한 사후조사만 실시하는 가장 초보적인 설계로 내적 · 외적 타당성 모두가 결여된 방법이다.

2) 단일집단 사전 · 사후측정 설계

단일집단 사전 · 사후측정 설계란 단일집단에 실험변수를 노출하기 전과 후에 조사를 실시하고, 차이가 있는지를 관찰하여 실험변수의 효과를 파악하는 방법이다.

3) 정태적 집단비교 설계

정태적 집단비교 설계란 실험집단과 통제집단을 임의적으로 선정하고 실험집단은 독립변수를 도입한 후 사후검사를 하고 통제집단은 독립변수를 도입하지 않고 사후검사를 실시하는 설계이다. 이 방법은 통제집단 사후검사 설계에서 무작위할당만 제외된 형태로 실험집단과 통제집단이 무작위로 할당된 것이 아니라 배합 등의 방법에 따라 비슷한 특성의 집단으로 선정되지만, 선택적 편의가 독립변수 조작과 상호작용할 수 있다. 또한 종속변수의 변화는 처음부터 다른 이질적인 두 집단의 특성 차이에 의한 것인지 아니면 실험처치(독립변수)에 의한 것인지를 판단하기가 어려우므로 내적 타당도와 외적 타당도가 낮아지게 된다.

3. 유사실험조사 설계

유사실험조사 설계는 실험설계의 기본 요소인 무작위 할당, 통제집단, 독립변수의 조작, 사전 · 사후검사 중 한두 가지가 결여된 설계이다. 사회복지현장에서는 여러 가지 현실적인 제약으로 실제로 무작위배정이 가능하지 않은 경우가 많기 때문에, 이 조사설계가 순수실험조사설계의 대안으로 많이 활용된다. 또한 순수실험설계보다 현실적인 측면을 고려하기 때문에 엄격히 통제된 상태에서 이루어진 조사결과 보다 일반화가 용이하다. 그러므로 내적 타당도는 낮지만 실험에 대한 통제가 비교적 적어 외적 타당도는 높은 경우가 많다.

1) 단순시계열 조사설계

단순시계열 조사설계는 시간연속설계라고도 하는데, 이는 실험변수를 노출시키기 전후에 일정한 기간을 두고 정기적으로 몇 차례의 결과변수에 대해 측정하는 방법이다. 단순시계열 조사설계는 통제집단을 별도로 갖지 않고 그 대신 실험처치로 인한 효과 확인을 위해 동일집단 내 여러 번에 걸쳐 실시된 사전검사를 통해서 확인한다. 따라서 비교적 높은 내적 타당성을 가지고 있지만 통제집단을 사용하지 않기 때문에 우연한 사건들의 영향일 가능성을 배제하지 못한다. 검사도구의 효과로 인해 외적 타당도가 저해될 가능성이 있지만, 실천현장에서 종종 사용되고 있다. 독립변수의 효과성은 사전검사 측정치의 합과 사후검사 측정치의 합을 비교하거나 각각의 평균치를 비교해서 계산한다.

2) 복수시계열 조사설계

복수시계열 조사설계는 비슷한 특성을 지닌 두 집단을 선택하여 실험집단에 대해서는 실험변수를 도입하기 전에 여러 번 관찰하고 실험변수를 도입한 후 다시 여러 번 관찰을 하는 조사설계이다. 단순시계열 조사설계의 우연한 사건 등에 의한 내적 타당도의 문제점을 개선하기 위해 단순시계열설계에 통제집단을 추가한 것이다. 통제집단을 사용함으로써 내적 타당도 저해요인을 많이 감소시킬 수 있으나, 무작위할당이 이루어지지 않기 때문에 실험집단과 통제집단이 이질적일 가능성이 크다. 실험집단의 반복된 사전검사로 주 시험효과가 발생할 수 있어 외적 타당도가 저해되기도 한다.

3) 비동일 통제집단 조사설계

비동일 통제집단 조사설계는 실험집단과 통제집단이 모두 사용되어 임의적인 방법으로 양 집단을 선정하고 사전 · 사후검사를 통해 종속변수의 변화를 비교하는 조사설계이다. 실험조사 설계의 통제집단 사전 · 사후검사 설계와 유사하지만, 단지 무작위할당에 의해 실험집단과 통제집단이 선택되지 않은 점이 다르다. 비동일 통제집단 조사설계는 무작위로 배치되지 않았기 때문에 통제집단의 초기상태가 실험집단과 동일하지 않을 가능성이 크고 실험집단과 통제집단이 사용되므로 내적 타당성 저해요인은 통제할 수 있으나, 임의적 할당으로 선택의 편의가 발생하고 우연한 사건, 성숙, 검사도구 등의 요인과 상호작용을 일으켜 시험효과를 나타낼 수 있어 외적 타당도가 저해될 소지가 있다. 두 집단 사이를 통제하지 못하여 실험집단의 결과가 통제집단으로 모방되거나 확산되는 효과 등을 제거하지 못하게 되는 단점도 있다.

4) 분리표본 사전 · 사후검사 조사설계

분리표본 사전 · 사후검사 조사설계는 실험집단에 대해 사전검사를 실시하지 않고 독립변수를 도입한 후 사후검사를 실시하고 통제집단은 사전검사만 실시하는 조사설계이다. 이 조사설계는 실험집단과 통제집단에 사전 · 사후검사를 동시에 실시할 수 없어 통제집단에 사전검사 후 독립변수가 도입되는 것을 배제할 수 없는 상황에서 채택되는 설계이다. 무작위화 방법으로 집단을 나누었지만 사전검사나 사후검사가 동시에 이루어지지 않고 통제집단에서 독립변수를 조사자가 의식적으로 배제할 수 없는 점 등이 실험조사와의 차이를 보인다.

4. 순수실험조사 설계

순수실험조사 설계는 실험변수 조작, 통제집단, 실험대상 무작위화, 외생변수 통제 등 실험의 기본 조건을 대부분 충족하는 실험설계로 내적 타당도를 저해하는 요인들을 최대한 통제한 설계이다. 조사대상을 무작위로 실험집단과 통제집단에 배치하고 독립변수를 실험집단에만 도입한 후 양 집단의 종속변수에 있어서의 특성 변화를 비교하는 것이다. 실험설계의 기본 요소는 통제집단, 무작위 할당, 독립변수의 조작, 사전 · 사후검사 등이 있다.

1) 통제집단 사전 · 사후검사 설계

통제집단 사전 · 사후검사 설계는 가장 전형적이고 고전적인 실험설계로 실험집단과 통제집단이 무작위로 배정되며, 실험적 개입에 착수하기 전에 사전조사를 실시하고, 사전조사 후에 실험집단에는 개입이, 통제집단에는 개입이 가해지지 않으며, 실험적 개입의 종료 이후 두 집단을 대상으로 사후조사를 실시한다. 사전조사와 사후조사의 차이를 비교함으로써 개입의 효과를 측정한다. 전반적으로 내적 타당도의 저해요인을 통제할 수 있어 내적 타당도가 높다고 볼 수 있으며, 사전검사에 의한 검사효과(시험효과, 주 시험효과)의 영향을 받을 수 있다. 또한 사전검사와 실험처치(독립변수)가 상호작용을 일으켜 생기는 상호작용시험효과(실험대상자가 사전측정을 하고 난 후 실험처치를 받아들이는 강도가 달라지는 것)로 인해 실험결과를 다른 상황에 일반화시키기 어려운 외적 타당도상의 문제가 나타날 수 있다.

2) 통제집단 사후검사 설계

통제집단 사후검사 설계는 사전조사는 실시하지 않고 사후조사만 실시하는 실험설계를 말한다. 사전조사를 하지 않는 이유는 사전조사의 영향을 배제하기 위해서이다. 사전조사의 영향이란 실험에 참여하는 것을 지나치게 의식해 조사에 민감하게 반응하는 것을 말한다. 사전조사가 어려울 경우에도 이 설계를 사용한다. 그러나 사전조사를 생략함으로써 실험 전에 실험집단과 통제집단의 상태가 동일한지의 여부를 알 수 없다. 즉, 사전검사를 실시하지 않으므로 검사효과(시험효과, 주 시험효과)와 상호작용 시험효과가 발생하지 않아 검사효과로 인한 내적 타당도 문제나 상호작용 시험효과로 인한 외적 타당도 문제를 감소시킬 수 있다.

3) 솔로몬 4집단 설계

솔로몬 4집단 설계는 솔로몬 설계라고도 부른다. 이 설계는 통제집단 전후비교설계와 통제집단 사후비교설계를 병행 · 실시하는 것이다. 통제집단 전후비교설계의 2개 집단과 통제집단 사후비교설계의 2개 집단 등 모두 4개의 집단을 조사해서 그 결과를 비교한다. 두 설계를 조합함으로써 양자의 단점을 보완할 수 있어 주 시험효과, 주 효과, 기타 외생변수를 완전히 분리해 낼 수 있는 장점이 있다. 그러나 실험을 위해 4개의 집단을 무작위로 배정해 실험조사를 한다는 어려움과 복잡성, 비용문제 등의 문제로 현실적인 이용이 어렵다.

4) 요인설계

요인설계는 각 변수에 따라 실험집단과 통제집단을 설정하고 개별독립변수 · 종속변수, 두 개 이상의 독립변수 · 종속변수의 인과관계를 검증하는 방법이다. 두 개 이상의 독립변수가 상호작용하면서 종속변수에 미치는 영향을 파악할 수 있고 조사결과의 일반화(외적 타당도)가 높은 장점이 있다. 그러나 고려해야 할 독립변수가 많은 경우 시간과 비용 면에서 효율적이지 못하다는 단점을 가지고 있다.

5) 가실험 통제집단 설계

가실험 통제집단 설계는 통제집단 사전 · 사후검사 설계, 통제집단 사후검사 설계에 가실험 효과(가짜약 효과)를 측정할 수 있는 집단을 추가로 결합해 만든 설계를 말한다. 여기서 가실험이란 실제적인 내용은 없으나 실험처치를 받는 것처럼 만들어진 실험처치를 말한다.

KEY POINT

■ 실험조사설계의 요건

① 통제집단

② 무작위배정

③ 독립척도 조작

■ 조사설계의 구성요소

구성요소	내 용
주제-문제-가설 설정	주제를 조사문제로 특정화하고, 검증가능한 가설로 발전함
조사대상의 선정	조사대상, 분석단위(개인, 집단, 통계자료, 문헌 등) 선정
표본수집	모집단, 표집단위, 표본의 크기, 표집방법 수집
조사방법의 선택	자료를 수집하는 방법(관찰, 면접, 설문, 실험 등) 선택
측정과 척도	자료를 측정하는 전략과 척도의 선택
자료의 수준	탐색적 수준, 기술적 수준, 설명적 수준
조사결과의 분석	분석할 자료와 분석 · 통계방법, 결과분석의 해석, 결론 설정
조사보고서의 작성	보고서의 형식, 보고 일정, 일반화시키는 방법 등의 선택

■ 인과관계 기본 전제조건

① 원인척도와 결과척도는 반드시 공변관계에 있어야 함

② 결과척도는 원인척도에 의하고, 제3의 요인에 의한 설정을 배제해야 함

③ 원인척도는 반드시 결과척도보다 시간적으로 선행되어야 함

■ 내적 타당도 위협요인

위협요인	내 용
성장요인	조사기간 중 대상자 개인 심리적, 신체적 성장의 영향
상실요인	조사기간 중 대상자의 사망, 질병, 탈락 등으로 결과에 영향
역사적 요인	우연한 어떤 외적인 사회적 사건이 결과에 영향
측정요인	프로그램 진행 전과 후에 측정도구 차이로 인한 왜곡 현상
회귀요인	슬픔도 기쁨도 시간이 지남에 따라 평상시로 회귀하는 요인
선발요인	실험집단과 통제집단(비교집단) 간의 집단 구성원들의 차이
검사요인	시험을 자주 보면 실력향상이 아니라, 시험에 익숙해진 요인

■ 외적 타당도 위협요인

① **연구표본의 대표성** : 특정 지역만의 특성일 수 있음(연구표본, 환경, 절차 등의 대표성)

② **민감성(조사 반응성)** : 인간관계론(호손실험), 환경과 조건(조사자)에 따라 다른 반응성

③ **플라시보(placebo) 효과** : 환자에게 약이 아닌 밀가루를 약으로 투여한 후 반응 효과

■ 순수실험설계 위협요소

조사설계 유형	내적 타당도 위협요소	외적 타당도 위협요소
통제집단 사전 · 사후비교조사	측정효과	측정의 반응효과
통제집단 사후비교조사	없 음	측정의 반응효과
솔로몬 4집단 비교조사	없 음	없 음

■ 유사실험설계 위협요소

조사설계 유형	내적 타당도 위협요소	외적 타당도 위협요소
시계열조사	역사적 사건, 성숙, 측정효과	측정의 반응효과
복수시계열 조사	대상자 선정	측정의 반응효과
비동일 통제집단 조사	대상자 선정, 측정효과	측정의 반응효과

Chapter 12

욕구조사와 평가조사

제1절 욕구조사
제2절 평가조사
제3절 보고서 작성

Chapter 12

욕구조사와 평가조사

제1절 욕구조사

1. 욕구의 개념

욕구란 인간이 삶을 영위하기 위해 필요한 재화나 서비스를 갈망하는 상태를 말한다. 욕구는 인간에게 필요한 무엇인가에 대한 결핍으로 불편함을 느끼게 되는 상태를 말하며, 인간다운 삶을 살고자 하는 욕구를 가지고 있는 현실세계와 결핍된 상태에서 나타나는 그 차이를 말한다. 이러한 욕구를 개인이 가지고 있으면 개인적 욕구가 되고, 사회구성원의 다수가 가지고 있을 경우에는 사회적 욕구가 된다.

또한 욕구는 원하는 것, 바라는 것을 만족시키고 충족시키기 위해 그것을 필요로 하는 상태를 의미한다. 즉, 욕구는 충족되어야 할 문제 또는 해결되어야 할 문제로 간주되며, 대부분의 경우 욕구와 문제는 같은 의미로 사용되고 있기 때문에 사회적 욕구를 사회적 문제로 보는 경향이 있다.

그러나 욕구는 인간에게 있어서 고정된 것이 아니라 동적인 것이며, 새롭게 표현할 수 있는 무한한 가능성을 가지고 있으므로 그 분류는 무의미하다고 본다. 또한 인간의 행동은 욕구에 의해 동기 유발된다는 전제하에 기본 욕구는 무엇이며, 그것은 어떠한 과정들을 거쳐 동기를 불러일으키게 되는지, 대표적인 욕구이론을 대별하여 교재에서는 매슬로우(Maslow)의 이론과 브래드쇼(Bradshaw)의 이론을 살펴보고자 한다.

1) 매슬로우의 인간의 욕구

매슬로우는 인간의 욕구를 5단계로 분류하였다. 매슬로우의 인간의 욕구는 위계에 따라 1단계 생존의 욕구, 2단계 안전의 욕구, 3단계 사랑과 소속의 욕구, 4단계 자아존중의 욕구, 5단계 자아실현의 욕구로 구분하고 있다.

매슬로우의 인간의 욕구는 사회복지 분야에 흔히 이용되고 있으며, 또 사회복지학에서 중요한 시사점을 제공하고 있는데, 그 이유는 ① 인간의 욕구가 위계적인 특성을 지니고 있는 만큼 욕구충족을 위한 사회복지급여나 서비스는 일반적으로 낮은 수준의 욕구충족에서 시작하여 높은 수준의 욕구충족을 위해 지향된다는 점이다. ② 사회복지서비스 프로그램을 비교할 수 있는 비교연구의 기준이 될 수 있다는 점이다. ③ 인간의 욕구가 현실사회에서 완전하게 충족될 수는 없고 끊임없이 보다 높은 수준의 욕구를 충족하기 위하여 저마다 일생 동안 노력하는 것이 삶이라는 점이다. ④ 인간이 가지고 있는 일반적인 욕구의 내용을 적절하게 제시하였다는 점이다.

(1) 생존의 욕구

생리적 욕구라고도 하는 이 욕구는 인간이 최소한의 기본적인 생활을 유지하기 위하여 충족되어야 할 생물학적 욕구로서 인간의 가장 낮은 단계의 욕구이다. 물, 공기, 의식주, 성, 수면 등과 같은 욕구로서 이 욕구가 결핍되면 배고픔, 갈증, 성적인 좌절, 피로, 긴장, 질병 등을 느끼게 된다.

(2) 안전의 욕구

안전의 욕구는 충족된 생리적 욕구를 박탈당하지 않으려는 욕구로서 외부의 위험으로부터 신체적 · 정서적 · 정신적인 안전과 안락, 안정 등을 얻고 싶어 하는 욕구이다. 이 욕구가 결핍되면 불안, 상실감, 두려움, 강박감 등을 느끼게 된다.

(3) 사랑과 소속의 욕구

사회적 존재로서 어떤 집단에 소속하거나 수용되고 타인과의 의미 있는 사랑의 관계를 맺고 싶어 하는 욕구로서 감정의 자유로운 표현, 자애로운 감정, 수용과 친밀함 등을 느끼고 싶어 하는 욕구이다. 이 욕구가 결핍되면 무가치한 느낌이 들고 공허함, 고립감 등을 느끼게 된다.

(4) 자아존중의 욕구

다른 사람들로부터 자신의 존재를 인정받고 싶어 하는 욕구로서 자기존중과 타인존중의 욕구이다. 이러한 욕구는 긍정적인 자아상, 자기계발, 신뢰감, 자신감을 통해 나타난다. 이 욕구가 결핍되면 무능력한 감정과 열등감 등이 나타난다.

(5) 자아실현의 욕구

인간의 욕구단계 중 가장 높은 단계의 욕구로서 자신의 잠재적 역량을 최대한 발휘하여 자신이 성취할 수 있는 모든 것을 이루려는 욕구이다. 다른 욕구와 달리 욕구가 충족될수록 더욱 증대되는 경향을 보여 '성장 욕구'라고 하기도 한다. 자아실현한다는 것은 자신을 믿고 자신의 재능, 능력, 잠재력 등을 총동원하여 발휘하게 됨으로써 진정으로 바라는 자기가 되는 것을 말한다. 이 욕구가 결핍되면 삶의 의미를 상실하고 권태나 소외감 등을 느끼게 된다. 후에 매슬로우는 자아실현의 단계를 넘어선 자기초월의 욕구를 주장하였다. 자기초월의 욕구란 자기 자신의 완성을 넘어서 타인, 세계에 기여하고자 하는 욕구를 뜻한다.

자아실현의 욕구

(잠재력 실현, 자아계발, 창조적 · 자발적 행위)

↑

자아존중의 욕구

(자신감, 존중, 사회적 인정)

↑

사랑과 소속의 욕구

(소속, 우정, 사랑)

↑

안전의 욕구

(위협 또는 궁핍으로부터의 보호)

↑

생존의 욕구

(배고픔, 갈증, 휴식, 주거, 적으로부터의 보호)

|그림 12-1| 매슬로우의 단계별 욕구

2) 브래드쇼의 사회적 욕구

사회적 욕구는 인간이 가지고 있는 기본 욕구가 개인적 차원에서가 아니라 사회적 차원에서 발생가능하다는 인식이 이루어졌을 때 존재하게 된다. 따라서 사회복지정책에서 관심을 가지게 되는 사회적 욕구는 기본적 욕구의 사회적 특징을 반영하고 있는데, 브래드쇼의 사회적 욕구는 누구에 의해 기본적 욕구가 사회적 욕구로 규정되었는가에 따라 욕구를 구분하고 있다.

브래드쇼의 사회적 욕구에는 규범적 욕구, 느껴진 욕구, 표출된 욕구, 비교적 욕구가 있다.

(1) 규범적 욕구

규범적 욕구는 전문가의 판단에 의해 규정된 욕구로서 전문가가 기준을 정하고, 실제 비율이 특정 기준에 미치지 못하는 욕구가 있는 상태를 말한다.

규범적 욕구는 전문가가 기준을 정하고 전문가의 객관적인 사실파악에서 비롯되기 때문에 욕구의 목표가 기존의 서비스 수준 등과 비교가능하다.

(2) 느껴진 욕구

느껴진 욕구는 감지된 욕구, 인지적 욕구라고도 한다. 느껴진 욕구는 개개인이 인지하거나 느끼는 욕구로 사람들이 실제로 생각하거나 선호하는 욕구를 말한다. 주로 선호하는 것을 묻는 사회조사를 통해 파악하게 되는데, 느껴진 욕구는 사람, 환경 그리고 상황에 따라 각각의 기준이 변할 수 있기 때문에 한계가 있다.

(3) 표출된 욕구

표출된 욕구는 표현된 욕구, 나타난 욕구라고도 하는데 서비스 수요조사에 기초한 욕구로서 사회복지 분야에 가장 많이 이용되는 욕구개념이다. 표출된 욕구란 수요에 의해 느껴진 체감욕구가 행동으로 표출된 것으로서 복지수혜자가 필요하다고 직접적으로 표현한 것이 핵심변수인 욕구이다. 이 욕구는 느껴진 욕구를 실제로 행동에 옮기게 되는 상황을 강조한 욕구라는 데 의의가 있다.

(4) 비교적 욕구

비교적 욕구는 상대적 욕구라고도 하는데 비슷한 자격을 가지고 있으면서도 서비스를 받지 못하고 있는 사람들에 대한 욕구를 말한다.

즉, 특정 집단성원의 욕구를 그 집단과 유사하다고 인식되는 다른 집단성원과의 욕구와 비교할 때 나타나는 욕구로서 개인적으로는 전혀 불편한 것이 없었는데 누구와 비교하니까 상대적으로 불편하다고 느끼게 된다는 것이다.

브래드 쇼의 욕구 유형

① **규범적 욕구** : 전문가가 설정한 기준 미만의 상태
② **느껴진 욕구** : 당사자가 느끼는(인식하는) 욕구(예 욕구조사 설문지에 응답한 욕구)
③ **표현된 욕구** : 실제 행위로 표출된 욕구(예 서비스 신청, 대기 신청 등)
④ **비교적 욕구** : 비슷한 조건에서 상대적으로 서비스를 못 받고 있는 상태

2. 욕구조사의 필요성

욕구조사의 주된 부분은 조사대상이 어떠한 욕구를 가지고 있는가를 파악하고, 그 욕구의 수준과 서로 다른 욕구 간의 우선순위를 파악하는 것이다. 사회복지 분야에서 대표적인 욕구조사 가운데 하나가 지역사회 주민을 대상으로 하는 욕구조사이다. 일반적으로 제기되는 욕구조사의 필요성은 다음과 같다.

1) 정보의 획득

적절한 서비스를 전문적, 효율적, 효과적으로 제공하기 위해 클라이언트의 특성, 문제, 요구사항, 나 자신의 변화를 위한 욕구의 가능성에 대해 판단할 수 있는 정보를 얻어 서비스의 계획, 조직, 운영, 평가에 사용한다.

2) 이용자 중심의 프로그램 개발

욕구조사의 궁극적인 목적은 이용자의 욕구를 파악하여 이용자 중심의 프로그램을 개발하는 데 있으므로 욕구조사를 통하여 이용자가 필요로 하는 새로운 서비스를 개발하거나 기존의 서비스를 보완할 수 있다.

3) 자원의 효율적인 운영

욕구의 우선순위를 파악하고 상대적 우선순위를 정하여 인력과 예산을 배정함으로써 기관의 자원을 효율적으로 운영할 수 있다.

〈표 12-1〉 사회복지조사 주요 학자

학 자	주요 조사 요약
A. 영 (A. Young)	1767년 농업혁명가로서 자신의 경험을 바탕으로 조사를 실시하였고, 농업개혁을 위해 자료를 수집한 최초의 인물로 평가
존 하워드 (John Howard)	1777년 최초의 사회사업조사, 형무소조사, 교도소의 조건과 환경개선에 관심, 수형자 대우에 관한 개혁에 기여
데이비드 데이비스 (David Davies)	1795년 잉글랜드와 스코틀랜드의 여러 지역에 거주하는 노동자들의 임금과 식량에 대해 상세하게 기록
찰스 부스 (Charles Booth)	런던(400만 명) 시의 빈민가정을 장기간 조사(7년 : 1889~1896) 통계조사와 사례조사를 적절히 배합 조사대상자들을 8개 층으로 구분하고 빈곤층 비율 파악(30% 빈곤) 빈곤에 대한 규정에 기여(노령연금법 제정 노력)
B. 라운트리 (B. Rowntree)	부스(Booth)의 조사를 계승, 1901년 『빈곤–도시생활의 연구』 출간 영국 요크(7만 명) 시의 노동자 가정을 직접 방문조사 장기간에 걸친 빈곤율(28%) 추이 조사(절대 최저생계비 산출에 공헌) 빈곤선 측정방법 확립에 기여(1차 빈곤, 2차 빈곤)
르 쁠레 (Le Play)	노동자계층의 가계조사, 사회개량이 반드시 사회조사에 근거하는 자료를 통해 이루어져야 한다고 강조, 사례연구방법의 선구자
에른스트 엥겔 (Ernst Engel)	저소득 가정일수록 전체의 생계비 중에서 식료품비가 차지하는 비중이 높아지는 현상 조사(생계비에 관한 통계조사)
린드 딕스 (Lynde Dix)	형무소와 구빈원의 정신장애자와 박약자에 대한 실태조사를 통하여 이들에 대한 보호에 공헌
폴 켈로그 (Paul Kellog)	피츠버그(Pittsburgh) 조사로 사회문제의 상황, 사회적 · 경제적 실패의 원인적 요인 조사
S. 해리슨 (S. Harrison)	스프링필드(SpringField)에 대한 대규모 지역사회조사로 사회문제 해결에 기여
M. 리치몬드 (M. Richmond)	1917년 『사회진단』의 출간으로 사례기록에 기초한 사회복지실천의 전문화에 기여
J. 애담스 (J. Addams)	헐 하우스(Hull House) 조사로 산업체의 여건, 연소근로자, 비행청소년, 주택, 위생 등에 대한 실태조사로 아동복지 연구에 기여

3. 욕구조사의 방법

욕구조사의 방법은 대상자의 욕구를 잘 이끌어 낼 수 있는 방법을 선택하는 것이 매우 중요하다.

욕구조사를 할 때는 욕구조사를 하게 되는 이유, 어떤 욕구를 조사할 것인지, 대상자를 어느 범위로 설정할 것인지, 어떤 욕구조사 방법을 사용할 것인지, 욕구조사에 포함되어야 하는 조사내용은 어떤 것들이 있는지, 마지막으로 욕구조사의 구체적 과정과 절차는 어떻게 되는지에 대한 기초적인 내용이 정해져야 한다.

기초적인 내용이 정해지면 욕구조사의 절차에 따라 ① 욕구조사 기초내용 정리, ② 욕구조사의 목적과 활용계획, ③ 조사설계(욕구의 종류, 욕구의 조사방법, 모집단, 표본규모와 표집오차, 표본추출 방법, 자료수집 방법, 조사기간), ④ 표본선정, ⑤ 조사도구 개발, ⑥ 자료수집, ⑦ 결과분석, ⑧ 보고서 작성의 순서로 진행이 된다.

1) 1차 자료수집 방법

1차 자료수집 방법이란 조사자가 조사목적 달성을 위해 대상자로부터 직접 자료를 수집하는 방법을 말한다. 1차 자료수집 방법은 조사자가 원하는 정보를 최대한 얻을 수 있는 장점을 가지고 있다. 반면 조사기간이나 비용이 조사원의 능력에 따라 달라질 수 있으며, 시간과 비용이 많이 소요되는 단점이 있다.

1차 자료수집 방법에는 조사대상자를 직접 대상으로 하는 직접 자료수집 방법과 조사대상자를 대변할 수 있는 자를 대상으로 하는 간접 자료수집 방법이 있다.

(1) 직접 자료수집 방법

① 일반 인구조사

일반 인구조사란 전체 대상 가운데 그들을 대표하는 표본을 추출하고 면접이나 설문조사를 실시하여 이 자료를 토대로 전체의 욕구를 추출하는 방법이다. 그러므로 욕구의 명확한 규정을 통해 타당도와 신뢰도가 높은 설문지를 작성해야 한다. 또한 대표성의 문제를 해결하기 위해 대표집단의 크기와 표본선정에 신중해야 한다. 일반 인구조사를 통해 얻어진 결과를 가지고 일반 시민의 지역 내 문제에 대한 인식의 정도와 요구하는 서비스에 대한 파악이 가능하다.

일반 인구조사는 다른 조사기법과 함께 사용되기도 하지만 비용과 시간이 다른 기법에 비해 많이 소요되며, 면접조사의 경우에는 조사자의 자료수집 능력이 문제가 되기도 한다.

② 표적 인구조사

표적 인구조사란 일반 인구 전체를 대상집단으로 하는 일반 인구조사와는 달리 일정한 특성을 지닌 집단만 설문조사를 하여 욕구와 서비스 이용상태를 파악하는 방법을 말한다.

예를 들어, 복지관의 프로그램에 참여한 경험이 있거나 참여할 의사가 있는 사람과 같이 어떤 특성을 가진 집단을 대상으로 실시하는 것이다. 그러므로 표적 인구조사는 표본의 크기가 상대적으로 작다. 표적집단이 대표성을 갖기 위해서는 임의표집이 아닌 확률적 표집방법으로 선정되어야 하며 표본의 크기도 적정해야 한다.

표적조사는 일반 인구조사에 비해 특정 집단의 욕구와 문제점을 보다 구체적으로 파악할 수 있는 장점을 가지고 있다. 그러나 표적집단으로부터 얻은 정보는 다른 집단이나 일반 인구 전체에 적용하기가 어렵다는 단점을 가지고 있다.

③ 지역사회 공개토론회

지역사회 공개토론회는 지역사회 주민이 참여하여 욕구나 문제에 대해 공개적으로 논의하는 방법이다. 일반적으로 공청회로 불리는 지역사회 공개토론회에서는 많은 주민이 참여하여 직접적인 질의응답을 통해 의견을 개진하게 된다.

지역사회 공개토론회는 지역주민의 참여가 관건이므로 지역사회 내의 여러 계층과 집단을 대표하는 주민들이 참여할 수 있도록 사전에 철저히 준비해야 한다. 한 자리에서 여러 사람의 의견을 수렴할 수 있으므로 비용이나 시간적인 측면에서 매우 효율적이고 서베이(survey)를 위한 사전작업의 기회가 될 수도 있다.

④ 심층면접법

심층면접법은 조사자가 특정 주제에 대해 조사대상자에게 생각이나 느낌을 자유롭게 이야기하게 함으로써 내면에 자리 잡고 있는 욕구, 태도, 감정 등을 발견하는 면접조사 방법이다.

개별면접을 통해 대상자의 심리를 파악하는 일대일 심층면접 방법과 집단 심층면접 방법으로 나눌 수 있다. 집단 심층면접은 중요한 정보제공 가능자를 중심으로 심층적으로 인터뷰하는 것인데 집단의 크기는 7~12명 정도가 적당하다.

심층면접법은 면접능력에 크게 의존하므로 숙련된 면접능력과 분석능력이 요구된다.

⑤ 관찰법

관찰법은 대상이 되는 클라이언트나 집단을 관찰하고 분석하는 1차 자료수집 방법으로, 구별기준에 따라 조직적 관찰과 비조직적 관찰, 구조적 관찰과 비구조적 관찰, 공개관찰과 비공개 관찰, 직접관찰과 간접관찰 등 여러 유형이 있다.

⑵ 간접 자료수집 방법

① 프로그램 운영자 조사

프로그램 운영자 조사란 프로그램 운영자나 서비스제공자를 만나 대상자의 욕구를 파악하는 방법이다. 이 방법은 운영자의 기획의도나 정책방향은 잘 파악될 수 있으나 프로그램 이용자의 입장이 배제될 수 있다는 단점이 있다.

② 주요 정보제공자 조사

지역사회의 다른 사회복지기관 및 관련분야에서 일하고 있거나 지역사회에서 오래 살거나 활동하고 있어서 그 지역사정을 잘 알고 있고 지역사회 주민의 욕구와 문제를 잘 파악하고 있는 사람을 대상으로 욕구를 조사하는 방법이다.

이 방법은 비용이 적게 들고 표본을 쉽게 선정할 수 있으며, 전반적인 문제를 쉽게 파악할 수 있다는 장점이 있지만 프로그램 운영자 조사 같이 조사대상의 선정과정이 주관적이기 때문에 표본의 대표성에 문제가 있을 수 있고 조사에서 드러난 문제가 일반 주민의 욕구가 아닌 정치적 이해집단의 욕구로 제기될 가능성도 있다.

조사대상자의 가치와 정치적 신념, 선호도 등에 따라 조사결과가 지역주민의 실제 욕구와 다른 것을 반영할 수 있기 때문이다.

③ 델파이기법(전문가의견 조사)

전문가의견 조사라고도 하는 델파이기법은 지역사회 주요 인사나 전문가로 패널을 구성하여 이들에게 지역사회 문제에 대한 설문지를 배부하여 전문적인 의견을 취합하는 방법이다. 이 방법은 모든 패널이 한 자리에 모이지 않고 익명으로 자신의 의견, 제안, 해결책, 아이디어 등을 제출하며 패널끼리 불일치하는 분야에서는 1차 응답을 기초로 두 번째 또는 세 번째 설문지를 배부하여 의견을 종합하는데, 패널의 의견이 일치될 때까지 같은 과정을 계속하여 반복시행하게 된다.

델파이기법은 다음과 같은 절차를 통해 진행된다.

① 여러 명의 패널을 선정하여 문제가 되고 있는 관심사를 설문지와 같은 서면형으로 작성하여 보낸다.

② 각 패널은 제시된 문제에 대한 자신의 의견을 독립적으로 작성하여 서면으로 제출한다.

③ 각 패널이 제시한 의견을 진행자인 전문가가 종합하여 문제해결에 대한 대안을 몇 가지 만들고 그것을 다시 패널에게 서면으로 보낸다.

④ 각 패널은 각 대안에 대한 자신의 의견을 다시 서면으로 적어 보낸다. 이때 가능하다면 각 대안에 대한 순위나 점수를 적어내도록 한다.

⑤ 대안 가운데 어느 것이 최상의 것인가에 대한 패널의 의견이 같다면 문제는 해결된 것이고, 이견이 있다면 투표를 통해 가장 좋은 대안을 선택하여 문제를 해결한다.

델파이기법은 참가자들이 무기명으로 아이디어를 제시하기 때문에 자신의 입장을 변호할 때 굳이 자신을 내세울 필요가 없으며 동조압력도 받지 않는다. 그리고 참가자들의 다양한 대안을 개발할 수 있으며 한 장소에 집결할 수 없는 많은 전문가들도 참여할 수 있다. 문제에 대한 답을 서면으로 작성하는 과정에서 참가자들은 문제를 세심하게 생각할 수 있으며 양질의 구체적인 아이디어를 창출할 수 있다.

그러나 델파이기법은 아무런 사회적 보상을 받지 못하기 때문에 패널들은 혼자라는 느낌을 받을 수 있고 패널들이 창출한 아이디어에 대해 구두로 설명할 기회가 없기 때문에 소통상의 문제를 야기할 수 있다. 또한 패널들의 의견이 상충적일 때 직접 대면하여 문제를 해결할 수 없으므로 상충적인 아이디어가 완전히 해소되기보다는 합성되거나 투표로 적당히 해결되는 경향이 있다.

2) 2차 자료수집 방법

2차 자료수집 방법이란 조사주제와 관련된 다른 사람이 작성한 기존 자료를 수집하거나 이미 만들어진 가공물을 활용하는 조사방법이다. 이 방법은 1차 자료분석에 비해 자료를 쉽게 구할 수 있으므로 시간과 비용이 적게 소요되나, 조사자가 조사하고자 하는 바를 만족시킬 수 있는 자료를 구하기 어려운 단점을 가지고 있다.

(1) 사회지표 조사

사회지표란 사회적 상태를 총체적 · 집약적으로 나타내어 국민생활의 전반적인 복지 정도를 파악할 수 있는 척도이다. 인구주택 총조사, 월평균 소득, 주당 평균 근로시간 등 정부기관이나 민간기관이 작성하여 발표하는 통계자료가 사회지표 조사의 예이다. 이러한 사회지표는 특정 지역의 사정이나 대상집단의 특성을 쉽게 파악할 수 있게 하여 새로운 프로그램 기획 시 기초자료로 유용하게 사용될 수 있다.

사회지표 조사 방법은 쉽고 빠르게 조사를 진행할 수 있으며, 상대적으로 비용이 저렴하여 이용하기 편리하다는 장점이 있는 반면, 특정 지역에 맞는 지표를 찾아내는 일이 쉽지 않을뿐더러 오래된 것이거나 잘못 측정된 것일 경우 원래 요구하는 욕구조사의 성과를 얻지 못할 수도 있다는 단점이 있다.

(2) 서비스통계 조사

지방자치의 활성화로 인하여 지역 특성에 맞는 주민의 욕구를 올바로 파악하기 위하여 사회복지조사의 중요성이 제고되고 있다.

따라서 서비스통계 조사는 지방자치단체나 중앙정부 각 부서에서 발표하는 통계자료를 보고 서비스 이용현황을 분석하여 지역주민이 원하는 욕구를 찾아내는 방법이다. 예를 들어, 서비스를 많이 이용하면 할수록 주민의 욕구는 높다는 의미이므로 이에 맞는 프로그램을 기획 · 운영할 수 있다.

(3) 행정자료 조사

행정자료 조사는 지방자치단체 등 공공기관이 행정 및 관리를 위해 수집한 정보를 이용하여 욕구를 파악하는 방법이다. 행정자료를 통하여 대상집단이나 대상자의 문제, 사회적 경향, 주민 민원사항 등을 파악할 수 있다.

행정자료 조사는 대상자의 특성까지 기술되어 있는 경우가 많아 문제파악이 용이하고 비용이 적게 든다는 장점을 가지고 있으나 주민의 욕구파악보다는 행정 및 관리를 위해서 수집된 자료이므로, 서비스를 이용하지 않는 사람들에 대한 다양한 자료까지 갖추지 못한 단점이 있다.

〈표 12-2〉 욕구조사의 자료수집 방법

수집방법	조사방법		내 용
1차 자료수집 방법	직접 욕구조사 자료수집 방법	일반 인구조사	전체대상 가운데 대표할 만한 표본을 추출하여 면접이나 설문조사 실시 후 전체의 욕구를 추정하는 방법
		표적 인구조사	일정한 특성을 지닌 표적집단을 대상으로 조사하는 방법으로 표본의 크기가 상대적으로 작음
		지역사회 공개토론회	지역사회 주민이 참여하여 공개토론하는 방법(공청회)
		심층면접법	어떤 주제에 대하여 내면에 자리 잡고 있는 욕구의 면접조사 방법
		관찰법	의도된 관찰을 통해 조사대상자가 행동을 통하여 표현하고자 하는 태도나 의견을 조사하고 분석하는 방법
	간접 욕구조사 자료수집 방법	프로그램 운영자 조사	프로그램 운영자나 서비스제공자를 만나 클라이언트의 욕구를 파악하는 방법
		주요 정보 제공자 조사	지역사회 유지(有志)나 관련직종 종사자, 대상집단의 문제를 파악하고 있는 사람을 대상으로 욕구를 파악하는 방법
		델파이기법	여러 전문가의 의견을 되풀이하여 모으고 교환하며 합의점을 찾는 자료수집 방법, 장기적 정책수립에 주로 사용
2차 자료수집 방법	사회지표 조사		사회적 상태를 총체적 · 집약적으로 나타내어 국민생활 전반적인 복지 정도를 파악할 수 있게 해주는 통계지표를 분석하여 조사하는 방법
	서비스통계 조사		지방자치단체나 중앙정부 각 부서에서 발표하는 서비스통계 조사를 분석하여 욕구를 찾아내는 방법
	행정자료 조사		공공기관이 행정 및 관리를 위해 수집한 정보를 이용한 욕구파악 방법

제2절 평가조사

1. 프로그램 평가의 목적과 사전 고려사항

프로그램 평가조사란 프로그램의 효과성, 효율성, 적절성 등을 체계적으로 분석하여 결정권자가 합리적인 결정을 내릴 수 있도록 정보를 산출하는 사회적인 과정을 말한다.

즉, 평가하고자 하는 대상이나 프로그램의 목적달성 여부를 확인하는 것이다. 프로그램 평가의 목적은 행정적 목적과 이론개발의 목적이 있다.

1) 행정적 목적

프로그램 평가의 행정적 목적은 자원을 제공하는 주체가 요구하는 요건의 충족, 클라이언트 서비스의 향상 또는 프로그램 전달체계의 효율성 증대와 같은 행정적인 목적을 위해 평가조사를 이용하는 것이다.

행정적 목적으로 평가조사를 할 경우 프로그램의 전반적인 효과보다는 주로 프로그램의 일상적 운영에 평가의 초점을 둔다.

평가조사를 통하여 프로그램이나 기관의 운영에 있어 가장 효율적인 방안을 모색할 수 있다.

2) 이론개발의 목적

프로그램 평가의 이론개발 목적은 특정 프로그램을 기반으로 도출된 가설을 검증하고 그 결과를 통해 기존 이론을 보완 · 수정하거나 새로운 이론을 개발하는 것을 말한다. 즉, 특정 프로그램이나 개입의 효과성뿐만 아니라 이론개발을 목적으로 평가를 하는 것이다.

이 외에도 ① 평가결과의 환류를 통해 프로그램의 성공 여부와 진행 여부, 축소 또는 확대할 것인지에 대한 합리적인 판단의 근거가 되는 프로그램 과정상의 환류(feedback), ② 예산을 포함한 인적 · 물적 자원의 사용과 기관의 목적달성에 대한 효과성 및 효율성을 평가하여 책임성 이행의 근거를 마련하는 기관운영의 책임성 이행, ③ 프로그램의 진행과정 개선, ④ 새로운 프로그램 개발의 검토를 위해 평가를 실시하는 설계적인 목적, ⑤ 프로그램 평가의 결과에 따라 효과적인 프로그램과 단기적인 효과만이 존재하는 프로그램을 선별하여 차등적인 자원할당, ⑥ 서비스가 전달되는 과정을 평가하여 서비스 전달이 원활하게 이루어지도록 하는 서비스전달체계 개선의 목적이 있다.

3) 프로그램 평가의 사전 고려사항

프로그램의 평가는 그 프로그램의 운영을 책임지고 있는 사람과 프로그램을 실제적으로 수행하는 담당자가 평가의 목적, 방법 등을 잘 이해하고 협조를 해줌으로써 가능하다.

프로그램을 평가한다는 사실은 예상치 못한 결과나 부정적인 결과가 나올지 모른다는 불안감과 두려움을 프로그램 담당자에게 일으킬 수 있다. 그러므로 먼저 이들에게 평가의 목적과 방법, 내용, 범위 등에 대해서 이해할 수 있도록 협의와 토의가 이루어져야 하고, 조사계획과 시행과정을 통하여 긴밀히 협조해 줄 수 있도록 프로그램 관련자와 평가자 사이에 협의가 이루어져야 한다.

특히 외부인에 의한 평가 시는 이러한 점에 유의할 필요가 있다.

2. 프로그램 평가기준

1) 평가기준

프로그램 평가기준이란 평가를 위한 척도이다. 프로그램 평가사례를 제시했을 때 어떤 기준에 중점을 둔 평가인지 판단할 수 있어야 하며 노력성, 효율성,

효과성, 만족성, 포괄성, 형평성 등이 평가기준이 제시된다.

또한 평가는 문제를 정의하는 개념화, 측정, 표본추출, 누구로부터 언제 자료를 수집할 것인가에 대한 설계, 자료수집, 자료분석과 제출이라는 단계를 가지고 있다.

〈표 12-3〉 평가의 기준과 평가요소

기 준	정 의	평가요소의 예
노력성	프로그램 활동의 양	프로그램의 투입요소와 이의 전환과정 • 단위활동 수 • 이용자의 수 • 전문지식과 기술의 소유와 활용 정도(전문인력의 수) • 프로그램 예산 및 자원 • 프로그램 기간 및 하위활동들의 단위기간 등 • 프로그램 활동에 대한 전문인력의 투입시간
효과성	프로그램 목표의 달성 정도	목표달성과 프로그램 노력의 인과관계 • 이용자의 인지적 · 감정적 변화 • 이용자의 행동상의 변화 • 이용자집단의 사회적 변화 등
효율성	산출 대비 비용 정도	서비스 단위 산출당 소요비용 • 프로그램 노력(위의 요소들)에 대한 비용 • 프로그램 결과에 대한 비용 등
영 향	사회문제나 이용자 욕구변화에 미친 영향	프로그램 노력과 사회적 지표 변화 간의 관계 • 위기집단과 표적집단 내에서의 변화 정도 • 사회지표상의 변화에 대한 실증적 기대 정도 등
품 질	프로그램의 전문성	프로그램 제공자의 전문성 • 서비스 인력의 전문자격 소유 여부와 정도 • 프로그램에서 활용하고 있는 전문지식과 기술의 발전 상태 등
과 정	프로그램 결과의 경로	프로그램 운영상의 매개체 • 세부목표(수단적 목표)들의 달성 정도와 연계성 • 세부목표와 프로그램 결과 사이의 영향 정도의 차이 등
형평성	프로그램 배분의 공평성	프로그램의 접근성 • 대상집단에게 동일한 접근기회가 주어지는지의 여부와 그 정도 • 프로그램 활동이 지역 내에 균등하게 배분되는 정도 등

2) 평가의 장애요인

프로그램 평가의 장애요인으로는 평가의 설계나 실행에서의 오류로 인해 평가결과가 애매모호할 수 있는 평가자의 오류가 있다. 또한 의사소통의 한계로 인해 평가결과가 제대로 이용되지 못할 수 있다는 점이 있으며, 기존 프로그램에 익숙해져 변화에 호의적이지 않게 되는 변화에 대한 저항이 평가를 방해할 수 있다.

3. 프로그램 평가 유형의 비교 및 분석

프로그램 평가는 사용목적에 따라 형성평가와 총괄평가로 구분될 수 있다. 형성평가는 운영 중에 이루어지는 평가로 프로그램을 형성하는 데 초점을 맞추고, 총괄평가는 프로그램이 종료된 이후 행해지는 평가로서 어느 프로그램을 실시할 것인지, 지속할 것인지, 종결할 것인지, 또는 여러 개의 대안적인 프로그램들 가운데 어느 것을 택해야 하는지 등 총괄적인 의사결정을 할 경우이다.

형성평가와 총괄평가를 비교하는 표와 프로그램 평가 조사의 유형을 분석해 본다.

〈표 12-4〉 형성평가와 총괄평가 비교

구 분	형성평가	총괄평가
목 적	프로그램의 가치나 질을 결정	프로그램의 효과성 판단
용 도	정책 · 프로그램의 발전	정책 · 프로그램의 장래 또는 채택에 관한 결정
이해 당사자	집행자, 직원	집행자, 자금제공기관
주 체	일반적으로 내부 평가자	일반적으로 외부 평가자
자료수집 목적	정책 · 프로그램의 진단	정책 · 프로그램의 결정

〈표 12-5〉 프로그램 평가 조사유형의 분석

분 류	평가의 종류	내 용
사용목적	총괄평가	• 프로그램 종료 후 실시 • 프로그램의 중단, 지속, 확대 등을 결정 • 대안 프로그램 중 선택 여부
	형성평가	• 프로그램 운영 중에 실시 • 프로그램의 형성에 초점 • 서비스 전달체계 및 효율성 증진 도모
평가주체	내부평가	• 프로그램 담당자 외의 내부자에 의한 평가
	외부평가	• 기관 외부자에 의해 이루어지는 평가
평가규범	효과성 평가	• 목적달성 정도의 평가 • 프로그램의 성공 여부로 나타남
	효율성 평가	• 투입과 산출 비교, 최저비용의 최대화
	공평성 평가	• 프로그램의 효과와 비용이 사회집단 간에 공평하게 배분되었는지를 평가
평가시점	사전평가	• 프로그램 종료 전 행하는 평가(=적극적 평가)
	사후평가	• 프로그램 종료 후 행하는 평가(=소극적 평가)
기관평가와 개인평가	기관평가	• 프로그램을 평가하고 서비스 전달 진행상황 확인
	개인평가	• 프로그램 운영자 개인에 대한 평가
양적 평가와 질적 평가	양적 평가	• 획득한 자료의 속성 계량화가 가능한 경우
	질적 평가	• 획득한 자료의 속성이 계량화가 어려운 경우 나타나는 현상의 정도와 수준을 평가 • 소수사례 대상
메타평가	메타평가	• 평가의 평가로, 평가 계획서나 평가 결과를 다른 평가자에 의해 점검

제3절 보고서 작성

1. 보고서 작성의 목적

사회복지조사의 목적은 궁극적으로 사회복지의 과학적 지식을 구축하거나 확대하는 데 있다. 그러기 위해서는 사회복지조사의 결과를 분석하고 해석하여 공식적으로 행정책임자나 학계 등에 제시하거나 보고하고 관심을 가지고 있는 관련자들에게 전달하여야 한다.

보고서 작성은 조사의 목적을 달성하기 위해 조사결과 발견한 사항들과 추론한 내용을 체계적으로 작성하여 조사자가 가졌던 질문에 대한 분석과 해석, 조사문제, 조사대상, 조사방법, 조사절차 등을 알 수 있도록 한다.

보고서는 그 목적에 따라 유형이 달라진다.

1) 탐색을 목적으로 하는 보고서

탐색을 목적으로 하는 보고서는 조사문제를 규명하거나 가설을 설립하는 데 도움을 주는 보고서이다. 그 내용은 향후 논리적이고 정교한 조사를 실시하도록 하기 위해 수행된 조사의 결과를 보고하는 형식으로 구성된다.

결론은 단정적이라기보다는 잠정적인 것임을 밝혀야 한다.

2) 기술을 목적으로 하는 보고서

기술을 목적으로 하는 보고서는 조사문제와 관련된 사회적 현상의 특성과 변수 간의 상호 관계성을 서술하기 위한 보고서를 말한다.

그 내용은 모집단 전체에 관한 것인지 표본에 한정된 것인지를 제시해야 하며, 변수 간의 관계를 기술함에 있어 통계적 오차의 범위에 관해서도 기술해야 한다.

3) 설명을 목적으로 하는 보고서

설명을 목적으로 하는 보고서는 변수 간의 인과관계를 밝히기 위한 조사의 결과 보고서를 말한다. 보고서의 내용에는 보고의 목적이 설명적인 것을 알려야 하고 인과관계의 신뢰성에 대한 근거도 제시해야 한다. 그리고 추리통계분석 결과를 간략히 정리하고 세부적인 결과는 부록에 첨부하는 것이 바람직하다.

2. 보고서 작성 시 유의사항

보고서를 작성할 때에는 다음과 같은 사항에 유의해야 한다.

1) 내용을 한눈에 볼 수 있도록 간결하게 작성해야 한다

보고서는 전달하고자 하는 바를 한눈에 볼 수 있도록 하는 것이 좋다. 보고서가 사족이 많고 설명이 난잡하면 읽는 이로 하여금 그 보고서가 말하는 바가 무엇인지 직관하거나 이해할 수 없게 된다. 따라서 문장이 간결해야 하고 내용도 복잡하지 않아야 한다.

간결하게 작성하기 위해서는 조사자 자신이 지니고 있는 조사문제에 대하여 충분히 숙지하고 있어야 하며, 그 문제를 분석하고 해석하기 위한 방법론에 관해 숙달되어 있어야 한다. 아울러 보고서의 내용은 그림이나 도식을 적절히 활용하여 시각적인 보고서를 만들도록 해야 한다.

2) 문장의 표현에 주의해야 한다

보고서의 전체 구성과 각 문장이 논리적이어야 한다. 논리적인 표현을 사용하기 위해서는 시제의 경우 과거의 조사결과를 인용할 경우에는 과거시제를 사용하고 자신의 조사결과를 언급할 경우에는 현재시제를 사용한다.

3) 보고의 대상을 고려하여 작성해야 한다

보고서를 받게 될 대상을 확인하고 수준을 고려하여 작성해야 한다. 보고서를 읽는 대상에 따라 보고서의 전체적인 형식을 달리하고 공청회 등의 보고서일 경우에는 프레젠테이션용 보고서를 따로 작성하는 것이 좋다.

4) 충분한 정보를 포함해야 한다

조사자가 엄밀한 조사과정을 통해 다양한 정보를 수집했을 경우 정보에 대한 분석결과는 가급적 모두 보고서에 포함시키는 것이 좋다. 분석결과 중 보고서의 논리적 흐름에 맞지 않는 경우에는 별도로 부록을 만들 수 있다.

5) 윤리성에 어긋나지 않아야 한다

조사결과가 나올 때 조사자가 힘들어하는 것 중 하나는 예상했던 결과가 나오지 않았을 때이다. 이때 조사자는 당황하게 되고 부담을 느끼게 된다. 그 결과 자연스럽게 조사결과를 수정하거나 왜곡하여 보고하는 경우가 생기게 된다. 따라서 조사결과가 조사자의 예상결과와 다를 때에는 조사결과 제시의 한계를 충분히 설명하여 보고를 받는 사람들에게 충분한 양해를 구할 필요가 있다.

6) 문헌을 충분히 참고해야 한다

조사보고서를 작성하기 전과 중간에 관련문헌을 지속적으로 검토할 필요가 있다. 특히 사전에 조사하고 조사된 보고서들을 검토하는 것은 그 내용과 형식을 비교하고 차용하여 창조적인 내용과 틀을 구성하는 데 도움을 줄 수 있다.

7) 보고서 작성의 일반적 원칙에 따라 작성해야 한다

보고서를 작성할 때는 보통 일련의 정해진 원칙에 따라 작성하게 된다. 보고서 작성의 일반적 원칙에는 서론, 본론(이론적 배경, 조사방법, 조사결과의 분석), 결론,

참고문헌 등 보고서에 반드시 들어갈 내용으로 구성해야 하며, 정해진 원칙에 따라 순서대로 작성하는 것이 바람직하다.

3. 보고서의 구성

1) 보고서의 형식

모든 보고서의 구성에 대해 통일된 규정이나 절차는 명확한 것이 없다. 그러나 일반적으로 다음과 같은 형식을 갖춘다.

① 앞면 : 제목, 요약, 내용에 대한 목차, 표와 그림에 대한 목차

② 본문 : 조사보고서의 중심이 됨(표 12-6 참조)

③ 참고 : 참고문헌과 부록

〈표 12-6〉 본문의 형식

Ⅰ. 서 론	1. 문제제기 2. 조사의 필요성과 목적
Ⅱ. 이론적 배경	1. 개념적 정의 2. 문헌검토 3. 가설설정
Ⅲ. 조사방법	1. 조사설계 2. 표본 및 표집방법 3. 자료수집 방법 4. 자료분석 방법 5. 조사기간
Ⅳ. 조사결과	1. 자료분석결과 제시 2. 분석결과 해석
Ⅴ. 결론 및 논의	1. 결과요약 2. 정책적 및 실천적 함의

2) 조사보고서의 내용

(1) 제목

제목은 조사의 내용을 간단하고 명료하게 한다. 또한 조사의 제목, 조사자, 기관의 명칭, 작성일자 등이 표시되어야 하고, 조사의 내용이 비공개적일 경우에는 그 서류를 볼 수 있는 사람의 리스트를 표시하여야 한다.

(2) 요약(개요)

조사의 핵심적인 내용을 간추린 축약적인 보고서 양식이다. 요약은 본 내용을 읽기 전에 보고서의 윤곽을 미리 파악할 수 있게 하는 것이다. 따라서 조사의 배경, 조사의 목적, 가설, 조사내용, 조사방법, 주요 조사결과 및 발견사항, 결론 및 제언 등을 요약하는 것이다.

보고서의 요약 부분이 중요한 이유는 다음과 같다.

① 요약은 조사의 내용과 결과를 간단하게 정리한 부분이기 때문이다.

② 문헌을 검색하는 도구들 중에는 요약 부분만 모아서 발간하는 경우가 많기 때문이다.

요약작성에 유의하여야 할 것은 다음과 같다.

① 가능한 한 짧게 한다.

② 평이한 언어를 사용한다.

③ 중요한 요점만 기술한다.

④ 분석결과로부터 도출된 결론을 포함한다.

(3) 목차

보고서의 내용을 나타내는 세부제목들을 순서에 따라 나열하고 해당 쪽을 표시하여 관련자들이 쉽게 내용을 찾아볼 수 있도록 하고, 도표나 그림이 많은 경우 표목차나 그림목차를 별도로 만드는 것이 좋다.

(4) 서론

조사하고자 하는 문제가 무엇이고, 왜 이러한 문제를 조사하려는지 등 조사를 실시하게 된 배경과 조사목적을 분명히 밝힘으로써 조사의 방향을 제시해야 한다. 또한 조사문제와 조사목적이 독자를 위해 쉽게 전달되어야 한다.

첫째, 조사문제는 무엇이며 그것이 왜 중요한가?

둘째, 조사하려는 목적은 무엇인가?

(5) 본론

① 이론적 배경과 문헌검토

앞서 제시한 조사문제와 관련된 이론적 배경과 선행조사의 검토결과를 제시해야 한다. 문헌검토 과정을 통해 조사범위를 보다 명확히 하고, 앞서 제시한 조사문제에 관한 잠정적 해답으로서 가설을 설정할 수 있다.

② 조사방법

조사방법은 조사문제에 대한 해답을 얻기 위하여 실제로 어떠한 것을 하였는지를 알려주는 부분이다. 이러한 측면에서 독자를 이해시킬 수 있는 조사설계에 대한 명료하고 구체적인 방법과 절차를 분명하게 제시해야 한다.

첫째, 조사설계에 따른 표본추출 방법과 과정에 대한 설명

둘째, 자료수집 방법과 자료수집 기간에 관해 구체적으로 설명

셋째, 주요 변수들에 대한 측정방법에 대한 설명

넷째, 가설 및 조사문제를 검증하기 위해 어떤 통계분석이 사용되었는지를 설명

③ 조사결과

조사결과는 앞에서 제시한 조사문제 및 가설에 대한 해답으로 제시되는 부분으로 조사보고서 작성의 가장 중요한 중심부를 차지한다. 따라서 '그림' 및 '표'를 제시하여 조사결과를 보기 쉽게 제시해 주는 것이 효과적이다.

자료를 통계적으로 분석하여 제시할 때는 적절한 양식으로 필요한 부수적 통계치 등과 함께 제시해야 한다.

(6) 결론

결론은 전체 보고서의 종결을 제공할 뿐만 아니라 조사의 내적 타당도와 외적 타당도를 보여주어야 한다. 먼저 전체적으로 조사목적, 조사과정, 조사방법, 조사내용 등을 간략히 정리하고 조사결과를 토대로 결론을 내린다. 이때 자료분석 결과를 토대로 이론적 · 정책적 · 임상적 측면에서 어떤 시사점을 주는지를 서술할 필요가 있다.

끝부분에 일반화의 가능성, 조사의 제한점 등을 솔직하게 기술하고 후속조사에서 검토되어야 할 점 등을 제시한다.

(7) 참고문헌 및 부록

참고문헌은 조사를 계획하고 실시하고 평가하는 과정에서 참고한 자료의 출처를 밝힌다. 최근에는 문헌자료뿐만 아니라 인터넷상의 사이버 자료들도 많이 활용되는데 이러한 자료들도 그 출처를 밝혀주어야 한다.

조사보고서의 마지막 부분인 부록에는 조사에 이용한 질문지, 통계분석, 사회지표, 프로그램 소개, 이용자 현황 등을 포함해서 여러 가지 필요한 자료를 제시한다.

조사의 전 과정이 끝나고 나면 조사는 그 목적에 따라 적절하게 활용하게 될 것이다. 1차적인 활용의 과정은 조사의 결론을 사회적 지식으로 전환하기 위해서 다른 사람들에게 공표하여야 한다. 그리고 그것이 어떻게 쓰일지는 그 다음 문제이다. 즉, 조사는 어떤 조사이든지 간에 이론적 목적이 주가 되더라도 어느 정도는 실천적 · 정책적 함의를 도출해 낼 요소가 있다는 점에 유의하여야 한다.

KEY POINT

■ 매슬로우(Maslow)의 욕구 5단계 이론

5단계	자아실현 욕구	자신의 잠재력을 최대한 발휘 및 성취
4단계	자아존중감 욕구	자기 자신 존중, 존경받고 싶은 심리
3단계	인간관계(소속과 애정) 욕구	공식 · 비공식 조직 참여, 애정 등 인간관계
2단계	안전의 욕구	정신적 · 육체적 안전, 보험 및 연금 가입
1단계	생존의(생리적, 신체적) 욕구	의 · 식 · 주, 수면 등 생존에 필요한 욕구

■ 브래드쇼(Bradshaw)의 욕구유형

규범적 욕구	사회복지사 등 전문가에 의해 필요하다고 규정되는 욕구
느껴진 욕구	감지된 욕구(인지된 욕구), 구체적으로 인지된 욕구
표출된 욕구	나타난 욕구, 어떤 프로그램의 필요함이 직접 표현된 욕구
비교적 욕구	상대적인 욕구, 개인이나 집단과 비교하여 규정되는 욕구

■ 사회복지조사 주요 학자

학 자	주요 조사 요약
존 하워드 (J. Howard)	사회개혁가로서 영국 교도소에 대한 실태조사 실시 수감자의 처우 개선 주장
찰스 부스 (C. Booth)	런던(400만 명) 시의 빈민가정을 장기간 조사 빈곤에 대한 규정에 기여(노령연금법 제정 노력)
B. 라운트리 (B. Rowntree)	영국 요크(7만 명) 시의 노동자 가정을 직접 방문조사 빈곤선 측정방법 확립 기여(빈곤선 기준 규정 효시)
린드 딕스 (Lynde Dix)	미국 정신장애인 형무소에 대한 실태조사 정신장애인의 보호에 기여
M. 리치몬드 (M. Richmond)	『사회진단』 저술, 사회사업 사례 기록 · 정리 사회사업 개입에 대한 조사의 효시

■ 욕구조사의 방법

종 류	내 용
주요 정보제공자 조사	지역사회 전반의 문제에 대해 잘 알고 있는 주요 인물을 대상으로 자료수집, 질문지나 인터뷰를 통해 이루어짐
서비스이용자 조사	과거와 현재 서비스 이용자들을 조사함으로써 미래의 서비스에 대한 욕구 추론
지역사회서베이 조사	지역사회 전체를 대표할 수 있는 표본을 선정하여 질문지나 면접을 통해 직접 조사
사회지표 조사	지역사회에 대한 기존 통계를 이용하여 욕구 파악
델파이기법	전문가들에게 여러 차례 질문하여 합의점을 찾는 방법
이차적 자료분석	지역사회 내 사회복지기관의 서비스 수혜자와 관련된 기록을 검토하여 욕구 파악
면 접	심층적인 정보를 얻고자 할 때 필요한 조사
참여관찰	지역주민 생활에 참여하여 문제를 직접 체험

■ 평가조사 · 일반조사

구 분	평가조사	일반조사
목 적	사회적, 정치적, 행정적으로 응용	이론적 지식을 산출
관 심	기준과 사실의 비교	사실 발견
통 제	조사자가 조사절차 통제 어려움	조사자 개인이 조사절차 통제 가능
결 과	일반적으로 비공개	일반적으로 공개

■ 형성평가 · 총괄평가

형성평가 (과정평가)	• 진행 중 서비스전달체계의 향상 및 효율성 증진 목적 • 서비스 중간에 수정 · 보완 성격
총괄평가 (성과평가)	• 최종 평가로 결과에 따라 사업 성과 판단 목적 • 시행한 프로그램을 종합적 판단 성격

참 / 고 / 문 / 헌

1. 국내문헌

강영걸 외(2012). 사회복지조사론. 정민사.

강종수(2013). 사회복지조사방법론. 양서원.

고수현 외(2013). 사회복지조사론. 정민사.

김경우(2008). 사회복지조사론. 두남.

김기원(2001). 사회복지조사방법론. 나눔의집.

김영종(2007). 사회복지조사론. 학지사.

김정우 외(2006). 사회복지조사론. 양서원.

김종천(1999). 사회복지조사론. 대학출판사.

김치영 · 최용민(2011). 사회복지조사론. 동문사.

김태성 외(2006). 사회복지조사론. 청목출판사.

김환준(2004). 사회복지연구조사방법론. 나남출판.

김환철 외(2007). 사회복지조사방법론. 대왕사.

남세진 외(2003). 사회복지조사방법론. 서울대학교출판부.

박성희(2004). 질적 연구방법의 이해. 원미사.

박옥희(2008). 사회복지조사론. 학지사.

박용순 외(2012). 사회복지조사론. 퍼시픽북스.

양정하 외(2012). 사회복지조사방법론. 공동체.

오혜경(2005). 사회복지조사론. 창지사.

우수명(2004). TP 사회복지 Program 개발과 평가. 인간과 복지.

이익섭 외(2011). 사회복지 조사방법의 이해. 학지사.

이효선(2005). 사회복지실천을 위한 질적 연구. 학현사.

임봉호 외(2011). 사회복지조사론. 양서원.

전대성 외(2018). 사회복지조사론. 공동체.

전재일 외(2000). 사회복지정책론. 형설출판사.

정영숙(2006). 사회복지조사방법론. 공동체.

최선희(2012). 사회복지조사방법론. 공동체.

최성재(2005). 사회복지조사방법론. 나남출판.

홍봉수 외(2024). 사회복지정책론. 공동체.

홍봉수 외(2024). 사회복지법제와 실천. 공동체.

홍봉수 외(2022). 사회복지행정론. 공동체.

홍봉수 외(2024). 지역사회복지론. 공동체.

홍봉수 외(2025). 사회복지실천기술론. 공동체.

2. 국외문헌

Alderfer, C. P.(1972). *Existence, Relatedness, and Growth : Human Needs in Organizational Settings.* Free Press.

Anastas Jeane W., & MacDonald Marian L.(2000). *Research Design for Social Work and the Human Services.* N. Y. : Lexington Books.

Cook, T. D., & Campbell, D. T.(1979). *Quasi–experimentation.* Rand McNally & Co.

Deborah, K. P.(2008). *Qualitative Methods in Social Work Reserch.* SAGE Publications.

Kahane, I. H.(2001). *Regression Basics.* Sage Publications, Inc.

Kerlinger, F. N.(1999). *Foundations of Behavioral Research*(4th ed.). Wadsworth Publishing.

Kuhn, T. S.(1996). *The Structure of Scientific Revolutions*(3rd ed.). University of Chicago Press.

Lakatos, I.(1980). *The Methodology of Scientific Research Programmes.* Cambridge University Press.

Lofland, J., & Lofland I. H.(1984). *Analyzing Social Settings : A Guide in Qualitative Observation and Analysis.* Belmont, California : Wadsworth Publishing.

Selltiz, C., Wrightman, I. S., & Cook. S. W.(1976). *Research Methods in Social Relations*(3rd ed.). New York : Holt, Rinehart and Winston.

Tripodi, T.(1981). The Logic of Research Design. In R. M. Grinnell(Ed.), *Social Work Research and Evaluation*(pp. 198-225). Itasca. Ⅲ : FE. Peacock Publishers.

3. 인터넷 사이트

가족센터 www.familynet.or.kr

고용노동부 www.moel.go.kr

국가통계포털 www.kosis.kr

국민건강보험공단 www.nhis.or.kr
국민연금공단 www.nps.or.kr
국회예산정책처 www.nabo.go.kr
법제처 www.moleg.go.kr
보건복지부 www.mohw.go.kr
서울시 한부모가족지원센터 www.seoulhanbumo.or.kr
한국고용정보원 www.keis.or.kr
한국보건사회연구원 www.kihasa.re.kr
행정안전부 www.mois.go.kr

찾 / 아 / 보 / 기

인명

글래서(B. Glasser) 179

매슬로우(Maslow) 296

보가더스(Emory S. Bogardus) 116
브래드쇼(Bradshaw) 296

스트라우스(A. Strauss) 179
써스톤(L. L. Thurstone) 113

찰스 스피어만(Charles Spearman) 121

케인(Kahane) 183

콩트(Comte) 16

토마스 쿤(Thomas Kuhn) 17

패지트(Padgett) 174
패튼(Patton) 176

내용

가설 79
가설검증 접근법 163
가설 구성 시 고려사항 80
가설의 근원 81
가설의 기능 86
가설의 유형 86
가설의 의의 79
가설의 조건 82
가설의 종류 89
가설의 특징 89
가실험 통제집단 설계 290
가실험효과(플라시보 효과) 283
간접 자료수집 방법 304
개념적 정의 28
개념적 정의 · 조작적 정의 39
개방형 질문 206
개방형 질문의 장 · 단점 206
개인면접 224
개체주의적 오류 66
거트만 척도 118
거트만 척도의 예 115

검사요인 ···································· 280
검사-재검사법 ···························· 123
과학 연구 유의점 ························ 118
과학적 연구의 특성 ······················· 18
과학적인 지식탐구 ························ 21
관찰단위와 분석단위 ···················· 146
관찰법 ······································· 207
관찰법의 과정 ···························· 208
관찰법의 유형 ···························· 210
관찰법의 장 · 단점 ······················ 209
관찰에 따른 내용 ························ 220
관찰의 종류 ······························· 220
관찰조사 ···································· 220
구성타당도 ································· 132
구조화 면접(표준화 면접, 지시적 면접)
··· 226
귀납적 방법 ························· 34, 39
귀무(영)가설 · 대립가설 ················ 166
규범적 욕구 ······························· 299
규칙성의 일반화 ·························· 18
근거이론(현실기반이론) ················ 179
기술을 목적으로 하는 보고서 ········ 314
기술적 조사 ································ 68
기준타당도 ································· 130

내용분석 ···································· 233
내용분석을 사용하는 경우 ············· 244
내용분석의 단점 ························· 244
내용분석의 연구보고서 ················· 240
내용분석의 용도 ························· 241
내용분석의 장 · 단점 ···················· 233
내용분석의 장점 ························· 244
내용분석의 적용대상 ···················· 234
내용분석의 절차 ························· 234
내용분석의 특성 ························· 242
내용타당도 ································· 129
내재적 사례연구 ························· 217
내적 요인 통제방법 ······················ 281
내적 일관성 분석법 ······················ 125
내적 타당도 ······························· 276
내적 타당도 위협요인 ··················· 292
내적 타당도 저해요인 ··················· 278
누적표집 ···································· 160
느껴진 욕구 ······························· 299
니모닉(mnemonic)코드 ················· 237

단순무작위표집 ··························· 154
단순시계열 조사설계 ···················· 287
단일사례연구 ······························ 266
단일사례연구 · 집단연구 ················ 266
단일사례조사 ······························ 247
단일사례조사 결과의 분석방법 ········ 263
단일사례조사의 결과 분석 ············· 267
단일사례조사의 과정 ········ 250, 254, 266
단일사례조사의 유형 ···················· 267
단일사례조사의 의의 ···················· 247
단일사례조사의 특성 ···················· 248
단일사례조사 장 · 단점 ················· 267
델파이기법(전문가의견 조사) ·········· 305
도구적 사례연구 ························· 217
독립변수와 종속변수 ····················· 74
독립변수와 종속변수의 예 ·············· 75
독립변수 · 종속변수 ······················· 88
동시타당도 ································· 131

등간척도 …… 97
등간측정의 예 …… 98

리커트 척도 …… 110, 118
리커트 척도의 예 …… 113

매개변수에 의한 간접적 변수관계 …… 77
매슬로우의 단계별 욕구 …… 298
매슬로우의 인간의 욕구 …… 296
매슬로우(Maslow)의 욕구 5단계 이론 …… 321
면접 및 내용분석 …… 223
면접법의 주요 단점 …… 243
면접법의 주요 장점 …… 243
면접오류 …… 232
면접원의 선발 …… 231
면접원의 선발과 훈련 …… 231
면접원의 훈련 …… 231
면접의 개념 …… 223
면접의 과정 …… 227
면접의 장 · 단점 …… 230
면접의 절차 …… 243
면접의 종류 …… 224
면접의 특성 …… 224
명목척도 …… 95
명목측정의 예 …… 96
모수 …… 147
모수치 · 통계치 …… 165
모집단 …… 145, 165
무작위 · 작위 …… 69
무작위할당 …… 281
민속지학 연구(문화 기술지) …… 178

반구조화 면접(면접지침 접근법) …… 226
반분분석법 …… 126
배포조사법 …… 196
배합/ 균형화 …… 282
변수 …… 88, 148
변수 기능에 따른 분류 …… 74
변수들 간의 관계 …… 79
변수 · 상수 …… 88
변수와 가설 …… 73
보가더스의 사회적 거리 척도 …… 116
보가더스의 사회적 거리 척도의 예 …… 116
보고서의 구성 …… 317
보고서의 형식 …… 317
보고서 작성 …… 314
보고서 작성 시 유의사항 …… 315
복수기초선 설계 …… 262
복수기초선 조사 …… 260
복수시계열 조사설계 …… 287
복수양식분석법(유사양식) …… 125
본질측정 …… 103
분리표본 사전 · 사후검사 조사설계 …… 288
분석단위 …… 61
분석단위의 결정 …… 237
브래드쇼의 사회적 욕구 …… 298
브래드쇼(Bradshaw)의 욕구유형 …… 321
블록코드 …… 236
비과학적인 지식탐구 …… 21
비교적 욕구 …… 299
비동일 통제집단 조사설계 …… 288
비실험조사 설계 …… 284

비율척도 98
비율측정의 예 99
비지시면접 225
비체계적 오차 106
비표본오차 151
비확률표집 158

사랑과 소속의 욕구 297
사례연구 214, 220
사례연구 서비스 220
사례연구의 용도 215
사례연구의 유형 216
사례연구의 장 · 단점 215
사례조사연구 181
사전검사 및 질문표지 작성 200
사회과학 24
사회과학의 분류 25
사회복지조사의 기능 14
사회복지조사의 유용성 15
사회복지조사의 의의 13
사회복지조사의 절차 69
사회복지조사의 한계 53
사회복지조사 주요 학자 301, 321
사회조사 · 사회복지조사 38
사회지표 조사 306
상쇄 282
상실요인 278
상호배타성 89
상호 배타성의 원칙 102
새로운 연구주제 선정 38
생존의 욕구 296
생태학적 오류 65
서비스통계 조사 307
서열척도 96
서열측정의 예 97
선발요인 280
설명을 목적으로 하는 보고서 315
설명적 조사 68
성장요인 278
솔로몬 4집단 설계 290
수렴타당도 133
순수실험설계 위협요소 292
순수실험조사 설계 288
식별코드 237
신뢰구간 접근법 163
신뢰도 137
신뢰도를 높이는 방법 123, 137
신뢰도와 타당도 121
신뢰도와 타당도 관계 138
신뢰도와 타당도의 관계 134
신뢰도의 개념 121
신뢰도 측정방법 123, 137
신뢰도 · 타당도 137
신뢰수준과 신뢰구간 149
실험과 실험조사설계 271
실험설계 271
실험조사설계의 요건 274, 291
실험조사설계의 의의 272
실험조사설계의 타당도 276
실험조사에 대한 반응성 요인 283
실험집단 · 통제집단 138
심층면접 176
써스톤 척도 118
써스톤 척도(동일간격 척도) 113

써스톤 척도의 예 ··· 114

안전의 욕구 ··· 297
양적 연구와 질적 연구 ··· 169
양적 연구와 질적 연구의 선택기준 ··· 171
양적 연구의 특성 ··· 170
양적 연구 · 질적 연구 비교 ··· 189
양적 조사 · 질적 조사(1) ··· 190
양적 조사 · 질적 조사(2) ··· 190
역사연구 ··· 181
역사요인 ··· 279
연구가설 ··· 86
연구문제와 가설의 관계 ··· 81
연속변수 ··· 78
연속코드 ··· 236
연역법 · 귀납법(1) ··· 190
연역법 · 귀납법(2) ··· 191
연역적 방법 ··· 32, 39
영가설 ··· 86
예측타당도 ··· 131
오차 · 편차 ··· 166
외적 요인 통제방법 ··· 281
외적 타당도 ··· 277
외적 타당도를 높이는 방법 ··· 284
외적 타당도 위협요인 ··· 292
외적 타당도 저해요인 ··· 283
요인설계 ··· 290
요인타당도 ··· 133
욕구조사 ··· 295
욕구조사와 평가조사 ··· 295
욕구조사의 방법 ··· 302, 322
욕구조사의 자료수집 방법 ··· 308
욕구조사의 필요성 ··· 300
우편조사법 ··· 196
유사실험설계 위협요소 ··· 292
유사실험조사 설계 ··· 286
유사종단적 조사 ··· 52
유의수코드 ··· 236
유의표집 ··· 159
이분형 질문(찬반식 질문) ··· 203
이산변수 ··· 78
인과관계 기본 전제조건 ··· 291
인터넷 조사 ··· 197
일반적 원리 → 특수한 사실 ··· 32
임의측정 ··· 103
임의표집 ··· 158

자료분석 단계 ··· 60
자료수집의 유형 ··· 244
자료의 특성에 따른 분류 ··· 52
자아실현의 욕구 ··· 297
자아존중의 욕구 ··· 297
자연과학과 사회과학의 차이 ··· 27
자연과학 · 사회과학 ··· 39
전수조사와 표본조사 ··· 142
전수조사 · 표본조사 ··· 165
전실험조사 설계 ··· 285
전화면접 ··· 224
제1종 오류와 제2종 오류의 관계 ··· 164
조사대상 및 방법 분류 ··· 68
조사방법의 유형 ··· 43
조사보고서의 내용 ··· 317
조사설계 ··· 56
조사설계의 구성요소 ··· 291

조사설계의 타당도 …………………… 138
조사 오류의 유형 ………………………… 69
조사표본의 대표성 요인 ……………… 283
조작적 정의 …………………………… 29
조작적 정의 예 ………………………… 31
조작적 정의의 과정 요약 ……………… 31
조절변수……………………………… 77
조절변수에 의한 상호작용 변수관계 ……………………………………… 78
종단적 조사 …………………………… 50
지식탐구의 방법 ……………………… 20
지역사회 공개토론회 ………………… 303
질문문항의 구성 및 배열 …………… 198
질문의 형태 결정 …………………… 198
질문지 구성의 고려사항 ……………… 219
질문지법……………………………… 195
질문지법과 관찰법 …………………… 195
질문지법의 구성요소 ………………… 201
질문지법의 작성절차 ………………… 197
질문지법의 장 · 단점 ………………… 202
질문지법의 종류 ……………………… 196
질문항목의 배치순서 ………………… 219
질문항목의 선정 ……………………… 198
질문항목 작성의 유의점 ……………… 219
질적 연구 ……………………………… 173
질적 연구와 사회복지실천 …………… 182
질적 연구의 과정 ……………………… 183
질적 연구의 신뢰성 …………………… 185
질적 연구의 신뢰성 제고요인 ……… 186
질적 연구의 유형 ……………………… 178
질적 연구의 자료 수집방법 ………… 175
질적 연구의 특성 ……………………… 187
질적 연구 종류 ………………………… 191
집단면접……………………………… 225
집단분류코드………………………… 237
집단연구……………………………… 266
집단조사법…………………………… 197
집락표집……………………………… 157
집중면접……………………………… 225
집합적 사례연구 ……………………… 217

참고문헌 및 부록……………………… 320
참여관찰……………………………… 175
참여행동 조사연구 …………………… 181
척도…………………………………… 117
척도구성의 개념 ……………………… 109
척도의 개념 …………………………… 108
척도의 구성 …………………………… 110
척도의 유형 …………………………… 99
척도의 필요성 ………………………… 117
체계적 오차 …………………………… 105
체계적 오차 · 비체계적 오차 ………… 117
체계표집……………………………… 156
추론측정……………………………… 102
측정…………………………………… 117
측정과 척도 …………………………… 93
측정(도구)요인 ……………………… 279
측정수준에 따른 분류 ………………… 94
측정수준 척도(변수) 유형 …………… 118
측정오차의 개념 ……………………… 104
측정오차의 유형 ……………………… 105
측정의 개념 …………………………… 93
측정의 기능 ……………………… 101, 117
측정의 역할과 기능 및 구조 ………… 100

측정의 오류 …… 104
측정의 원칙 …… 102
측정의 유형 …… 102
측정의 타당도 …… 128, 138
층화표집 …… 155

크론바흐의 알파계수 …… 126

타당도 …… 127
타당도와 신뢰도의 관계 …… 135
탐구의 조기종결 …… 23
탐색을 목적으로 하는 보고서 …… 314
탐색적 조사 …… 68
토마스 쿤(Thomas Kuhn)의 과학 발전과정 …… 38
통계적 통제 …… 282
통계적 회귀요인 …… 279
통계치 …… 148
통제변수 · 매개변수 …… 88
통제집단 사전 · 사후검사 설계 …… 289
통제집단 사후검사 설계 …… 289

판별타당도 …… 133
패널(반복적)면접 …… 225
편집 및 인쇄 …… 201
평가의 기준과 평가요소 …… 311
평가의 장애요인 …… 312
평가조사 …… 309
평가조사 · 일반조사 …… 322
폐쇄형 질문 …… 203
폐쇄형 질문의 장 · 단점 …… 205
포괄성 …… 89
포괄성 · 상호배타성 …… 89
포괄성의 원칙 …… 102
표본오차 …… 151
표본오차와 비표본오차 …… 151
표본의 개념 …… 141
표본의 크기 …… 162
표본조사 …… 141
표본추출과 관련된 용어 …… 144
표본추출의 과정 …… 149
표본추출의 단위 …… 146
표본추출의 방법 …… 153
표본추출의 요소 …… 146
표본추출의 장 · 단점 …… 143
표본크기의 실제적 결정요인 …… 164
표본크기의 이론적 결정요인 …… 163
표본틀 …… 147
표적 인구조사 …… 303
표출된 욕구 …… 299
프로그램 평가기준 …… 310
프로그램 평가 조사유형의 분석 …… 313

할당표집 …… 159
행정자료 조사 …… 307
허위적 관계(spurious relationship) …… 76
현상학적 연구 …… 180
형성평가와 총괄평가 비교 …… 312
형성평가 · 총괄평가 …… 322
확률표집 …… 153
확률표집과 비확률표집 요약 …… 161
확률표집과 비확률표집의 비교 …… 153
확률표집 · 비확률표집 …… 166
환원주의적 오류 …… 67

횡단석 소사 ………………………………… 50
횡단적 조사와 종단적 조사의 차이점 … 51
횡단적 조사 · 종단적 조사 ……………… 68

AB 조사(단일사례조사의 기본)……… 254
ABA 조사 ……………………………… 256
ABAB 설계……………………………… 258
ABAB 조사……………………………… 257
ABCD 조사(복수요소 조사) ………… 259

BAB 조사 ……………………………… 258

SPSS ……………………………………… 60

1종 오류 · 2종 오류(1) ……………… 166
1종 오류 · 2종 오류(2) ……………… 166
1차 자료수집 방법 …………………… 302

2차 자료수집 방법 …………………… 306

저/자/소/개

- **홍봉수**
  동덕여자대학교 사회복지학과 외래교수
- **김현수**
  호산대학교 휴먼복지학부 교수
- **박영애**
  동원대학교 사회복지학과 교수
- **이순금**
  광운대학교 정보과학교육원 외래교수
- **장은석**
  세경대학교 사회복지학과 교수
- **한지원**
  두원공과대학교 사회복지학과 교수

[제5판]

사회복지조사론

|공저자| 홍봉수
김현수 · 박영애 · 이순금 · 장은석 · 한지원

|1판 1쇄| 발행 2018년 8월 27일
|2판 1쇄| 발행 2021년 8월 30일
|3판 1쇄| 발행 2023년 2월 20일
|4판 1쇄| 발행 2024년 7월 11일
|5판 1쇄| 발행 2025년 2월 13일
|5판 2쇄| 발행 2025년 9월 10일

|발행인| 김동훈
|발행처| 공동체

|주소| 경기도 고양시 일산동구 호수로 358-39, 동문타워 I 905호(백석동)
|전화| 031)814-3000(대표)
|팩스| 031)814-3100
|홈페이지| http://www.compub.co.kr
|전자우편| compub@naver.com
|출판등록| 2005년 10월 6일
|등록번호| 제396-2005-36호

|ISBN| 979-11-6725-861-8
정가 21,000원

MEMO

MEMO